植民地台湾と日本仏教

中西直樹 著
Nakanishi Naoki

三人社

目次

序章　日本仏教の台湾布教概史　11

第一章　従軍布教から占領地布教へ　31

第三章　植民地布教への転換と布教停滞　109

第四章　日本仏教の南清進出の背景と布教実態　147

第五章　一九〇〇年厦門事件追考　187

第六章　台湾仏教懐柔策と南瀛仏教会の設立　221

第七章　十五年戦争下の皇民化運動と本島人布教　263

附章　南洋布教の概要　309

序章　日本仏教の台湾布教概史

一　本書刊行の意図

研究状況と資料集成の刊行

本書は、二〇一三年に刊行した『植民地朝鮮と日本仏教』の続編であり、半世紀に及ぶ戦前日本仏教の台湾布教の全体像を解明することを目的としている。近年、日本仏教のアジア布教は、多様な専門領域の研究者の研究対象となり、様々な観点から論考が発表されつつある。なかでも台湾は、朝鮮・中国に比べると研究は少ないものの、日本統治下台湾の宗教政策を「日本の国家神道と台湾の国家神道と台湾の在来宗教との力関係を軸」に明らかにした蔡錦堂の優れた研究があり[1]、その後も、工藤英勝[2]、松金公正[3]、胎中千鶴[4]、小島勝[5]らによる個別研究が蓄積されている。

しかし、これらは単一の宗派の動向を扱ったものがほとんどであり、台湾布教の全体像の解明に関する研究に大きな進展が見られたとは言い難い状況にある。その主たる原因の一つには資料的な制約があると考えられる。日本仏教の台湾布教史全体を俯瞰できるような基本的な文献はなく、関係資料のなかにはその存在が一般にあまり知られていないものがあり、個々の研究機関などに分散所蔵されていて閲覧が困難なものも少なくない。

筆者は、こうした研究状況を少しでも打開したいと考え、さきに『仏教植民地布教史資料集成〈台湾編〉』（全六巻）を三人社より編集・刊行した。ところが、台湾布教では、その事業を各宗派単位でまとめた記録さえも少なく、布教実態の全体像を把握するにはあまりに不十分な点が目立つ結果となった。このことは、かつて刊行した『仏教植民地布教史資料集成〈朝鮮編〉』（全七巻）も同様であり、そこで『植民地朝鮮と日本仏教』に引き続いて本書を執筆することを企図したのであった。

問題の所在

台湾布教史の全体像を把握することの困難さは、関係資料の不足によるだけでない。日本仏教側の内情と日本政府・現地統治機関の施政方針、現地住民と旧慣宗教勢力[6]の思惑などが複雑に関係し合うため、その理解には困難が伴う。これらをトータルに把握するためには、日本側の資料だけでは不十分なことは言うまでもない。しかし、現地語能力を欠く筆者は、前書と同様、主に日本仏教側の関係新聞・雑誌の記事に可能な限り広くあたることで台湾布教の全体像の把握に努めた。その際に特に留意したのは、次の三点である。

第一に留意したのは、国内において日本仏教の抱える状況との関連性において台湾布教のあり方を考える視点である。一口に日本仏教と言っても数多くの宗派が存在し、その宗派の抱える問題は必ずしも一様でない。しかも宗派の内部事情は理解しにくい側面があるが、各宗派の機関紙（誌）などを丹念に読み込んでいけば、自ずとこの点は明らかになる。また概して、こうした仏教史研究は一宗派の動向に限定したものになりがちであるが、各宗派の動向を問題とすることで、宗派の抱える個別の事情とともに、日本仏教に共通する布教課題をある程度は明らかにできると考えた。

第二には台湾だけでなく、他の地域の植民地の情況にも目配りしつつ、日本の植民地政策との関連を考察することも重要であると考えた。台湾布教の全体像の把握することすら難しいなかで、植民地布教全般を論ずることが困難であることは言うまでもない。しかし、筆者は前著で朝鮮布教の実態を検証した経験から、これとの比較を念頭において台湾布教の個別性と植民地布教に共通する側面の双方を明らかにすることにも留意した。この結果、日本植民地支配のあり様とそこで日本仏教の果たした役割の解明にはなお不十分な点を多く残すことになったものの、これに寄与できるような歴史的事実を数多く掘り起こすことができたと考えている。

第三には、台湾旧慣宗教とその関係者や現地の人々の日本仏教の布教への反応についてである。この点については、先にも述べたように、現地語で書かれた資料を研究対象の視野に入れておらず、本書で最も不充分な点ではある。しかし、幸いに前述の蔡錦堂著の『日本帝国主義下台湾の宗教政策』があり、また現地宗教事情には総督府も強い関心を抱き調査した記録が残されている。民間でも『民俗台湾』のような雑誌も刊行されており、さらに台湾布教に不振であった宗派の機関紙（誌）などには、表面上は教勢を伸張しているように見える宗派がいかに現地の人々から信用されていないかを暴露した記事が間々見られる。これらの資料を通じて、現地の人々が日本仏教の布教をどのように受け止めていたかを、ある程度明らかにできたのではないかと考えている。もちろん、現地語で書かれた資料から、日本の植民地支配や日本仏教の布教実態の検証は必要であり、今後の研究に期待したい。

本書第一章以下では、それぞれの時期における日本仏教の台湾布教の実態を歴史的に検証することに努めたが、この序章では、上述の点に留意しつつ台湾布教史の全体像を俯瞰しておきたい。そのための前提として、まず日本の台湾布教に大きな影響を及ぼした日本の植民地政策と現地の台湾旧慣宗教の概況を解説し、次いで日本仏教の台湾布教の変遷を概説しておきたい。

二　台湾布教を取り巻く環境

植民地統治方針と台湾布教

日本仏教の台湾布教のあり方に、とりわけ大きな影響を及ぼしたのが台湾総督府の統治方針と宗教施策であり、この点は朝鮮の場合とも基本的に共通している。(7) 植民地統治の方針に呼応して布教のあり方自体が大きく変化していった点から、日本仏教の主体的布教理念の希薄さを看取することができようが、まずは台湾・朝鮮に共通する日本の植民地統治の方針と宗教施策に連動して日本仏教の布教のあり方がどう変っていったのかを概説しよう。

両地域とも日本仏教の布教活動は現地民を主たる対象としてスタートしたが、次第に現地の宗教施設（寺刹や寺廟など）の支配をめぐる宗派間の競争が激化していった。当初、日本の統治機関はこれを容認する姿勢を示したが、各宗派の競争が安定的な植民地経営の妨げになると判断すると、各宗派が現地の宗教施設を支配下に置くことを規制した。すなわち、台湾では一八九八（明治三一）年に内訓「本島在来ノ廟宇等ヲ内地寺院ノ末寺ト為スヲ禁スル件」が通達され、朝鮮では一九一一年に「寺刹令」が発布された。そして、これを機に日本仏教各宗の布教は、現地民対象布教の規模を大幅に縮小し、現地で経済的成功を収めた在留邦人（内地人）中心の布教へと方針を転換していった。

ところが大正期になると、一九一五（大正四）年に台湾で「西来庵事件（タバニー事件）」が、一九一九年に朝鮮で「三・一運動」が起った。こうした植民地支配への抵抗事件・運動とも関わって、第一次世界大戦後に民族自立の意識が現地で高揚するなかで、両総督府は民族主義者の分断と懐柔に向けた諸施策に着手した。その一環として現地仏教勢力の懐柔・日本化を目指す方針が採用され、日本仏教各宗派もこれに協力する姿勢を示した。しかし、宗派単位の事業は大きな成果を収めることができず、その課題を克服するために超宗派的連合団体として組織されたのが、朝鮮の「朝鮮仏教団」と台湾の「南瀛仏教会」とであった。朝鮮仏教団が日本官民の主導性が濃厚であったのに対し、南瀛仏教会は台湾人僧侶の主体性が相対的に重視され、その点でやや異なる側面があったものの、両者は基本的に現地仏教の懐柔・日本化を目的として、総督府の介入により結成された団体であった。

ところが満州事変後になると、従来の漸進的な日本化推進策は転換され、戦時体制下での性急かつ強権的な皇民化運動が展開されるようになった。各宗派はその一翼を担うとともに、再び現地民対象布教を活発化させるに至った。そして、皇民化運動の抑圧に耐えかねた現地の宗教勢力を傘下に収め、教勢を拡大させていった。このように、日本仏教各宗派は現地の旧慣宗教を支配下に置くことで自宗派の勢力拡大を図るという欲求を常に抱きつつ、基本的に植民地統治の方針に追従する姿勢を示すことで、それを実現しようとしたのである。

台湾社会の固有事情

前述のように、日本の植民地に共通する統治方針の変化が台湾布教のあり方を基本的に規定したが、台湾社会固有の事情が台湾総督府の宗教施策と日本仏教の台湾布教に大きく影響した点も見逃せない。

一般的に海外布教は、在留邦人対象と現地民対象とに分けて考えることができる。もちろん一口に現地民と言っても多民族を含み一様ではないが、台湾の場合にはより複雑な事情を抱えていた。台湾では、一七世紀初頭以降に漢族の移住が本格化し、日本統治下で「本島人」と呼ばれた彼ら漢族の人口は、一九〇五（大正四）年の段階で約二九四万人に達していた。これに対しマレー系インドネシア種の先住民族は一一万人あまりに過ぎず、移住漢民族に生活圏を狭められて人口も減少し、マイノリティとしての立場に追い込まれていた。清朝は彼ら先住民族を「蕃人」と呼び、漢族居住地域に混在し漢族と同化した者を「熟蕃」と、漢化せず条件の劣悪な中央部の山地に移住を余儀なくされたものを「生蕃」と呼んだ。日本当局もこの呼称を踏襲したが、一九三五（昭和一〇）年になって「平埔族」「高砂族」の呼称を採用した。

このように日本領有以前に台湾では、内部に一定数の先住民族を含みつつも、対岸の中国大陸とほぼ同質の漢族社会がすでに成立していた。これに対して日本の台湾統治は、移住漢族と先住民族との内部分裂を利用しつつ、中国大陸との外的結合も分断し日本化を図るなかで展開された。[8]そうした事情から、台湾総督府の現地民への対応も一様ではなく、台湾総督府は領台後しばらくして日本仏教各宗派の現地仏教勢力による支配を規制したが、その後も先住民族の同化政策（理蕃政策）における日本仏教の果たす役割に期待し利用策を推進した。日本仏教の側も、先住民族を教化して日本への帰順を促すこと（いわゆる「蕃地布教」）に現地布教の意義を見出していった。

また先に大正期設立の南瀛仏教会では、相対的に台湾人僧侶の主体性が重視されたことを指摘したが、それは中国本土の文化圏からの離脱・自立を促そうとする総督府の思惑と表裏一体をなしていたと考えられる。しかし、満州事変後に中国との戦争が拡大していくと、中国本土と近似性の強い旧慣宗教への警戒心が強まり、却って「正庁改善」や「寺廟整理」などの旧慣宗教への排除・弾圧運動が展開された。このように台湾固有の事情に関わって、台湾総督府の施策や日本の仏教の対応にも、朝鮮総督府とやや異なる様相が見受けられるのである。

台湾旧慣宗教の特質

台湾在来の仏教のあり方も、日本仏教の布教を考える上で重要な要素となる。台湾の旧慣宗教は仏教・儒教・道教が渾然一体となっており、一般的に明確な教義を有せず布教も行われていなかった。統一的な教団組織を欠き、各寺廟は個別に管理人や董事などよって運営管理され、日本宗教の氏子・檀家のような組織も持たなかった。しかし、寺廟の祭祀行事は台湾民衆の生活と一体化して深く台湾民衆に根をおろしており、台湾民衆の生活リズムが寺廟を中心に展開される点で、「生活の宗教」と言うことができる[9]。

このように台湾では雑多な信仰形態をもつ宗教施設・団体が個々に存立していたため、一元的統制システムが採りにくく、在来仏教による統制・連合組織の自発的構築に期待するほかなかったと考えられる。この点で、多くの矛盾・対立を含みながらも在来仏教を既存の有力寺刹である三十本山（のちに三十一本山）に集約して直接統制しようとした朝鮮総督府とは多少状況が異なる。

またこうした事情から台湾総督府では、日本仏教への期待が朝鮮総督府より強く[10]、在来仏教との提携に対する規制も朝鮮に比べるとやや緩やかであったようである。この点に関して言えば、朝鮮総督府がすでに朝鮮社会に広く浸透していたキリスト教対策を宗教施策のなかでも重要視したのに対し[11]、台湾総督府が台湾社会に強い影響力を有する旧慣宗教対策を重んじたことも影響したと言えるであろう。このため台湾総督府は一八九八（明治三一）年に寺廟の末寺化を禁止したが、翌九九年六月発布の「社寺教務所説教所建立廃合規則[12]」のなかには、寺廟を日本仏教各宗派の社寺教務所説教所に転用する場合の規定が設けられていた。もちろんその運用には厳しい制限が付されたであろうが、大正以降には「連絡寺廟」として日本仏教が各寺廟と連携を図る動きも見せており、総督府もこれを容認する姿勢を示した。さらに一九二五（大正一四）年には日本人僧侶が在来寺廟の住職になることを追認する通達も出されている[13]。

台湾在来仏教の実情

台湾旧慣宗教の実態については、台湾総督府が一九一五（大正四）年から調査を行い、その成果が一九一九年三月に『台湾宗教調査報告書』第一巻としてまとめられている(14)。またその概要は、『台湾事情』第二版(15)にも記されているので、これらをもとに台湾在来の仏教について概説しよう。

（図表1）　台湾宗教関係者統計表（1918年3月末調）

斎　友	先天派	537名	斎友合計　8,663名
	龍華派	6,944名	
	金幢派	801名	
	不　明	381名	
僧　侶		375名	僧侶、道士、顧廟(俗人)、其他合計　3,205名
道　士		1,103名	
僧侶兼斎友		5名	
道士兼斎友		4名	
僧侶兼道士		409名	
顧廟（俗人）		1,272名	
其他		37名	

『台湾宗教調査報告書』第一巻「附録諸表」により作成。

台湾仏教は、中国福州の巨刹である鼓山湧泉寺の末徒により弘められたものであり、その伝統から禅と浄土思想とが混合したものと言われている。台湾には、日本仏教によって僧侶養成学校が設置されるまで仏教的教育機関が存在せず、修養を望む者は湧泉寺に遊学する必要があったが、その数は全僧侶のわずか一パーセント程度に過ぎず、大抵は無智無学の徒であったという。なかには晩年に至り貧困のため仏寺に身を寄せ二、三巻の経典のみを誦することで僧侶を称する者もあり、このため台湾における僧侶の社会的地位はきわめて低く、一般人から蔑視されていたようである。

台湾には、儒教・道教の教義を加味した禅宗の傍流である斎教も存在していた。斎教は明朝初めに中国で起こり、明末に台湾に伝わったとされる。斎教の信徒は互いを「斎友」と称し、法服を着さず剃髪もせず、生業を営んで俗人として生活していた。戒律を守り肉食をしないことから「食菜人」とも呼ばれていた。斎教には先天、龍華、金幢の三派があり、教義上は大差がないが、先天派は儒教思想を混入する傾向が強く、金幢派は道教的色彩が強いという特色があった。また先天派は肉食を絶対的に禁じ妻帯をせず最も戒律に厳格であるのに対し、龍華派と金幢派は妻帯を許し菜食も日時を限定して実行され、なかでも龍華派は戒律に対し最も緩やかな立場にあった。

僧侶と斎友の間には、かつては明確な区別があったが、次第に相近づく傾向にあったようである。さらに道教の在家の宗教者である道士を兼務する僧侶・斎友もあった。このほかに、『台湾宗教調査報告書』第一巻には、俗人で宗教的素養はなく日常的に宗教施設を管理する「廟」を含めた統計データが付されている。その数を集計すると、図表1のようになる。

（図表2）　台湾宗教施設（祠廟）統計表（1918年3月末調）

祠　廟	寺　廟	儒　教	165	寺廟合計　3,304
		道　教	3,062	
		仏　教	77	
	斎　堂	先天派	21	斎堂合計　　172
		龍華派	119	
		金幢派	32	
	小　祠		7,787	

『台湾宗教調査報告書』第一巻「附録諸表」により作成。

『台湾事情』第二版は、台湾の旧慣宗教の実態を「要スルニ儒道仏ノ三者全ク相混淆シテ其ノ間ニ截然タル区画ヲ為スコト頗ル難キモノアリ」と総評している。図表1に見るように、宗教者にも相互兼務が見られたが、宗教施設になると、さらにその雑居性は顕著であったようである。『台湾宗教調査報告書』第一巻は、台湾の宗教施設を「祠廟」と総称し、さらに儒道仏に関する施設である「寺廟」、斎教の宗教施設である「斎堂」、小規模な「小祠」に分類しており、これらの統計データは図表2の通りである。しかし、道教に属する寺廟でも、儒教付属の神霊や仏像・観音像を同置奉祀する場合が多く、仏教僧侶が道教的祠廟の顧廟として居住し管理に当たることも通例化していたようである。図表2に見るように仏教系と目される寺廟自体はあまり多いとは言えず、斎堂と合計しても二百五十程度であった。

しかし、日本仏教側は現地の宗教事情を考慮せず、祖師廟や天后宮など道教系であっても、有力な寺廟は一括して支配下に置こうとしたのである。
寺廟には一定の付属財産を有するものも少なくなかったが、住持などの宗教者に権限はなく、地元の名士が管理運用して私物化するケースも少なくなかったようである。

三　時代区分とその概要

台湾布教の時代区分

日本統治下の台湾を時代区分する場合、何に着目するかによって多少変化するであろうが、日本仏教の布教のあり方を考慮すると、おおむね次の五期に分けることができると考えられる。

第一期（従軍布教・占領地布教期）　一八九五（明治二八）年の台湾領有開始から、一九〇二年に組織的な抗日武力抵抗がほぼ制圧されるまでの時期

第二期（植民地布教の定着期）　一九〇二年に台湾精糖株式会社が操業して日本資本による本格的な台湾進出がはじまり、一九一五（大正四）年に西来庵事件が起こるまでの時期

第三期（台湾仏教の懐柔策模索期）　西来庵事件の以後、日本仏教各宗派と在来仏教徒の連携が模索され、一九二一年に南瀛仏教会が設立されるまでの時期

第四期（台湾仏教の懐柔策展開期）　南瀛仏教会が設立されて以後、一九三五（昭和一〇）年に台湾始政四十周年記

念を記念して、台湾仏教徒大会が開催されるまでの時期

第五期（皇民化運動の推進期）　台湾仏教徒大会開催されて以降、一九三七年の日中戦争を経て皇民化運動が本格化し、一九四五年の日本敗戦に至るまでの時期

以下にそれぞれの時期の布教状況について概説しよう。

第一期（従軍布教・占領地布教期）

台湾布教の初期には、領台当初の混乱と日本仏教各宗派が明確な方針と準備を欠いたまま布教に着手したため、布教のあり方が短期間に大きく変動した。まず各宗派は、武力平定のため台湾に上陸した近衛師団に従軍布教使[16]を同行させて従軍布教に着手した。その後、日本軍が台湾の主要都市を占領すると、新たに開教使や布教使を送り、占領地域の安定的統治に向けた現地人対象の布教・慰撫工作を積極的に展開した。当初は、曹洞宗が現地民布教で、浄土真宗本願寺派が軍隊布教で大きな勢力を有し、他の宗派がこれに次いだ[17]。

しかし、占領地での布教活動が活発するに従って、次第に各宗派間で台湾寺廟の支配をめぐる対立・競争が激化していった。そして一八九八（明治三一）年五月に、その弊害を重くみた総督府により寺廟の末寺化が禁止されるに至った。同年三月に現地に赴任した児玉源太郎総督と後藤新平民政長官とは、占領期の混乱に乗じて台湾仏教の所有財産を略取して支配下に置こうとする日本仏教各宗派に対し、長期的な植民地経営を見据えた布教への転換を促したのである。こうして在来寺廟を自宗派の布教施設へ転用することが規制されると、各宗派は寺院や布教所を新設する費用を捻出する必要に迫られた。ところが、当時台湾での日系企業の進出はいまだ本格化していなかったた

め、多くの宗派は在留邦人の経済力に依拠して資金を調達することができず、台湾布教の縮小を余儀なくなされていった。この頃、朝鮮における反日義兵運動が沈静化し、各宗派の関心が台湾布教から朝鮮布教へと移っていったことも影響したと考えられる。

遅れて台湾布教に参入した大谷派の場合は、総督府の支援を受けて対岸の福建省との包括的布教による教勢拡大を計画したが、一九〇〇年八月に厦門事件が起こり現地での反日運動が激化すると、その布教計画も停滞を余儀なくされていった。[18]

この時期の台湾布教は、おおむね「従軍布教」から「占領地布教」に、さらに「植民地布教」へ変化したと言うことができ、主たる布教対象も日本軍人から現地民、そして在留邦人へと移行していった。しかし、植民地布教の定着は、日本資本の進出が本格化する次期に持ち越されることになったのである。

第二期（植民地布教の定着期）

続く第二期は、台湾精糖株式会社の創業以降、日本企業の台湾進出が活発化するなかで在留邦人対象の布教が拡大し、いわば「植民地布教」が定着化しはじめた時期である。『台湾総督府統計書』によれば[19]、一八九八（明治三一）年末に三千人程であった日本仏教各宗派の「内地人」信徒数は、一九一五（大正四）年末の段階で一〇倍以上の約三万八千人にまで急増している。一方でこの間に「本島人」信徒数は約二万五千人から約一万九千人へと減少傾向にあった。

ところで、台湾で寺院を公称するためには、一八九九年六月発布の「社寺教務所説教所建立廃合規則[20]」の定めにより、本堂庫裏などの設備を有し維持方法などを明確に示して台湾総督の認可を得る必要があった。この公称寺院の存在は、日本仏教にとって布教の成果を象徴的に示すものであり、各宗派は現地での公称寺院の建立に力を注いだ。一九〇三年末の時点でその数は三か寺に止まったが、一九一五年末には二〇か寺まで増加しており、これらの多くは現地で経済的に成功した在留邦人の寄附によって建立されたものであった。特に多くの在留邦人の出身地である西日本に強い布教基盤を有する本願寺派は大きく教勢を伸張し、上記二〇か寺のうち、一〇か寺が本願寺派のものであった。同派の「内地人」信徒は一九一五年末段階で一万七千人を超過しており、日本仏教全体の約四四パーセントを占めていた。[21]

またこの時期に、平地の漢民族の抗日ゲリラをほぼ鎮圧した総督府の関心は、山岳部に住む台湾先住民の討伐へと移っていた。そのために策定された「理蕃計画」では威圧と懐柔の二方策が柱とされたが、その懐柔策にあたっては日本仏教が動員され、一九一〇年以降、本願寺派や臨済宗妙心寺派の僧侶らが台湾総督府より「布教師」の委嘱を受け、先住民に帰順を促すため活動した。[22]

第三期（台湾仏教の懐柔策模索期）

一九一五（大正四）年に起こった西来庵事件は、台湾での最大規模の武装蜂起であり、その叛乱計画が西来庵という宗教施設（斎堂）を舞台に起こったことは、総督府の宗教政策に大きな影響を及ぼした。事件後、総督府は丸井圭治郎に命じて台湾宗教の実態調査に着手し、現地旧慣宗教を日本への帰順を促すものに転化・利用するための方策を模索しはじめた。丸井の調査報告は一九一九年三月に『台湾宗教調査報告書』第一巻として刊行され、同年六月には内務局に社寺課が新設されて丸井が初代課長に就任した。[23]

こうした総督府の宗教利用策に呼応して、特に現地仏教の日本化と現地民布教ための諸施策に積極的な姿勢を示したのが、台湾仏教との近似性の強い禅宗系の曹洞宗と臨済宗(特に妙心寺派)であった。[24] 曹洞宗は、一九一六年二月に台北官民と現地人の有志と謀り、台湾人の風俗習慣の改善、精神修養を目的として「台湾仏教青年会」を組織し、さらに同年一一月には総督府の認可を受け台湾人僧侶の教育機関「台湾仏教中学林」を開設した。臨済宗でも同年一〇月に「鎮南学寮」を開設して台湾人僧侶の教育事業に着手し、のちに「鎮南学林」と改称した。一九一八年には、台湾総督府・日本財界からの支援を受け「台湾道友会」を設立して学林経営の基本財産の積立を目指し、また鎮南学林への入学に際して連絡提携するため各地の寺廟を「連絡寺廟」に指定して関係強化につとめた。

しかし、これら事業は必ずしも大きな成果をあげることができなかった。『台湾総督府統計書』を見る限り、一九一五年から一九二二年までの日本仏教の「本島人」信者数はおおむね一万二千人内外で推移し、曹洞宗・妙心寺派の信徒数もほとんど増加していない。[25] この時期、第一次大戦後の「民族自決」主義の国際的高まりを背景に、台湾での日本統治への抵抗運動が武装闘争から合法的な政治運動へと変化しつつあった。総督府の統治方針にも民族運動を抑圧・懐柔しつつ、日本との結合を強化していく「漸進的内地延長主義」が採用されるようになり、一九一九年に初の文官総督として就任した田健治郎のもとで、現地住民へ一定の権利を付与し、地方制度や教育制度などで植民地行政を本国化していく措置が採られた。しかし、これらの措置は、決して「民族自決」を容認するものではなく、植民地支配への現地人の帰順を促すための善導が目的であり、こうした総督府の懐柔策と協調関係にある日本仏教の事業も、一部の台湾人僧侶を取り込むことには成功したものの、広く現地民に協賛を得るには至らなかったようである。また領台当初に各宗派がくり広げた寺廟獲得競争の苦い記憶が残るなかで、現地での拒絶反応も強かったと推察される。

第四期（台湾仏教の懐柔策展開期）

一九二〇（大正九）年に入ると、各宗派個別事業は早くも停滞しはじめた。同年三月に全島の斎教代表者一二〇名が斗六郡南庄龍虎堂に集まり「仏教龍華会」の創立総会を開いた。斎教三派による初の連合組織であり、一九二二年には総督府から法人組織としての認可も得た。これに対して妙心寺派は、斎教を自派の支配下に置くことを画策していたようだが実現することはできなかった。総督府側も宗派個別事業による懐柔策に限界を感じていたようである。鎮南学林の支援も中断されたようであり、戦後不況もあって同年に鎮南学林は廃校に追い込まれている。(26)

こうした状況のなかで、台湾人僧侶・斎友を会員とする全島的仏教連合組織として結成されたのが「南瀛仏教会」であり、その結成を提唱・主導したのが、初代社寺課長の丸井圭治郎であった。丸山は、台北附近の僧侶・斎友の有力者と協議を重ね、一九二一年四月に南瀛仏教会の発会式を実現させた。発会に際して発表された「南瀛仏教会趣意書」では、日本仏教との提携が、台湾仏教の陋習刷新と社会的地位向上を促し、延いてはそれが台湾の思想善導、日本への同化へと帰結するのだという展望が示されている。(27) 丸井は、台湾仏教界に勃興しつつあった自発的な革新運動の機運を察知して、これを巧みに日本化へと向かわせるため南瀛仏教会の結成を企図したと考えられる。

その啓発のため同会では、講習会の開催や機関誌『南瀛仏教』発行などの諸事業を行い、僧侶・斎友の側も台湾仏教の刷新と自らの社会的地位向上に向けて行動した。この点で南瀛仏教会は、同時期に組織された朝鮮仏教大会（のちの朝鮮仏教団）に比べると、現地仏教の御用化・日本化に一定の成果をあげたと言えるであろう。また台湾総督府は、南瀛仏教会を通じて現地仏教の啓蒙事業を推進する一方で、個別宗派による現地仏教との提携も一部容認する姿勢を示した。一九二五年七月には、日本人僧侶が寺廟斎堂の住職に就任することを容認し、このことが台湾人の融和政策に有効に作用するとの見解を示している。(28) こうした状況を受け、特に現地仏教との提携事業を積極的に推進したが臨済宗であり、同派は、救療事業などの社会事業にも着手し、連絡寺廟も大幅に増加させた。『台湾総督府統計書』によれば、低迷していた日本仏教の「本島人」信者も増加に転じ、一九二二年で一万人弱であったものが、一九三三年には約五倍の五万人近くに達した。その内の曹洞宗が約二万二千人、臨済宗妙心寺派が約一万六千人で、両宗派で全体の約八割を占めていた。特に妙心寺派は一九一四年の時点ではわずか三七五人に過ぎず、この時期に急速に教勢を伸張したことがわかる。一方で「内地人」信徒数も増加の一途をたどり、一九三一年には一〇万人を突破した。特に本願寺派は、その内の約三割の約三万一千人を占めていた。[29]

第五期（皇民化運動の推進期）

一九三一（昭和六）年の満州事変勃発以後、従来の台湾総督府の旧慣温存の宗教政策は大きく変化しはじめた。翌年から日本国内で実施された農山漁村経済更生運動に連動して、台湾でも部落振興運動がはじまり産業面での振興策が推進されたが、やがてそれは生活意識や思想信仰の統制へと及び、敬神崇祖を強調する精神教化としての傾向を濃厚にしていった。一九三六年七月開催の総督府諮問機関「民風作興協議会」の答申では、旧慣宗教の改善・打破が明確に掲げられ、同年一一月には総督府で神宮大麻頒布式が行われた。席上、小林躋造総督が島内官民の各家で神座を設けて適正な奉斎が実施されることを希望する旨の告辞を述べ、これを機に地方庁主導のもと、各家庭の正庁に祀られた中国式先祖位牌や神仏像を撤去・焼却して神棚を安置する「正庁改善」運動がはじまった。翌三七年五月ごろからは「寺廟整理」の実施も議論されるようになり、同年七月の盧溝橋事件を契機に日中が全面戦争に突入すると、敵対関係にある中国の精神や伝統に依拠する旧慣宗教は激しい排除の対象となり、各地方で寺廟整理運動が活発化した。[30]

こうした台湾総督府の旧慣宗教温存策の撤回は、旧慣宗教を支配下に置いて勢力拡大を図るという日本仏教各宗派の動きを再び活発化させる結果となった。その起点となったのが一九三五年一一月、台湾始政四十周年記念を記念して台北仏教各宗連合会・南瀛仏教会の主催により開催された台湾仏教徒大会であった。大会には、全島から本島人・内地人の僧俗約一千名の僧俗が集まり、日本仏教と台湾仏教の仏教関係者が一堂に会した大規模な会合となった。そこでは、国民精神の徹底発揚を目的に、日本仏教と台湾仏教の団結と統合団体の組織化が決議された一方で、寺廟・斎堂を日本仏教各宗派へと帰属させて統制するための方策が提案・協議されていた。その意味で、一九三五年の台湾仏教徒大会は、一九二九年の朝鮮仏教大会と同様、現地の僧俗から真の共感を得ることはできなかった[31]。しかし、一九三八年から全島各地で盛んに実施された寺廟整理運動の下で、日本仏教各宗派は、存続を願う寺廟関係者側の受け皿となり、寺廟を自宗派布教所に転換することで布教拠点を増やしていったのであり、台湾仏教徒大会はこうした動きの起点となったといえよう。

日本仏教各宗派は、寺廟整理をめぐって地方官と対立することもあったが、決して皇民化運動に反対したのではなく、神道至上主義では実施的な皇民化運動が期待できないという立場から、国語講習所、幼稚園、日曜学校、現地人僧侶養成所などでの教化を通じて皇民化運動推進の一翼も担った。初期に「従軍布教」から「占領地布教」、そして「植民地布教」へと変化した日本仏教の台湾布教は、この時期に至って「皇民化布教」とでもいうべき段階に入り、占領地布教の際と同じく、次々に寺廟を傘下に置いてうわべの布教成果を追及していったのである。

［註］

（1）蔡錦堂著『日本帝国主義下台湾の宗教政策』（同成社、一九九四年）。

（2）工藤英勝著「曹洞宗の「台湾布教」の目的」（『宗教研究』三一一号、一九九七年三月）。
（3）松金公正は、「植民地時期台湾における日本仏教寺院及び説教所の設立と展開」（『台湾史研究』一六号、一九九八年一〇月）、「曹洞宗布教師による台湾仏教調査と「台湾島布教規程」の制定――佐々木珍龍『従軍実歴夢遊談』を中心に――」（『比較文化史研究』二号、二〇〇〇年）、「日本統治期における妙心寺派台湾布教の変遷――臨済護国禅寺建立の占める位置――」（『宇都宮大学国際学部研究論集』一二号、二〇〇一年）、「日本植民地初期台湾における浄土宗布教方針の策定過程」（『宇都宮大学国際学部研究論集』一三・一四号、二〇〇二年、宇都宮大学国際学部）、「真宗大谷派による台湾布教の変遷――植民地統治開始直後から台北別院の成立までの時期を中心に――」（『アジア・アフリカ言語文化研究』七一号、二〇〇六年三月、東京外国語大学アジア・アフリカ言語文化研究所）など、多数の台湾布教関係の論文を発表している。
（4）胎中千鶴の台湾布教に関わる論文として、「日本統治期台湾の仏教勢力――一九二一年南瀛仏教会成立まで――」（『史苑』五八巻二号、一九九八年三月）、「日本統治期台湾における臨済宗妙心寺派の活動――一九二〇年～三〇年代を中心に――」（『台湾史研究』一六号、一九九八年一〇月）などがある。
（5）小島勝著「台湾における開教」（『浄土真宗本願寺派アジア開教史』、本願寺出版社、二〇〇八年）。
（6）本書では、台湾の在来宗教に「旧慣宗教」という用語を使用した。当時の文献には「旧慣に依る宗教」という表現が多々見うけられる。用例としては、「台湾宗教概要」台湾総督府嘱托 丸井圭治郎氏談（一九一六年四月二七日付『大阪毎日新聞』）が比較的早いものと考えられる。
（7）朝鮮布教に関しては、中西直樹著『植民地朝鮮と日本仏教』（三人社、二〇一三年）を参照されたい。
（8）若林正丈著『台湾抗日運動史研究』（増補版）序章（研文出版、二〇〇一年）を参照。
（9）前掲『日本帝国主義下台湾の宗教政策』第一章を参照。
（10）台湾総督府は、在来寺廟の末寺化を禁止した後も、日本仏教各宗派の布教使の布教に便宜を図った。日本から渡台する布教使の旅費や島内での汽車乗車賃の割引制度を実施した。本書第四章を参照。
（11）前掲の中西直樹著『植民地朝鮮と日本仏教』一四六～一四七頁。
（12）内閣官報局編『明治年間法令全書』明治三二年一七、七五～七八頁（原書房、一九八二年）

(13)「内地人僧侶ヲシテ本島旧慣ニ依ル寺廟斎堂ノ住職又ハ堂主タラシム件」。この通達は、『台湾総督府民政事務成績提要』第三一編（大正一四年度分）、増田福太郎著『東亜法秩序序説――民俗信仰を中心として――』二三〇頁（ダイヤモンド社、一九四二年）に引用されている。一方で、この通達では「万一人物其ノ宜シキヲ得サルトキハ紛擾ノ原因トナリ民心ニ極メテ悪影響ヲ及ホスノ虞アル」ことも指摘し、慎重に運用することを指摘している。

(14) 丸井圭治郎編『台湾宗教調査報告書』第一巻（台湾総督府、一九一九年三月）。総督府の旧慣宗教調査着手から本書編纂に至るまでの経緯は、前掲の蔡錦堂著『日本帝国主義下台湾の宗教政策』第二章に詳しく論じられている。また報告書の「弁言」には、「台湾ノ旧慣ニ依ル宗教ニ関スル記述ヲ以テ第一巻トシテ上梓シタリ神道仏教及基督教ニ関スル記述ハ近ク数月内ニ第二巻トシテ上梓スベシ」と記されている。『台湾総督府民政事務成績提要』第二五編（大正八年度分）にも、「大正八年三月台湾調査報告書第一巻ヲ刊行セリ第二巻ハ神道、儒教、基督教ニ関シ記述セントスル計画ナリ而シテ是等調査ノ結果ニヨリ宗教ニ関スル法令ノ改廃ヲ行ハントシ今ヤ其ノ起案中ナリ」と記されているが、第二巻は刊行されなかったようである。

(15)『台湾事情』第二版（台湾総督府、一九一七年）。この資料は『仏教植民地布教史資料集成〈台湾編〉』第一巻（三人社、二〇一六年）に収録した。

(16) 一般的に、浄土真宗・浄土宗などでは「従軍布教使」と表記するが、それ以外の宗派では「従軍布教師」「従軍師」などと表記される。また「従軍僧」などと表記される場合もあるが、本書では特別な事情のない限り「従軍布教使」という表記で統一した。

(17) 第一期における日本仏教の台湾布教の動向は、本書の第一章から第三章で論じた。なお、曹洞宗の関係資料は前掲『仏教植民地布教資料集成〈台湾編〉』第三巻に、本願寺派の関係資料は同書第四・五巻に収録した。

(18) 大谷派の福建省進出から廈門事件に至る経緯は、本書第四・五章で論じた。また関係する大谷派の資料は、前掲『仏教植民地布教史資料集成〈台湾編〉』第六巻に収録した。

(19)『台湾総督府統計書』掲載の日本仏教関係の統計は、前掲『仏教植民地布教資料集成〈台湾編〉』第一巻に収録した。台湾総督府の統計には不備な点が多いが、大まかな傾向を把握するのには有効であろう。この点については、前掲『仏教植民地布教史資料集成〈台湾編〉』の解題を参照されたい。また『台湾総督府統計書』掲載の統計データを分析した論考として、松金公正の前掲「植民地時期台湾における日本仏教寺院及び説教所の設立と展開」がある。
(20) 註(13)参照。
(21) 註(19)参照。
(22) 「理蕃計画」に関する資料としては、『仏教植民地布教資料集成〈台湾編〉』第二巻に理蕃事業の責任者であった大津平麟の『理蕃策原義』を収録したほか、妙心寺派の機関誌『正法輪』掲載の関連記事を同書第三巻に、本願寺派の機関誌『教海一瀾』掲載の関係記事を同書第四巻にそれぞれ収録した。
(23) 第三期の台湾布教の動向については、本書第六章で論じた。
(24) 曹洞宗と臨済宗妙心寺派の動向に関する先行研究に、胎中千鶴の前掲「日本統治期台湾における臨済宗妙心寺派の活動――一九二〇年~三〇年代を中心に――」、松金公正の前掲「曹洞宗布教師による台湾仏教調査と「台湾島布教規程」の制定――佐々木珍龍『従軍実歴夢遊談』を中心に――」、松金公正の前掲「日本統治期における妙心寺派台湾布教の変遷――臨済護国禅寺建立の占める位置――」などがある。なお、曹洞宗と妙心寺派の関係資料は前掲『仏教植民地布教史資料集成〈台湾編〉』第三巻に収録した。
(25) 註(19)参照。本島人信者数の推移は、本書第六章の図表9に掲示した。
(26) 第四期の台湾布教の動向については、第五期とあわせて本書第六章で詳しく論じた。
(27) 「南瀛仏教会之沿革(一)」(『南瀛仏教』一一巻三号、一九三三年三月)。
(28) 註(13)参照。
(29) 註(19)参照。
(30) 寺廟整理については、前掲『日本帝国主義下台湾の宗教政策』に詳細に論じられており、本書第七章でも論じた。
(31) 台湾仏教大会に関しては、『中外日報』『正法輪』『南瀛仏教』などに関連記事を散見する。詳しくは本書第七章を参照されたい。また、朝鮮仏教大会については、前掲『植民地朝鮮と日本仏教』第四章で取り上げた。

第一章　従軍布教から占領地布教へ

はじめに

一八九五（明治二八）年から約五〇年に及ぶ戦前日本の台湾植民地支配の歴史のなかで、最初の約二〇年間は、台湾総督府により現地の反日武装勢力に対する鎮圧が徹底的に行われた時期である。[1]特に最初の約七年間には各地で抗日軍が恒常的に蜂起したが、一九〇二年五月に中南部の抗日軍が制圧されると、その後は局地的・散発的な反乱となり、一九一五（大正四）年の西来庵事件（タバニー事件）を契機に武力抵抗は終息していった。以後、現地での抵抗は合法的な政治運動中心へと変化し、総督府の統治政策も内地延長主義へと移行して、新たな局面を迎えることとなった。

本書では、序章で示したように、一九〇二年までの約七年間を日本仏教による台湾布教の第一期と位置づけている。[2]この時期、各宗派は一八九五年五月武力平定のため台湾に上陸した近衛師団に従軍布教使を同行させ、次いで布教使・開教使を派遣して現地での布教を展開していった。ところが一八九八年頃を境として、早くもその布教事業は停滞しはじめ、一九〇二年頃までに布教縮小は顕著なものとなっていったのである。

この章では、一八九五年五月に台湾での従軍布教がはじまり、翌九六年に入り占領地での布教が着手されるまでの間の状況を当時の仏教系新聞・雑誌の記事を中心として検証する。

一　日清戦争と従軍布教

従軍布教のはじまり

戦前の日本仏教各宗派のアジアへの組織的布教は、いくつかの例外を除いて、日清戦争時における従軍布教が起点となり、日本政府や軍部の植民地政策と密接な関係を有しながら進められてきた。台湾布教もまた従軍布教からはじまったのであるが、まず日清戦争での従軍布教の派遣の事情から整理しておきたい。

一八九四（明治二七）年一一月、本願寺派の木山定生が従軍布教の許可を大本営から得たのをはじめとして、[3]一二月中旬までに各宗派総勢二一名の従軍布教使・慰問使[4]の派遣が決まり戦地へと出発していった。[5]翌九五年の末に、その数は三〇名を超えていたようである。[6]彼ら従軍布教使の主たる使命は、軍人布教や戦死者の弔葬であったが、占領した地域に布教拠点を築く役目も当初から想定されていた。戦争の大勢は、従軍布教使が派遣された一八九四年暮れにほぼ決しており、一一月一日安東県に民政庁が設置され、一二月に金州・旅順口・海城などが占領されると、遼東半島に次々と行政庁・民政署などの占領地統治機関が設置されていった。軍部は戦後に占領地の属領地化を優位に進めるため、現地の安定的統治にも腐心していた。[7]大本営がこの時期に従軍布教使の派遣を許可し、さらに一二月末に慰問使を従軍布教使として追加許可したのも、[8]占領地統治の安定化に一定の役割を果たすことを期待してのことであったと推察される。

一八九四年一二月二日付『明教新誌』は、従軍布教使派遣を急務とする真言宗山科俊海の意見を掲載したが、そのなかには次のような記述がある。

それ特使の責任や重且つ大只能く従軍将卒の労を慰藉し負傷者を慰問し戦死者を追吊するのみならず復能く其地理を察し人情を視我民政庁と共に今後占領地に於ける我宗宣教の根拠地を得て帰らざるべからず(9)

また、同月一五日発行の臨済宗妙心寺派の機関誌『正法輪』は、従軍布教使の使命として「一在外兵士の慰問の事、二民政庁設置地方布教の事、三負傷者看護の事、四戦死者葬祭の事、五軍陣説教の事」の五項目を挙げ、その二について次のように記している。

民政庁設置地方布教の事は今日の急務なり。占領地は由来蛮族の領したる地にして、（中略）蛮奴の屢々我義軍に対して無礼の挙動を為すもの、職として之に是れ由らずんばあらず。是の時に当りて、帝国の僧侶彼輩を教化誘導し、一には彼我の間に跨る猜忌の心を撤し、一には道義を説示して人道の何物たるかを知らしめ、仏教的感化力に由りて以て我が新占領地の民を懐くること、僧徒の将さに為すべき事業にして、間接に国家を幇助するの功多からずとせず(10)。

派遣前から仏教各宗派は、従軍布教使の派遣を占領地に布教拠点を築くための準備と理解し、占領地の安定的統治に資するという国家貢献の観点からも重要視していたのである。

占領地布教と宣撫事業

一八九五年に入ると、従軍布教使に続いて、占領地布教に専従にあたる僧侶の派遣を求める意見も提起された。同年二月『明教新誌』掲載の「占領地布教の機」は次のように述べ、「占領地布教」を「従軍布教」の延長線上に位置づけている。

占領地布教の機は熟せり、当路の諸師何の躊躇する所ぞ、知らずや、従軍布教は占領地布教の先駆なり、彼等は先づ日本仏教の栄光を異城に輝さんとて身を挺んでたるなり、各宗は既に従軍僧を出せり、これ既に其の先駆を出せるもの、何ぞまたこれが殿をなして最後の勝利を画する占領地布教師を出さゞる(11)

占領地布教で行うべき具体的事業に言及する者も現れた。一八九五年一月一二日付の『明教新誌』は、大谷派の小栗栖香頂の占領地布教に関する談話を掲載したが、そこでは年少者への教育事業の必要性を次のように指摘している。

先づ第一着に為すべき事は、民政庁の傍に学校を起して新領地の幼童を誘ひ是に就学せしむべし、夫れ小児の外国音に馴れ易きは人の能く知るところ、故にかくして我国の言語を覚へしめ事理に通暁せしむる中少しづゝ仏教の妙理を味はゝしむべし然れば小児の段々成長して人と成るや、通常暴兇の清国人と異り真の人間たるに耻ぢざるに至るべし、然れば他日我が商船等が此の新領地に廻航したる際などにも、自ら通訳の用にも立ち国家の為にも利益あり且仏教の宣教上にも効益少なからざらん(12)

真言宗の従軍布教使であった山縣玄浄の場合は、一八九五年六月刊行の著書『鉄如意』のなかで「大日本占領地開教案」七項目を挙げ、次のように多様な事業展開を主張していた。

一　日本政府に対し占領地開教資本の保助を仰ぐ事
二　各宗協議して新仏教を一定の方針に弘通する事
三　信徒勤行法則及仏教大意の小冊子を清国文にて編集し数十万部を施本する事
四　開教の手段として慈善事業を実行する事
五　日本仏教婦人教会より女教師を派遣して女学校を創設すべき事
六　清国僧侶数名を日本に留学せしめて第二期の布教師に充つべき事
七　各宗本山に於て占領地開教永続資金の積立を為す事[13]

実際に山縣玄浄は、一八九五年一月金州民政庁長官に「悲田院」の設置願を提出して、現地民への施薬事業などの慈善活動に従事した。また同年五月には清国軍人戦死者追悼大法要を執行するなどの活動も行った[14]。

二　台湾戦線と従軍布教

台湾従軍布教使の派遣

各宗派による従軍使派遣は、占領地が戦後に日本の属領地となることを見越してのことであり、それに向けて現地での慈善事業に取り組む従軍布教使もあった。しかし戦後、三国干渉により遼東半島の割譲を全面放棄することになり、朝鮮においても反日義兵運動の激化によって布教活動の一時停滞を余儀なくされた(15)。こうして各宗派の関心は、戦後日本が領有することになった台湾へと向けられていった。

日本の領有が決まったとはいえ、当初は台湾平定のための戦闘が続き、僧侶の派遣も従軍布教使からはじまった。一八九五(明治二八)年五月二二日、台湾平定のため旅順を出航した近衛師団には、林彦明(浄土宗)、大江俊泰(本願寺派)、椋本龍海(真言宗)の三名の従軍布教使が同行していた。一行は同月二七日に沖縄で樺山資紀総督一行と合流し、二九日三貂角に上陸した(16)。同月三〇日に宇品を出航した佐々木珍龍(曹洞宗)も六月一二日に基隆に上陸して合流し(17)、台湾での従軍布教使は四名となった(18)。同月一七日に占領した台北で台湾総督府の施政式が行われたが、その一週間後に従軍布教使たちは、早くも現地の僧俗との懇親会を開催している。そのときの模様を佐々木珍龍は次のように報告している。

〇台北府僧侶懇親会　六月廿三日晴天此日浄土宗林、真宗大江、真言宗椋本、曹洞宗余、と四名発起となり予て余等を歓待せし台北府艋舺街龍山寺悦修和尚を始め、永清和尚、岱修和尚、心讃和尚、普義和尚、慈妙和尚、同じく俗漢としては黄其渟、陳惟善、黄光雨、謝如洋、外一二名合して十二名にて台北府内永和舘に於て懇親会を催ふし彼等を饗応し大に台北府の実況を聞取せり然れども如何せん相互に言語不通にして一々筆談なれば充分に意を通ずること能はざりしも共に胸襟を開きて充分の歓を尽して退散せり。[19]

この段階で佐々木の念頭に強くあったのは、キリスト教への対抗意識であったと考えられる。台湾総督府始政式の行われた六月一七日、佐々木は「台湾我が新領土と為る、茲に於て復た異教徒と戦はざるべからず」と記し、「就ては台湾の為め、畢竟日本の為め、勿論仏教の為め、諸君に慫慂せんとするものは、仏教に一大霊場を移すにあり」と仏教徒に呼びかけている。[20]他宗派とも協調関係を採りつつ、キリスト教に対抗して台湾民衆に国家的観念を涵養することを当面の課題と考えていたのである。[21]

国内の布教体制の整備

当時国内では、台湾布教に向けた動きが活発しつつあった。五月には、本願寺派が海外布教に従事する僧侶を養成するため清韓語学研究所を本願寺門前に開設し、[22]同月大谷派は、太田祐慶を台湾島兼澎湖列島布教主任に任命した。[23]さらに六月には、真言宗が「新領地布教仮条例」を制定した。そこには、次のように占領地統治の安定化に向けた方策を掲げていた。

第一条　新領地の布教の際は土人と移住者とを論ぜず政府施政の方針に伴なふて宗教の普及を計り終に彼我の別なきに至るを期す

第二条　布教師を派遣するに総督府所在地に本宗布教本院を設け各要地に支院を置く
第三条　布教師は本務の傍ら土人の子弟教育を補助し及慈善事業を企図す[24]

しかし、予想外に強い現地民の抵抗に遭い、風土病の罹病者が続出するなかで、従軍布教使の仕事は繁忙を極め、現地布教に着手する余裕はなかったようである。従軍布教使のひとり椋本龍海は現地からの報告のなかで、「台北に来りしより。軍隊布教に寸暇なく。日中は病院患者の慰問。午前午後は軍隊軍夫の風土病に罹り。不幸にして黄泉の客となりしものゝ葬儀万般。随分繁忙を相窮候」と記している。[25] また現地からは無我居士なる人物が、次のように報告している。

我軍隊の威赫々たるに感服する点に至りては敢て憂慮する処なしと雖も心情の服従するの点に至りては前途多端なりと云はざるを得ず（中略）茲に至り宗教家か国家に対する義務茲に存する所以にして刹那も忽緒に付す可らさる急務たる我大日本帝国仏教僧侶諸氏其責任重大たりと云はさるを得す（中略）二三従軍僧侶の来りあるを認めたりと雖も未だ廃寺院を復興し教法を布くの精進勇猛の人を認めず唯政府の保証に汲々として儀式的慰問あるのみ[26]

従軍布教使が現地民の布教に着手できていない状況を伝え、占領地統治の安定化のためにも現地民布教が急務であるとし、すでに在来寺廟の活用にも言及している。
一方、従軍布教使を派遣していない宗派も従軍布教使の派遣を申請したが、当初は北部の制圧もままならぬ状況のため、大本営は許可しなかったようである。例えば六月に開会した日蓮宗臨時宗会は、従軍布教使二名の台湾派遣を決議し、翌月武田宣明と久保田要瑞の両名の従軍願を大本営に提出したが、樺山資紀総督の意見として「時期尚早と為し暫時待つべしとの指令」があった。[27]同月キリスト教も慰問使の渡航を出願したが、当分は何れにも渡航を許さぬ方針であるとの回答があったという。[28]五月に台湾島兼澎湖列島布教主任に任命された大谷派の太田祐慶も現地に赴任しなかったようである。[29]

従軍布教使の増派とその活動状況

一八九五年七月に大本営が増派を決定し翌月に北部を平定すると、各宗派の従軍布教使・慰問使の派遣も認められるようになった。派遣が保留となっていた日蓮宗も、八月三一日に大本営の従軍許可を得て、翌月に武田宣明・久保田要瑞の両名が現地に向けて出発した。[30]日蓮宗の機関誌『日宗新報』は次のように述べ、従軍布教使に対して長期的な台湾統治を見すえた現地布教の実施を要望している。

其二箇の任務たる一は従軍的の布教一は建設的布教是れなり前者は且つ遼島半島に於ける前布教使の如き是なり如何に諸種の困乏に耐へ絶域言語不通の蛮地に其任を行ひしかを追想せば従軍布教の容易なるものにあらさるを知らん而して台湾其地は一時占領に非ず将来天壌無窮の間帝国の領土たるを以て内地一様布教の手段を施さゞるべからず是れ則ち建設的布教なり[31]

本願寺派では、八月に武内外量を南征従軍布教使として追加派遣し、翌九月には法主名代の台湾軍隊慰問使とし

（図表3）1895（明治28）年台湾派遣従軍布教使・慰問使一覧

氏　名	宗　派	派遣時期	備　　考
松江賢哲	大谷派	3月下旬	従軍布教使（澎湖島）、後に台北で布教
伊東大恵	大谷派	3月下旬	従軍布教使（澎湖島）
下間鳳城	本願寺派	3月下旬	従軍布教使（澎湖島）、3月末コレラにより現地で死亡
名和淵海	本願寺派	3月下旬	従軍布教使（澎湖島）、5月コレラ・脚気に罹り帰国
林　彦明	浄土宗	5月下旬	従軍布教使（近衛師団）、11月帰国
大江俊泰	本願寺派	5月下旬	従軍布教使（近衛師団）、12月帰国
椋本龍海	真言宗	5月下旬	従軍布教使（近衛師団）、11月中旬帰国、翌86年4月に台湾開教視察員として再渡航。彰化で布教、87年11月帰国
佐々木珍龍	曹洞宗	6月中旬	従軍布教使（総督府）、12月一時帰国、翌86年2月再渡航。1901年12月帰国まで布教に従事。
武内外量	本願寺派	8月	従軍布教使（近衛師団）、11月中旬帰国
武田宣明	日蓮宗	9月中旬	従軍布教使（総督府）
久保田要瑞	日蓮宗	9月中旬	従軍布教使（総督府）
太田祐慶	大谷派	9月上旬	特派慰問使、11月下旬帰国
佐々木円慰	大谷派	9月上旬	従軍布教使、11月下旬帰国
本多良観	大谷派	9月上旬	従軍布教使（近衛師団）、病気のため10月下旬帰国
小野島行薫	本願寺派	9月下旬	征台慰問使、12月帰国
豊田巍秀	本願寺派	9月下旬	従軍布教使、10月中旬赤痢に罹り現地で死亡
長尾雲龍	本願寺派	9月下旬	従軍布教使（第二師団）、後に台南で布教
佐藤大道	浄土宗	10月中旬	従軍布教使（第二師団）、翌86年4月帰国
橋本定幢	浄土宗	10月中旬	従軍布教使（第七混成旅団）、12月一時帰国、翌86年1月再渡航、86年7月帰国
加藤慈晃	天台宗	10月中旬	従軍布教使（近衛師団）

て小野島行薫を、さらに従軍布教使として豊田巍秀・長尾雲龍を増派した(32)。同月に本願寺派は「開教事務局職制」を公布したが、その第一条で開教事務局の所掌事務を次のように定め、従軍布教と国内外開教とを同一事業の範疇内に位置づけた。

一　内外国ニ渉リ開教一切ノ事務
二　各師団及各鎮守府ノ布教
三　戦時ノ従軍布教及戦死者追悼会ノ布教(33)

また大谷派も、九月に特派慰問使として太田祐慶を、従軍布教使として佐々木円慰・本多良観を派遣した(34)。

さらに一〇月には、浄土宗が従軍布

教使として佐藤大道・橋本定幢を、[35] 天台宗が従軍布教使として加藤慈晃を、[36] それぞれ派遣している。

しかし、追加派遣された従軍布教使・慰問使たちも現地での死者の埋葬と葬儀に忙殺されたようである。台湾平定に際して、一九〇二年までに死亡した軍人四、三一五名の内、病死者が九割以上の三、九〇一名に及んだといわれる。[37] 従軍布教使・慰問使は、コレラなどの罹病者・死者に接する機会の多いため、伝染して死亡する者や途中帰国する者も多かった。帰国時期の判明しない者もあるが、図表3に見るように、ほとんどの布教使は、一八九五年末には帰国している。

帰国後、再び台湾に渡って布教活動に従事したのも、佐々木珍龍(曹洞宗)と椋本龍海(真言宗)くらいであった。特に佐々木珍龍は、後述するように早い時期から着々と現地布教に向けた準備を進めていたようであるが、その活動は例外的で、他宗派の従軍布教使・慰問使の動きは鈍かった。一八九五年末までの従軍布教使の活動は、文字通り従軍布教に終始し、本格的な布教活動への着手は翌年以降に新たな開教使・布教使が派遣されてくるのを待たねばならなかったのである。

三　本願寺派と曹洞宗の占領地布教

台湾総督府の意向と占領地布教

一八九五(明治二八)年一〇月に台南を陥落させた樺山資紀は、翌月に台湾平定を宣言したが、恒春以南、台湾東部、原住民が居住する山岳地帯はいまだ占領に至っていなかった。またすでに平定した地域でも直後から「土匪」が蜂起していた。このため樺山は、占領地統治の安定のため、仏教僧侶の慰撫工作に期待を抱いたものと考えられる。

同月に次のように仏教僧侶派遣への希望を表明している。

総督府にも内務部に社寺課を置き、是れにて自後設置さるべき、社寺を支配する趣向となり、夫れへ内意もありて、総督より、(一)学識は普通の学は一通り心得、一般人士の上に立つに耻ぢざること。(二)年齢は四十年以下にして身体健康の事。(三)身を台湾に果たす覚悟ある事。(四)教育事業に幾分の経験ある事。(五)外国宣教師に対し、信向上耻かしからぬ人物なる事等。凡そ是れ等を具備する人を派遣されたし。[38]

翌一八九六年に入ると、仏教側もこの希望に添って現地民の慰撫工作に従事することの必要性を改めて強く意識したようである。例えば、同年一月発行『明教新誌』掲載の「台湾の鎮撫」は次のように主張している。

台湾鎮定の報達して幾日ならずまた匪再燃の報あり(中略)要するに台湾の鎮撫は軍人政治家のみにて其の功を奏し得べきにあらず必らず其の半面に温厚篤実諄々として法を説き教を布くの大宗教なかるべからず[39]

こうして各宗派は、一八九五年末に帰国した従軍布教使に代わって、九六年に入ると開教使や布教使を相次いで送って占領地域での布教活動に着手し、併せて現地人の宣撫工作を展開していった。以下にまず、本願寺派と曹洞宗の台湾布教への着手状況を概観しよう。

（図表4）　台湾における本願寺派の軍隊布教一覧

軍隊所在地	兵種隊号	開設年時	開設者	備考
台　北	衛戍監獄、兵器修理所	1896年 2月 1896年 7月	紫雲玄範 田中行善	同地駐在開教使兼務
台　南	歩兵第五連隊、砲兵中隊 衛戍監獄、経営所	1896年 2月	宮本英龍 平田博慈	同　　上
台　中	歩兵第三連隊、砲兵中隊 工兵中隊	1896年 6月	井上清明	同　　上
鹿　港	歩兵第四連隊	1896年10月	佐々木一道	同　　上
嘉　義	歩兵第四連隊	1897年 7月	田中良雄	同　　上
鳳　山	歩兵第六連隊	1897年 7月	池田慧琳	同　　上
雲　林	歩兵第四連隊	1897年 9月	藤本周憲	同　　上
新　竹	歩兵第二連隊	1897年 9月	故選義貫	同　　上
苗　栗	歩兵第廿四連隊	1897年 9月	櫻井桃英	同　　上
宜　蘭	歩兵第六中隊	1897年 9月	楠　祐護	同　　上
卑　南	歩兵第六連隊	1897年 9月	橘　摩騰	同　　上
澎湖島	水雷布設隊	1897年12月	足立格致	同　　上

本願寺派と軍隊布教

各宗派のなかでも最も迅速に対応したのが、本願寺派であった。本願寺派は、一八九六年一月二三日に清韓語学研究所生徒であった紫雲玄範、井上清明、荻野英龍、平田博慈の台湾派遣を決めた。四名は二月一七日京都を出発し、同月二六日に宇品港を佐倉丸で出航し三月六日に基隆した。(40)これと前後して、同派は二月二七日には次のような開教条例を発布している。

第一条　開教の事務は開教事務局の所轄とす

第二条　開教地と称するは従前本宗無縁の土地又は本宗寺院信徒僅少にして教義の普及せさる地を指す

第三条　陸海軍の布教は総て本局の所轄とす(41)

この条例によって、はじめて開教の語義が明示されたが、相変わらず海外布教は軍隊布教と一体のものと扱われていた。幕末以来の長州閥との密接な関係により陸軍に強い人脈を有する本願寺派は、占領地の駐留軍への軍隊布教に連動させて開教使を派遣し、台湾各地に布教拠点を築いていった。この結果、大谷派の台湾留学生が「内地人布教は、本願寺派第一位を占む、監獄及ひ軍隊布教は殆んと彼派の独占に候(42)」と羨むほど、現地での布教勢力を拡大させていった。

図表4は、一八九八年三月までの台湾における本願寺派の軍隊布教の一覧(43)であるが、わずか二年の間に台湾各地の軍隊駐留地に布教使を派遣していったことを把握できる。彼ら軍隊布教使は、同時に現地駐在の開教使でもあり、現地人対象の布教活動を通じて占領地統治の安定を図ることも役目としていた。

曹洞宗の布教方針

軍隊布教に連動させて教勢を拡大した本願寺派に対して、台湾人僧侶を自宗に誘引しつつ、現地民布教に重点を置いたのが曹洞宗であった。

特に佐々木珍龍は、きわめて早い時期から着々と現地布教に向けた準備を進めていたようである。前述の一八九五年六月の台北府僧侶懇親会の開催でも佐々木は主導的役割を果たした。台湾仏教のほとんどが禅宗系であるのに着目し、この直後から在来寺院・寺廟の曹洞宗末寺化に向けて現地の僧侶との接触を重ねていたようである(44)。同年には台北の名刹艋舺龍山寺を布教拠点と定めて布教に着手した(45)。また佐々木は、台南の名刹開元寺の払下げを申請しており、日蓮宗の機関誌『日宗新報』は、現地の寺廟の払下げを受けて布教の拠点とする動きが他宗派にも波及するであろうと報じている(46)。その年の暮れには、佐々木珍龍師が現地人の求めに応じて、李春生なるものを通訳に布教を行い、『明教新誌』が盛会であったと報じている(47)。他の従軍布教使たちが、戦没兵士の弔葬などに忙殺されるなかで、佐々木だけが布教活動をできたのも、佐々木が近衛師団や第二師団ではなく、総督府附属の従軍布教使であったからかもしれない。[48]

一八九五年一二月、佐々木は帰国して曹洞宗務局に従軍布教を復命した。佐々木の報告を受けた曹洞宗務局は、台湾布教を有望であると判断したようである。翌九六年二月に佐々木を含む数名の布教使を渡台させた。この間の事情を同年一二月発行の同宗『宗報』は次のように記している。

本年二月両本山ハ特ニ木田韜光足立普明佐々木珍龍若生國栄櫻井大典鈴木雄秀等ヲ台灣ニ派遣シ在来ノ宗門寺院ヲ経理シ及其僧侶檀信徒等ヲ招徠懐柔セシメ傍ラ守備軍隊ヲ慰問シ及教化セシム五月木田韜光ハ将来ノ経理措置ヲ具申スル為メ帰錫シ六月櫻井大典ハ病ヲ以テ帰錫ス七月長田観禪陸鉞巖芳川雄悟ノ三名ヲ特派シ而シテ台北ニ曹洞宗務支局ヲ設置シ陸鉞巖ヲ教務監督ニ任シ佐々木珍龍ヲ宗務監督ニ任シ且全島ヲ三教区ニ分割シ陸鉞巖佐々木珍龍鈴木雄悟ヲ台北ニ足立普明長田観禪ヲ台中ニ若生國栄芳川雄悟ヲ台南ニ駐在セシメ各々方面ヲ定メ近傍ノ市邑ヲ経紀セシム而シテ佐々木珍龍ハ台化ニ若生國栄ハ台南ニ足立普明ハ彰化ニ各々一ノ私立日本語学校ヲ開設シ数多ノ土人子弟ヲ教育セリ[49]

曹洞宗の場合も駐留軍の慰問・教化を軽視していたわけではないが、それらには「傍ラ」と従属的役割に位置づけを与えており、台湾在来仏教を統率して現地民の「招徠懐柔」することに力点を置いていた。派遣布教使に若干の変動を経た後、台北に陸・佐々木・鈴木を、台中に足立・長田を、台南に若生・芳川を駐留させて活発な布教事業を展開していった。

特に在台期間の長い佐々木珍龍は主導的役割を果たし、台北艋舺街龍山寺の住職も兼ねたようである。日蓮宗の布教使は、曹洞宗の従軍布教のみが台湾に残り教勢を伸張していることについて次のように記している。

我宗昨年率先従軍布教師を派遣せしも、永住する能はずして帰郷す惜哉、爾後曹洞宗の如きは、継続滞台今日に至る、其の功績や官舎を使用し、教会所及雑誌縦覧所を設け、所在名産巨刹を占領し、今又十万金を投じて寺院を創設し、大に教勢を張らんとす(50)

龍山寺には台湾曹洞宗務支局が設置され、一八九六年八月に同寺に駐屯する守備隊が撤収した後、総督府からの払い下げを許可された(51)。

曹洞宗と大日本台湾佛教会

一八九六年五月佐々木珍龍らは、台湾総督府前の城内西門街に二階建の仏教会館を開設し、毎土曜日曜日に仏教演説並に講義等を開き、二階には仏教図書館・宗教新聞雑誌無料縦覧所を設けて一般に閲覧させることとした。同月一〇日の発会式には五百名以上が参集し、真言宗の小柴豊嶽・浄土宗の橋本定幢・本願寺派の井上清明らも参列し演説をしている。佐々木珍龍は、「大日本台湾仏教会」を組織し、雑誌刊行・現地民子弟の教育事業に着手する計画を述べ、次のような主意書を朗読した。

(前略)今や台湾全島我帝国の領土に帰し我親愛なる同胞諸士か万里の波濤を超へ瘴烟毒霧を侵して移住せらるゝ者日に益々多く就中台北の如きは過半本邦人を以て充たすに至れり依て三々五々衲等の寓居を訪ひ仏教の

法理に浴せんと欲せらるゝの士日に踵を続ぐに至る茲に於て乎衲等二三の有志者と相図り大日本台湾仏教会を組織し一者相互に懇親協和切磋琢磨を旨とし以て此真理を究明し一者云為動作の上に於て本島土民の模範となり不言の中に土民感化の奏功を期せんと欲するなり伏して乞ふ愛国護法の諸士本会に加盟し相共に愛真愛理の妙薬を得以て前陳の目的を完ふし玉はんことを云爾[52]

従軍布教以来、真言宗・浄土宗・本願寺派との間には占領地の安定的統治に向けた協調関係があり、各宗派とも佐々木珍龍の提案する大日本台湾仏教会にこの時点では賛同していたようである。真言宗・大台宗などでは大日本台湾仏教図書館に雑誌等を寄贈するなどして積極的に協力する姿勢を示している[53]。しかし、現地の事情に精通した佐々木珍龍が現地僧侶との連携を深めていくに従い[54]、各宗派の協調路線は次第に崩れていったようである。一八九六年八月に佐々木珍龍は、台北県八芝蘭天后宮の副住である陳金福という僧を伴い一時帰国したようであるが[55]、帰台後にさらに現地仏教勢力との連携を強め、次々と現地寺廟を曹洞宗の支配下に置いていった。

一八九六年一一月には、大日本台湾仏教会の機関誌『教報』が創刊された。その巻頭の「発刊之趣意」には「本会は純然たる日本仏教の代表なれは固より宗派的嗅味は毫も無きは勿論」と記されている[56]。同誌には大日本台湾仏教会の会則も掲載されており、その第一章の綱領には、次の三か条が掲げられている。

第一条　会員相互の交誼を篤ふし切磋琢磨して仏教信仰の智識を啓発すること
第二条　固く仏陀の大教を遵守して安身立命の本分を完ふし以て社会の道徳を維持すること
第三条　謹みて仏徳を奉戴し未開の土人を開導して日本仏教の拡布を期すること[57]

台湾人を善導していく日本仏教の使命を自認し、そのために第三章に会の事業として、一仏典講習、二布教伝道、三子弟教育、四雑誌発兌、五図書出版、六施療施薬、七貧民救助の七項目を掲げており、この内の一から四まではすでに着手していた。同誌には付属日本語学校に在学する台湾人子弟二八名の氏名も掲載されている。[58]

しかし、実質的事業主体はあくまで曹洞宗であり、現地人に対する慰撫事業でも同宗は他宗派を圧倒していった。曹洞宗が台湾布教に迅速な対応ができた背景には、現地の仏教が禅宗系であったことに加えて、宗派のいち早い取り組みがあり、佐々木珍龍の存在が大きく作用していた。ほとんどの宗派の場合、従軍布教使とその後に派遣された開教使・布教使は別の人物であった。また、後に派遣された開教使・布教使は、本願寺派や浄土宗のように、学校を出たばかりの経験の浅い若手僧侶が多かった。これに対し、佐々木の場合は一貫して在台し、宗務監督として現地布教を指揮することで、従軍布教での経験を占領地布教に繋げることができた。本願寺派の場合は、最も多くの開教使を派遣していたが、現地布教を統括する責任者の任命はかなり遅れたのである。

四　諸宗派の布教着手状況

真言宗・日蓮宗・浄土宗の動向

本願寺派と曹洞宗に対して、やや遅れて現地での布教活動を始動させたのが、真言宗・日蓮宗・浄土宗であった。以下に、この三宗派の動向を概観しよう。

真言宗では、従軍布教使の椋本龍海が一八九五(明治二八)年一一月に一旦帰国したが[59]、翌八六年四月に小柴豊嶽とともに台湾開教視察員として再び渡台した。この現地視察の結果、小柴が台北に、椋本が台中彰化に拠点を置いて布教活動に従事することとなった[60]。さらに六月下旬に至り、小山祐全が台湾開教補助員として台北に赴任した[61]。

日蓮宗では、一八九六年四月に「台湾竝朝鮮布教略則」が発布された。その第一条に「本則は台湾竝朝鮮布教を目的とす。但し台湾は本邦の新領地なるを以て布教の順序は台湾より朝鮮に及すものとす」と規定され、台湾布教を優先することが宣言された。布教の手順としては、第三条に次のように規定している。

第三条　台湾朝鮮の布教方法は凡て左の事項より初む
一台湾に於て一の布教根拠地を定め時々演説説教を為す事
一該地の情況を視察して布教区域拡張の準備を為す事
一布教手段として台湾土人の子弟を教育する事[62]

さらに第七条に、全国宗内一般寺院・檀信徒総代より台湾朝鮮布教費として五年間に九〇銭ずつ徴収することを定めた[63]。宗内に台湾布教使の募集をした結果、三〇名の志願者があり、六月までに深谷日脱と佐野是秀とが選抜されたようである[64]。しかし、実際に同月に台湾に赴いたのは、渡邊英明（日雄）と佐野是秀であった。渡台後、八月に台北北門外大稲埕勝福廟を仮教会所と定め、後に佐野が台北、渡邊が新竹に拠点を置いて布教に着手した[65]。

浄土宗は、従軍布教使の橋本定幢が一八九五年一二月に一旦帰国した後、翌八六年一月に再び渡台して宗務所当局に再三に亘って台湾布教の必要性を説いた。橋本は同年七月に帰国したが、六月に浄土宗本校の学生であった仲谷徳念と武田興仁が台湾布教に従事することが決定し、両名は七月に渡航した[66]。

しかし、本願寺派や曹洞宗に比べ、出遅れたこの三宗派の教勢は振るわず、一八九六年一一月『明教新誌』は次のように評している。

真言宗　五月末に布教師二名来台台北台中に分れて駐在せり台北にありては真宗浄土二宗と合同して国語学校を開設せしも恰も官立国語伝習所の生徒募集に際し一時休校せしまゝ未だ開校せざれども追而募集に漏れたるものを拾ひ集めて教育する決心なりと云次に

浄土宗　は真言宗に後るゝ事一箇月にして二名の布教師来台し台北小南門外に駐在し開教所を設け布教に従事せり次きに八月に至り

日蓮宗　の布教師二名来台目今真言宗の開設所なる艋舺料舘口街黄氏の家厝に同居せり

要するに真宗曹洞二宗を除きては未だ別に顕はれたる布教の行跡を見ず(67)

台湾開教同盟と本願寺派の離脱

曹洞宗の佐々木珍龍により大日本台湾仏教会の結成が宣言された約一か月後の一八九六年六月二一日、真言宗の小柴豊嶽・浄土宗の橋本定幢・本願寺派の紫雲玄範は、台北門外の至道宮に会して、「台湾開教同盟事務所」を設置することを決めた。この台湾開教同盟事務所は、次々と台湾寺廟を傘下に収めていく曹洞宗の教勢拡大へ脅威を感じ、大日本台湾仏教会に対抗する意図から設立されたと考えられる。清韓語学研究所を出たとはいえ、現地の事情に不案内であった本願寺派の開教使たちが、真言宗と浄土宗の布教使を糾合して発足させたものと考えられ、後に日蓮宗も加わったようである。その規約は次のように記されている。

一、開教上和合を本とし、互に相提携して、以て乱後の人心を慰撫し、王化を補翼するを本旨とす。
二、慈善其他教家適応の事業を興起するを目的とす。
三、共同に関する一切の費用は、同盟各宗の費用とす。
四、実施の細則は、協議の上之を定む。(68)

また共立の日本語学校を設立・運営することも決議し、七月には次のような設置願を台北県に提出し、認可を得た。これも曹洞宗の日本語学校に対抗する意図があったようである。

私設共立学校設立願

一　拙者共

今般当地に於て、明倫学校の名称を以て、私立学校設立致し、児童教育に従事仕度候条、御差支無之候へば、速に御許可被成下度、此段奉願候也。
尤教員の儀は、当分別紙履歴の人員にて担当仕り、追而専務者選定可仕候。
当分の内、小柴豊嶽を以て代表者となし、学校設立其他百般の事を担当せしむ。

明治廿九年七月十五日

真言宗布教師　小柴　豊嶽印
浄土宗布教師　仲谷　徳念印
真宗本願寺巡教使助勤　大久保教義印(69)

しかし、この明倫学校設置願の提出の翌八月、本願寺派は現地視察のため開教事務局員の里見法爾を派遣し、同時に高橋行信・田中行善・佐々木一道の三名を開教使として増派した。[70] これにより、本願寺派の台湾開教使は七名、従僧を加えると一一名の大所帯となり、開教同盟からも離脱したようである。明倫学校も一時休校に追い込まれ、後に真言宗台湾開教本部のある台北艋舺料口の黄氏廟で再開され、浄土宗・日蓮宗の共同事業として運営されることとなった。[71] 一方、大日本台湾仏教会も曹洞宗の単独事業であることが明確となったため、一八九七年三月には台北曹洞教会と名を改めた。[72]

大谷派と臨済宗妙心寺派の動向

一八九七年四月発行の曹洞宗『宗報』に掲載された陸鉞巌の「台湾島視察書」によれば、各宗派の布教使の派遣状況は以下のとおりであった。

台北府……曹洞（布教師一人）・真宗二派（布教師四人）・浄土（布教師三人）・日蓮（布教師一人）・真言（布教師二人）
基隆……真宗（布教師一人）
新竹……日蓮（布教師一人）
台中府……真宗（布教師二人）
彰化……曹洞（布教師一人）・真言（布教師一人）
鹿港……真言（布教師一人）

台南府……曹洞（布教師一人）・真宗（布教師二人）

澎湖島……真宗（布教師一人）

我宗ハ三教区ヲ合セテ布教場、現今三ヶ所ニシテ布教師モ亦三人ノミ真宗ハ澎湖島迄ヲ合シ布教場六ヶ所ニシテ布教師十人ナリ外ニ真宗ノ如キ一布教場ニ一人已上ノ従僧アリ[73]

このデータは一八九七年当初のものと考えられる。このなかで「真宗」とあるのは、台北府での人数が本願寺派と大谷派の合計を指すほかは、すべて本願寺派の布教使である。また鹿港の「真言」は「真宗」の誤記であると考えられる。[74]このように、一八九七年初めの段階でも、曹洞宗と本願寺派の勢力が他宗を圧倒し、真言宗・日蓮宗・浄土宗がこれに続く状況下にあった。そうしたなか、一八九六年末以降に本格的布教に着手したのが大谷派と臨済宗妙心寺派であった。

大谷派の台湾布教の開始時期は詳らかではないが、[75]極めて早い時期に澎湖島従軍布教使であった松江賢哲が台北に渡っていた可能性がある。松江賢哲は一八八一年に語学留学を命じられ中国に渡っており、中国語に習熟していたようである。[76]一八九六年八月には、松江の教化を受けた台北在住の王志唐と紀晴波の二名が来日して本山を参詣し門徒となっている。[77]しかし、正式に宗派が台湾布教に向けて動いたのは、同年一一月に松江賢哲と大山慶成に台湾出張を命じてからのことであったようである。[78]その背景には、両堂再建を主導してきた渥美契縁が一八九六年末に宗政の中心から退き、翌九七年二月に海外布教推進派の石川舜台が本山中枢の参務に返り咲いたことがあったと考えられる。[79]そして、以後大谷派は積極的な台湾布教を展開していったのである。

一方、妙心寺派では、早くから現地の在家信者である松本亀太郎（無住）が同派の台湾布教を熱望していたようである。松本は一八八二年頃に中国に渡り、日清戦争の開戦に際して陸軍通訳となって遼東に従軍し、後に台湾に移り台湾北部の北投に温泉を発見し、この地で一万坪の土地を買収して旅館兼料理業の松濤園を経営していた。[80] 一八九七年に至り松本のもとに細野南岳が来たが、[81] 細野は適当な布教者を迎えることの必要性を痛感し、その年夏に一旦帰国して各地を巡歴して協力者を募った。見性宗般の将来的渡台の承諾を得た細野は、一八九八年一月に足利天應を伴い再渡台し、松本無住の支援を受け、台北郊外に瞋兆庵を建立した。後に河尻宗現・高橋醇嶺も加わり布教活動を展開した。[82] しかし、この時点での活動は、松本や細野らの単独のものであった。宗派の事業としては、一八九七年四月に、伊澤紹倫と大崎文溪に琉球・台湾視察を命じたことにはじまった。両名は五月出発し台湾に到着後、伊澤は沖縄へ向かい、大崎は澎湖島布教場を開設して布教に着手した。[83]

このように他宗派に後れをとった大谷派と妙心寺派とは、後に台湾総督府との密接な連携により急速に教勢を拡大し、中国南部の福建省への布教拡大を視野に入れていくことになった。[84]

おわりに

日本仏教各宗派は、当初から占領地での布教活動を行うことも想定して従軍布教使を台湾に派遣した。しかし、従軍布教使たちは戦没者の弔葬などの従軍布教に忙殺され、十分な現地布教を行うことができなかった。一八九五（明治二八）年五月から同年の暮れまで、近衛師団らの武力平定に従軍布教使が同行して活動した時期を「従軍布教」の時期と位置づけることができよう。

その後、同年一一月に台湾の主要地を占領した樺山は「今ヤ全島全ク平定ニ帰ス」と大本営に報告し、翌月に近衛師団を帰還させ、これを機にほとんどの従軍布教使・慰問使も帰国していった。翌年四月には軍政が廃止され民政に移行し大本営も解散したが、その後も「土匪」といわれたゲリラ蜂起は頻発していた。こうしたなか、一八九六年に入ると日本仏教各派は、新たに布教使・開教使を派遣し、占領地での布教活動に着手した。これら活動は、占領地の安定的統治を期待する総督府の意向に沿うものであり、一八九六年以降を「占領地布教」の時期ということができよう。

しかし、従軍布教から占領地布教への移行にともない、各宗派の協調関係は崩れ、やがて台湾在来の寺廟の支配をめぐって激しい宗派間の競争と対立を生じていった。すでに、一八九六年一一月の時点で『明教新誌』は次のように論じている。

台湾伝道は刻下の急務なり、しかも本山は紛擾の為めに目をこれに注ぐに由なく、布教師をして空しく嘆嗟の辞を発せしむることあらざるか、或は海外万里、財源尽きて進退維れ谷るものあざるか、或は布教師、其人を得ずして宗の威信日に減ずるものあらざるか、実際布教に於て萎靡不振の状を呈する今日より甚しきはなし、況むや、各宗布教師間に軋轢を生じて被教者を適帰する所を知らざらしむるに至るの事あるをや、現に台湾に於て真宗の布教師と曹洞宗布教師との間に相反目することあらざるか、（中略）各宗をして相互に其の事業を妨げしめざるやうになす能はざるか、或は台湾伝道は曹洞宗これが専任たらしめ、朝鮮伝道は日蓮宗これに当り、露西亜伝道及び内地に於ける監獄教誨は真宗これが任たり、布哇宣教は浄土宗、軍隊布教は真言宗と云ふ如く部署を分ちて行く能はざるか、即ち異なる方面に於て其の光輝を発揚し、同一方面に於て相争ふ愚を去る能はざるか、今日のまゝにては各宗の伝道も亦た萎靡不振たるを免れず(85)

各宗派が台湾布教について、明確な布教方針と長期的な財政展望をもって臨んだとは言い難いことを指摘し、併せて性急な布教成果を求め対立と競争をくり広げ、やがて布教活動の衰退・不振を招くであろうことを予見している。そして、その予見はやがて的中していくことになるのである。

［註］

（1） 大江志乃夫は、一九一五年までの武装抵抗との武力闘争を「台湾植民地戦争」と呼び、第一期（一八九六年まで）、第二期（一九〇二年まで）、第三期（一九一五年まで）の三期に区分している（『日露戦争と日本軍隊』四四～四五頁、立風書房、一九八七年）。また周婉窈著『増補版図説台湾の歴史』は、武装抗日運動を第一期（～一九〇二年）と第二期（～一九一五年）に分けている（一〇五頁、濱島敦俊ほか訳、平凡社、二〇一三年）。

（2） 一九一五年までを台湾統治の初期とする見方もあるが、一八九五年から一九〇二年までを台湾統治上の「第一期」と考えることも可能であろう（原田敬一著『日清・日露戦争（シリーズ日本近代現代史③）』岩波新書、二〇〇七年）。

（3） 『明如上人日記抄』五六一頁～五六二頁（本願寺室内部、一九二七年）。この資料は、中西直樹編『仏教植民地布教史資料集成〈朝鮮編〉』第七巻（三人社、二〇一三年）に収録した。

（4） 「従軍布教使」と「従軍慰問使」の区別は明確でないが、大本営が正式な従軍許可証を交付した場合を「従軍布教使」といい、そうした許可証なしに各宗派が派遣する場合を「従軍慰問使」と呼んだようである。日清戦争時に最初に大本営から正式な許可を得たのは、本願寺派の木山定生のようである。前掲『明如上人日記抄』には、木山に交付された「各部は此証を携帯する者に対し、軍務に支障なき限り給養、其他乗船等の便利を与ふべし」という文面の大本営許可証（一八九四年一一月二六日付、各部司令官団隊長兵站監宛）が掲載されている。

また一一月二三日に大谷派が、一二月六日に天台宗・真言宗・浄土宗・日蓮宗などが従軍許可を得たという報道があるが、許可証の文面は記されていない（中西直樹著『植民地朝鮮と日本仏教』第三章、三人社、二〇一三年）。臨済宗妙心寺派の原圓應の場合は、一二月一一日に本山とほぼ同文の許可証を大本営から得ている。このとき、大本営は従軍布教使の派遣人数を制限しており、その制限数を超える者は慰問使という名目で戦地に派遣することとなっていた。しかし、大本営は一二月三〇日付で、慰問使として派遣予定であった僧侶にも前述とほぼ同文の許可証を追加交付している（「従軍師派遣顛末」『正法輪』三八号、一八九五年一月一五日）。後の記事では、遅れて許可証を得た僧侶も従軍布教使と記されていることから（「従軍布教師の部署」〔一八九五年二月一四日付『明教新誌』〕など）、大本営が従軍慰問使を従軍布教使として追加許可したものと考えられる。

（5）前掲「従軍師派遣顛末」。
（6）「佐々木従軍布教使を訪ふ」（一八九五年二月一〇・一二・一四・一六日付『明教新誌』）。
（7）檜山幸夫著『日清戦争――秘蔵写真が明かす真実――』二三六～二三九頁（講談社、一九九七年）。
（8）註（4）を参照。
（9）山科俊海著「真言宗特使派遣に就て」（一八九四年一二月二日付『明教新誌』）。
（10）「従軍僧及慰問使の派遣」（『正法輪』三七号、一八九四年一二月一五日）。
（11）「占領地布教の機」（一八九五年二月一六日付『明教新誌』）。
（12）「占領地布教に就て」（一八九五年一月一二日付『明教新誌』）。この談話は、本願寺派機関紙『京都新報』（同年一月一五日付）にも転載されている。
（13）山縣玄浄著『鉄如意』五七～六三頁（一九八五年）。
（14）吉田久一著『日本近代仏教社会史研究』第二部後編、第三章（吉川弘文館、一九六四年）。前掲『植民地朝鮮と日本仏教』第三章では、こうした慈善事業も現地の植民地化を進めるための布石であったことを明らかにした。
（15）前掲『植民地朝鮮と日本仏教』第三章。
（16）「台湾通信」浄土宗林彦明（一八九五年七月四日付『明教新誌』）。また林の報告によれば、僧侶三名のほかに、神宮教の甲斐一彦と山口某も同行していた。また、これに先立ち三月に澎湖島に上陸した比志島支隊には、松江賢哲・伊東大恵（大谷派）、下間鳳城・名和淵海（本願寺派）らが従軍布教使として同行していた（「感謝状」〔『本山事務報告』一九号、一八九五

年四月二九日」、「従軍布教者近信」（一八九五年四月三日付『京都新報』）、「嗚呼下間鳳城氏」（一八九五年四月一一日付『京都新報』」など）。

(17) 佐々木珍龍著『従軍実歴夢遊談』四九〜五〇頁（鴻盟社、一九〇〇年）。なお本書は、中西直樹編『仏教植民地布教史資料集成〈台湾編〉』第三巻（三人社、二〇一六年）に収録した。

(18) 当初八名派遣の予定との報道もあったが（「台湾開教使」〔『四明余霞』八九号、一八九五年五月〕）、結局四名に止まったようである。

(19) 「南征教誌」曹洞宗佐々木珍龍（一八九五年八月八日付『明教新誌』）。

(20) 「台湾布教に就て護法家に告げ併せて天下の注意を促す」曹洞宗従軍布教師佐々木珍龍（一八九五年七月四日付『明教新誌』）。本記事の末尾に「明治二十八年六月十七日台湾開始之日在台北記之」と記載されている。

(21) こうした論調は、当時の『明教新誌』に間々見られる。「嗚呼台湾」横井見（一八九五年五月一六日付『明教新誌』）、「蛮土教化」（一八九五年五月二〇日付『明教新誌』）など。

(22) 「清韓語学研究所開場式」（一八九五年九月一日付『京都新報』）。清韓語学研究所のことは、前掲『植民地朝鮮と日本仏教』第三章でも取り上げた。

(23) 『本山事務報告』二〇号、一八九五年五月二六日。

(24) 「真言宗新領地布教条例」（一八九五年六月二八日付『明教新誌』）。

(25) 「台湾通信」（一八九五年八月一六日付『明教新誌』）。従軍布教使の任務として、『真宗本願寺台湾開教史』（台湾開教教務所臨時編集部、一九三五年）は、兵営・病院の慰問、兵士への布教、死者の埋葬・葬儀、遺骸・遺物の遺族への送致の外、疾病者の看護などを挙げている（一〜二頁）。本書は、前掲『仏教植民地布教史資料集成〈台湾編〉』第四・五巻に収録した。

(26) 「台湾島布教に付て敢て仏徒に檄す」在台湾島　無我居士（一八九五年七月三〇日付『明教新誌』）。

(27) 「協議会決評復命書と具申書」「台湾従軍布教師（許可せられず）」（『日宗新報』五七〇号、一八九五年七月二八日）。

(28) 「台湾慰問使の件」（一八九五年七月六日付『明教新誌』）。この時点では、従軍布教使だけでなく、商業目的で渡航する者や新聞通信員らの渡航も制限されていたようである（「台湾渡航に就て」〔『四明余霞』九〇号、一八九五年六月〕）。

（29）太田祐慶は、台湾島兼澎湖列島布教主任に任命された数日後に、朝鮮支那両国布教主任の兼務も命じられており、当初から現地赴任する予定がなかったのかもしれない。

（30）「日蓮宗の台湾布教使」（一八九五年九月六日付『明教新誌』）、「台湾布教許可せらる」（『日宗新報』五七四号、一八九五年九月八日）。

（31）「台湾従軍布教使を送る」東郊生謹草す（『日宗新報』五七五号、一八九五年九月一八日）。

（32）前掲『真宗本願寺台湾開教史』三頁、「本願寺の台湾慰問」（一八九五年九月二二日付『明教新誌』）など。特に小野島行薫の場合は、台湾布教に向けた視察を目的としていたようであり、小野島の自叙伝『對榻閑話』には、この視察をもとに立案した「台湾開教策」が収録されている。なお『對榻閑話』の当該箇所は、前掲『仏教植民地布教史資料集成〈台湾編〉』第四巻に収録した。

（33）『本山録事』一八九五年一〇月一日発行。この規定により設置された開教事務局では、陸軍布教、慰問視察、台湾布教、朝鮮開教等を取扱い、一八九六年度の予算として三万六千円を計上していた（一八九五年九月二八日付『明教新誌』）。

（34）『宗門開教年表』一四頁（真宗大谷派宗務所組織部、一九六九年）には、一〇月三日に太田祐慶・佐々木円慰が慰問使として台湾に赴いたことが記されている。さらに当時の報道から、本多良観も同行していたことがわかる（「御伺並慰問」（『本山事務報告』号外、一八九五年九月一日）、「本多従軍布教使の談話」（一八九五年一一月一二日付『明教新雑誌』）など）。また、すでに八月に派遣の命令があり、九月上旬には台湾に到着していたようである（「本多布教使観迎会景況」（一八九五年一一月二〇日付『明教新誌』）、「台湾通信」（一八九五年一一月二四日付『明教新誌』））。なお本多良観は、当時の報道で本田良観や本多良勤などと記されているが誤記であると考えられる。本多の自著『花王の露』（一八九四年）などでは本多良觀と記されており、井上泰岳編『現代仏教家人名辞典』（一九一七年）では本多良観と記されている。

（35）越智専明編『浄土宗年譜』七七頁（一八九八年）、「従軍布教使へ慰問状を送らる」（一八九六年三月二六日付『明教新誌』）。

（36）「天台宗の従軍布教」（一八九五年九月一六日付『明教新誌』）、「渡台の任命」（『四明余霞』九四号、一八九五年一〇月）。

（37）前掲『日露戦争と日本軍隊』五九頁。

（38）「台湾総督府の社寺待遇」（『傳燈』一一六号、一八九五年一一月二八日）。同様の記事は、一八九五年一二月二六日付『明

教新誌』、『四明余霞』九六号（一八九五年一二月）、『正法輪』五一号（一八九六年二月一五日）などにも掲載されている。
(39)「台湾の鎮撫」（一八九六年一月一〇日付『明教新誌』）。
(40)「台湾布教使の送別会」（一八九六年一月三〇日付『明教新誌』）、「台湾布教使の出発」（一八九六年二月二二日付『明教新誌』）、「台湾来信」（一八九六年三月一七日・四月一一日付『京都新報』）。なお、『明如上人伝』は、一月二三日に紫雲ら四名の派遣決定をもって、台湾正式開教の始まりと位置づけている（八二三～八二四頁、明如上人伝記編纂所、一九二七年）。
(41)「真宗本派録事」（一八九六年三月四日付『明教新誌』）。同年一一月に発布された「開教地ノ区域」でも、陸海軍所在を筆頭に、北海道・沖縄県・台湾・浦潮斯徳・布哇が開教地として掲げられている（『本山録事』一八九六年一一月一五日発行）。
(42)「台北通信」（一八九九年四月一二・一四・一八・二四日付『明教新誌』）。
(43)この図表は、『教海一瀾』一七号、一八九八年三月二六日（前掲『仏教植民地布教史資料集成〈台湾編〉』第四巻に収録）及び前掲『明如上人伝』八一〇～八一四頁記載の「軍隊布教一覧」のなかから、台湾の箇所のみを掲出して作成した。
(44)佐々木珍龍は、「台湾に於ける禅宗寺院」（『曹洞教報』九号、一八九五年七月二五日）のなかで、現地の有力寺院を訪問し、禅宗系の多いことを報告している。また「佐々木珍龍師」（『曹洞教報』一二号、一八九五年九月一〇日）には、佐々木が永平寺の直末となることを希望している台湾僧侶五、六名を連れて帰国する予定であると報道している。
(45)『台湾社寺宗教要覧（台北州ノ部）』（台湾社寺宗教刊行会、一九三三年）には、佐々木珍龍の活動について、「其年（一八九五年）八月艋舺龍山寺ニ於テ、開教ニ従事セルヲ布教ノ創始トス」と記されている。本書は、前掲『仏教植民地布教史資料集成〈台湾編〉』第二巻に収録した。
(46)「台湾布教は早きに利あり」（『日宗新報』五八一号、一八九五年一二月八日）。
(47)「台湾演説」（一八九五年一二月二八日付『明教新誌』）。
(48)「台湾通信」（一八九五年一一月二四日付『明教新誌』）。
(49)「曹洞宗務局　甲第四十号達」（『宗報』一号、一八九六年一二月一五日、曹洞宗務局文書課）。本記事は、前掲『仏教植民地布教史資料集成〈台湾編〉』第三巻に収録した。
(50)「同胞緇素に檄す」在台湾台北城　渡邊英明　佐野是秀（『日宗新報』六一〇号、一八九六年九月二八日）。

(51)「大日本台湾仏教図書館と龍山寺の住職」(『曹洞教報』三〇号、一八九六年七月五日)、「台湾島視察書」台湾布教師　陸鉞巌(『宗報』七・八号、一八九七年四月一・一五日、曹洞宗務局文書課。この記事は前掲『仏教植民地布教史資料集成〈台湾編〉』第三巻に収録)。
(52)「大日本台湾仏教図書館」(一八九六年六月二四日付『明教新誌』)。
(53)「台湾仏教会館及び図書館」(『傳燈』一二一号、一八九六年七月一三日)、「台湾の仏教会館と図書館」(『四明余霞』一三〇号、一八九六年七月二四日)。一八九七年八月一八日付『明教新誌』掲載の「台湾の新聞雑誌縦覧所」によれば、仏教関係諸団体から四九種の雑誌の寄贈があった。
(54)佐々木珍龍は、一八九五年暮れに通訳を使って布教していたが(註(47))、「曹洞宗の台湾布教」(一八九六年五月一五日付『読売新聞』朝刊)によると、曹洞宗の派遣布教使のなかで佐々木珍龍のみが現地語に通暁していたと報じている。この時点で佐々木の在台期間は一年間、それ以前の清国従軍布教の期間を含めると一年半に及び、ある程度の語学力を修得していたと考えられる。
(55)「台湾僧来る」(一八九六年八月一四日付『明教新誌』)、「台湾僧に就て」(一八九六年八月二〇日『明教新誌』)。
(56)(57)(58)『教報』一号(大日本台湾仏教会、一八九六年一一月二五日。本誌は前掲『仏教植民地布教史資料集成〈台湾編〉』第二巻に収録)。なお、二号以降が刊行された事実は確認できなかった。
(59)「椋本龍海師の帰朝」(一八九五年一一月二〇日付『明教新誌』)。
(60)「椋本龍海師」(一八九六年三月二四日付『明教新誌』)、「台湾教報」小柴豊嶽(『傳燈』一三一号、一八九六年一二月一三日)、「各宗台湾開教の概況」在台北　児玉輝明(一八九六年一一月六日付『明教新誌』)、「台湾教信」(一八九七年三月二八日付『明教新誌』)、「台湾開教始末」小山祐全(『傳燈』一九一〜一九九号、一八九九年六月一三日〜一〇月一三日〔前掲『仏教植民地布教史資料集成〈台湾編〉』第二巻に収録〕)。
(61)「小山祐全氏の渡台」(『傳燈』一一九号、一八九六年六月一三日)、前掲「台湾開教始末」。
(62)(63)「日蓮宗の台湾並に朝鮮布教」(一八九六年四月三〇日付『明教新誌』)、「台湾竝朝鮮布教略則」(『日宗新報』五九六号、一八九六年五月八日)。この略則に対して、寺院と檀信徒総代の布教費負担の方法や台湾人子弟の教育費が計上されていないことに対して山梨県寺院より伺が提出されており、規定どおりの運用は難航されたと推察される（「日蓮宗台湾朝鮮布教略則に対する伺及指令」（一八九六年六月一〇日付『明教新誌』））。

（64）「日蓮宗の台湾布教師」（一八九六年六月一〇日『明教新誌』）。

（65）「台湾布教師の消息」（『日宗新報』六〇四号、一八九六年七月二八日）、「台湾布教師消息」（『日宗新報』六一五号、一八九六年一一月一八日）、「南針記」（『正法輪』六七号、一八九七年六月一五日）、「台湾通信」（『日宗新報』六五三号、一八九七年一二月八日）、『明治大正昭和　日蓮門下仏家人名辞典』五三七～五三八頁（国書刊行会、一九七八年）。

（66）「橋本定幢師の帰都を送る文」（前掲『教報』一号）、「台湾布教師の派遣」（一八九六年六月一五日『浄土教報』）、「浄土宗渡台布教師」（一八九六年七月二〇日付『明教新誌』）。

（67）註（60）掲出「各宗台湾開教の概況」。

（68）（69）「開教同盟と学校設立」（『傳燈』一二三号、一八九六年八月一三日）。この記事は、一八九六年八月二二日付『明教新誌』、一八九六年八月二五日付『京都新報』などにも転載されている。

（70）「本願寺派の台湾布教及視察使」（一八九六年八月一八日付『明教新誌』）、「台湾に於ける真宗布教」（一八九六年八月二六日付『明教新誌』）。

（71）「台湾の明倫学校」（『傳燈』一三五号、一八九七年二月一三日）、「同島の明倫学校」（『傳燈』一四〇号、一八九七年四月二八日）。「台湾伝道者の近況」（一八九七年三月一五日付『浄土教報』）、「台湾開教談」紫雲賛事談（『教海一瀾』四六九号、一九一〇年四月一日）。

（72）「台北布教日誌」布教師佐々木珍龍報（『宗報』一九号、一八九七年一〇月一日、曹洞宗務局文書課）。

（73）註（51）掲出「台湾島視察書」。またこの記事掲載の各宗派の布教概要は、「各宗台湾布教使概要」（一八九七年四月二五日付『浄土教報』）、「台湾布教使の駐在所及宗派分け」（一八九七年四月二八日付『明教新誌』）、「台湾布教師の駐在所及宗派分け」（『傳燈』一四一号、一八九七年五月一三日）、「台湾伝道の状況」（『禅宗』二八号、一八九七年六月一〇日）、「台湾布教の各宗僧侶」（『日宗新報』六四一号、一八九七年八月八日）など、多数の仏教系雑誌に転載されている。

（74）鹿港では、すでに本願寺派の佐々木一道が布教に着手していた（本文図表2、註（43）参照）。

（75）松金公正著「真宗大谷派による台湾布教の変遷――植民地統治開始直後から台北別院の成立までの時期を中心に――」（『アジア・アフリカ言語文化研究』七一号、二〇〇六年三月、東京外国語大学アジア・アフリカ言語文化研究所）。
（76）『宗門開教年表』一〇頁（真宗大谷派宗務所組織部、一九六九年）、高西賢正編『東本願寺上海開教六十年史』二七七頁（東本願寺上海別院、一九三七年）。なお、両資料では氏名を「松ケ江賢哲」としている。
（77）「台湾紳士仏徒となる」（一八九六年八月八日付『明教新誌』）、「台人帰嚮」（『本山事務報告』三五号、一八九六年八月二五日）。
（78）「教務出張」（『本山事務報告』三八号、一八九六年一一月三〇日）。この記事では、大山慶成が「大山慶城」と記されている。他の資料でも「大山慶哉」などと記されているが、大山慶成のことは、前述の『現代仏教家人名辞典』に経歴が記載されており、他は誤記であったと考えられる。
（79）近残花房編『加能真宗僧英伝』一五三～一五九頁（近八書房、一九四二年）。
（80）「松本亀太郎（上海東洋学館、日清役通訳）」（葛生能久著・黒龍会編『東亜先覚志士伝』下巻五一三～五一四頁、黒龍会出版部、一九三六年）。前掲『仏教植民地布教史資料集成〈台湾編〉』第一巻所収の「解題」には、当該記述箇所の全文を引用した。
（81）「鎮南山縁起」松本無住（黄葉秋造編『鎮南記念帖』、一九一三年〔前掲『仏教植民地布教史資料集成〈台湾編〉』第三巻に収録〕）。江木生「内地佛教の台湾伝来と其現勢」（『南瀛仏教』一五巻二号、一九三七年二月。本記事は前掲『仏教植民地布教史資料集成〈台湾編〉』第三巻に収録）は、細野南岳の渡台を一八九六年としている。
（82）前掲「鎮南山縁起」、「開教援護会に於て読者に訴ふ」（『正法輪』八二号、一八九八年九月一七日）、「台北近信」（『正法輪』八六号、一八九九年一月一七日）。これら資料は、いずれも前掲『仏教植民地布教史資料集成〈台湾編〉』第三巻に収録した。
（83）「南征一行」（『正法輪』六六・六七号、一八九七年五月二〇日・六月一五日）、「澎湖島本派布教の概要」在澎湖島本派布教使　大崎文溪（『正法輪』七八号、一八九八年五月一五日）。これら資料は、いずれも前掲『仏教植民地布教史資料集成〈台湾編〉』第三巻に収録した。

（84）本書第四章を参照されたい。
（85）「現今の宗教問題（六）伝道の不振」（一八九六年一一月一二日付『明教新誌』）。

第二章　占領地布教と各種付帯事業の展開

はじめに

日本仏教の台湾布教は一八九五（明治二八）年五月の近衛師団の台湾派兵に対する従軍布教からはじまったが、同年一一月に台湾総督樺山資紀により台湾平定が宣言されると、その年の暮れに近衛師団が帰還し、これを機にほとんどの従軍布教使・慰問使も帰国していった。翌九六年入ると、各宗派は台湾布教に向けた体制を整備し、開教使・布教使を新たに派遣して占領地域での布教に着手した(1)。

一方現地では一八九六年四月に軍政が廃止されて民政に移行し、広島の大本営も解散したが、その後も「土匪」といわれたゲリラ蜂起は頻発していた。この間に、台湾総督は第二代桂太郎を経て第三代乃木希典にかわり、総督府はゲリラ蜂起の鎮圧のため「土匪招降策」や陸軍部隊・憲兵隊・警察を組み合わせた「三段警備」を採用するなど、占領地域の拡大と治安維持のために腐心していた。

一八九七年に入ると、各宗派はさらに現地民への布教を活発化させるとともに、日本語学校・図書館・医療救護施設などを併設して多方面に亘る事業を展開したが、これら事業は、占領地の安定的統治を期待する総督府の意向に沿うものであった。

本章では、各宗派の占領地における布教と各種付帯事業の実態と問題点を当時の仏教系新聞・雑誌の記事を中心として検証する。

一　曹洞宗・本願寺派・大谷派の布教

曹洞宗の教勢概要

一八九七年初めまでに、ほんとんどの宗派は台湾布教に着手したが、そのなかでも大きく教勢を拡大させたのが、早期に布教活動に着手した曹洞宗と本願寺派、それからやや遅れて台湾布教に参画し、急速に布教体制を整備した大谷派であった。以下にこの三派の動向を概観しよう。

台湾で布教に着手するにあたって、まず必要となるのは布教拠点となる施設の確保であり、その最も手っ取り早い方法が台湾在来の寺廟を末寺化する方法であった。なかでも、曹洞宗は一八九五年一〇月に名刹艋舺龍山寺を実質的に末寺化して同寺に台北布教の拠点を置いたのを手はじめに、各地の寺廟を次々に末寺化していった。翌九六年一一月発行の『明教新誌』は曹洞宗の布教状況を次のように報じている。

曹洞宗　此の宗は台北艋舺街の龍山寺を布教の本部と定め佐々木珍龍（当時帰省中）鈴木雄秀陸鉞巌岡田原龍の諸師駐在して開教に従事せらる台中台南亦各二名の布教師ありて同く開教に従事せらる。布教の機関は三県同様なれども本部所在丈けに台北が一番手が廻はり居れり先づ城内西門街総督府門前に仏教会館を創立し新聞雑誌縦覧所を設け会員三百有余縦覧人も日々二三十名あり毎週二回の公会の聴衆毎に数十余名にして頗ぶる盛大なり。仏教図書館は漸次創立の見込みなりと云。仏教会員三百名にのぼりたるを以て過般艋舺に国語学校を設立し土人子弟の教育に着手せられしが已に三十名の生徒ありて中々盛なり尚ほ宜蘭にある通訳生某教授として来聘の約なりと云へば行くへ盛大に趣く事と信ず。土人布教は如何なる方法に拠られしかは聞きし様にもあれど忘れたりされど布教の結果として台北に六十余ヶ寺台中に五十余ヶ寺台南に八十ヶ寺総計二百以上の寺院と本末の誓約を結び三県下に於て九十有余の僧侶をして吾門下に帰入せしめ其内此宗の厳然たる儀規に拠り得度式を受けし者台北県下のみにても十五名ありと云ひ土人にして信徒たるの誓約をなせし者三県下に約四万以上と云ふを以て見れば諸師が布教の為め如何に心身を労されしかを察するにあまりあるべし(2)

末寺誓約が二百か寺というのは誤聞であり、曹洞宗の『宗報』よれば、この頃に台湾全土で七十余か寺と末寺契約を結んでいた(3)。一八九七年一一月の時点で台北県下だけで四八か寺に達し(4)、最終的に百か寺前後を末寺下に置いたようである(5)。現地の信者数は、台湾全土で四万人以上とされているが、この数字は、各布教使が誇大に報告したものの集計概算と考えられ確実なものとはいえない。しかし、一八九九年四月発行の『明教新誌』も台北だけで六千戸、二万人以上と報じており(6)、一時的に数万人に達していた可能性はあろう。

曹洞宗の布教方針

こうした状況のなかで、曹洞宗議会は一八九六年末に台湾島布教案を審議して台湾布教の拡充を議決した。その案では九、七三〇円の予算を投じて、台北・宜蘭・基隆・淡水・新竹・台中・鹿港・彰化・雲林・苗栗・埔里・台南・安平・嘉義・鳳山・恒春・打狗・澎湖島の各地に教線を拡大させていくことを計画していた。この時に制定された「台湾島布教規程」の第一条では、台湾人僧侶を同派に誘引し在来寺廟を末寺化することが、台湾島派遣の布教使の行うべき業務の筆頭に掲げられている。

第一条　曹洞宗両本山ハ台湾島ニ特派布教師ヲ駐在セシメ左記各項ノ業務ニ従事セシム
第一項　在来ノ宗門寺院及在来ノ僧侶ヲ招徠懐柔シ経紀統理スルコト
第二項　在来宗門寺院ノ檀信徒ヲ開諭化導シテ皇化ニ霑被セシメ教沢ニ沐浴セシムルコト
第三項　布教師駐在所ニハ官衙ト稟議シテ日本国語学校ヲ設置シ在来人民ノ子弟ヲ教育スルコト
第四項　守備軍隊ヲ慰問シ傍ラ軍隊ニ開教演法スルコト
第五項　在台ノ官吏及人民ニ布教伝道スルコト(7)

また同時に「台湾島及北海道布教経費賦課規程」を制定して、布教資金を全寺院から徴収して、教団を挙げて台湾布教を推進していく方針を明確に打ち出した。これらの提案理由には、次のように記されており、他宗派に先行して台湾布教を推進してきたことへの自負をのぞかせている。

真言浄土日蓮及真宗東西両派等ハ各々数多ノ布教師ヲ特派シ之ニ相当ノ布教資金ヲ交付シ日夜大ニ尽力シ特ニ真宗東西両派ノ如キハ無限ノ資金ヲ投シ大ニ画策スル所アリ而シテ真宗東西両派及真言浄土日蓮等宗派ノ布教上ニ於ル方針ハ亦我宗ノ方針ト大同ニシテ多ク異ル所ヲ見ス然ルニ我宗ハ台湾布教ニ於テ仏教各宗ニ先鞭シタルニ依リ其成績ニ幾分ハ亦仏教各宗ニ少シク優ル所ナキニアラス(8)

一八九六年五月に曹洞宗は、各宗協調により台湾布教を推進していくことを目的に掲げ、人日本台湾仏教会の結成を提起したが、翌九七年三月には大日本台湾仏教会を台北曹洞教会と改称させて曹洞宗単独の事業に改めた。(9)同月に発行された曹洞宗の『宗報』は、他宗派との在来寺廟の獲得競争を意識して、次のように記されている。

加ふるに台湾総督府は土人教化に尽力するの宗派には其の何たるを問はず、続々寺院を占有せしむるの方針を執り、台湾の地は正に仏教各宗教化の生存競争を演ぜしめ優勝劣敗の実行はれむとす、我か宗今にして躊躇する所あらむかこれ九仞の功を一簣に欠くものなり、本末協同大に此の事に尽すなかるべからず、これ本山の希望にして又た末派の与論なるべし(10)

以上のように曹洞宗は、他宗派との末寺獲得競争に勝利して、台湾仏教界での指導的立場を確立することに台湾布教の第一義的な意義を見出していったのである。

本願寺派の教勢概要

曹洞宗が早い時期に宗派組織を挙げての台湾布教の支援体制を整備したのに対し、ほぼ同時期に台湾布教を本格化させたのが本願寺派であった。本願寺派の場合は、軍隊布教に連動して現地布教をスタートさせたが、現地人対象の布教でも早くから大きな布教成果を収めたようである。前述の一八九六年一一月発行の『明教新誌』は、次のように報じている。

真宗　本派本願寺の巡教師紫雲玄範等台北北門外の元と至道宮に駐在して軍隊布教監獄教誨の傍開教に従事せらる。布教の機関は之れ迄別に之れと云ふ団体もなかりしが此程日本人の有志発起となりて台北教会を設立し内地人部土人部を分ち目下会員の募集中なり　之よりさき紫雲師は教則三条を印刷して遠近の土人に配布せられしに存外きゝめよく或は十里或は十五里の遠きより我も〳〵と雲集し（中略）土人にして門徒たらむと欲するもの頗ぶる多く或は五人或は七人組を成して台湾的願書を調製して来るにより本山よりも門徒の証票を付与せらるゝこととなり此程それ〳〵交付せられしが何れも秀才、貢生、書生、需士、等の学位ある者にして中流以上の人のみなり（中略）台中台南亦布教師の駐在するありて専心布教に従事せり[11]

中流階層以上の現地人のなかには、本願寺派と日本軍隊との密接な関係を意識して、自己の保身と利益拡大のために帰依したものが多かったと考えられ、同派の開教使が清韓語学研究所の出身者であったことから現地語の習得も早く、この点も有利に作用したようである。

また本願寺派は、早い時期に王岱修（法名修道）という熱心な協力者を現地で獲得していた。一般的に真宗は肉食妻帯のゆえに台湾現地人にあまりよい印象を受けなかったようであるが、王岱修は、女性問題に悩んだ経験を有するがために、却って熱心な信者となったようである。王岱修は、清国福州孝義里に生れ、医業研鑽中に感ずる所あって一九歳にして皷山に入って僧侶となったが、二四歳で女性問題から還俗して種痘業を修めた。二七歳で渡台し医業と僧務を兼務していたが、日本軍の上陸後は、憲兵隊の通訳となって近衛師団の南征にも従軍した。その後、大江俊泰、小野島行薫に出会って真宗の教義を聴いた王岱修は、同派の僧侶になることを願い、一八九六年三月より本島の布教活動に積極的に参加した。同年一二月には本山より度牒を授けられ、翌九七年一月布教通訳兼監獄教誨師に任ぜられた[12]。この王岱修の勧誘もあって、台北では多くの台湾人僧侶が同派に帰入したようである。

台南でも、一八九六年二月に台南大東門内弥陀寺の住持石以能と台南大西門外水仙宮の住持曾慧義が、本願寺派の僧侶となり両寺を末寺に編入することの誓約書を提出している[13]。一八九七年七月発行の『教海一瀾』は、本願寺派に帰属した現地の僧侶として、台南県で石以能（弥陀寺住職）、曾慧義（水仙宮住職）、呉以綿（大士殿住職）、徐青揚（三官廟住職）、陳善本（温陵祖廟住職）、林開淇（銀同祖廟住職）の六名、台北県で林炎泉（媽祖宮住職）、王岱修、陳心讃、王天命、陳浄穏、陳明元、荘實果、李挺心、王文源、高文選、林萬興の一一名、計一七名の名前を掲出している[14]。

一八九八年三月発行の『教海一瀾』によれば、現地で獲得した門徒戸数は以下の通りであった。

台南　二九四戸　鳳山　六〇戸　恒春　六〇戸　嘉義　二一二戸　雲林　二八二戸
台中　五二戸　鹿港　一三五戸　新竹　二六〇戸　苗栗　三〇九戸
台北　一、三五一戸　基隆　七二戸　宜蘭　八一戸　合計　三、二六八戸(15)

門徒戸数は、台北だけで三千戸に達したとされる曹洞宗に比べてかなり少ないが、「本派に於ては漫りに土人を門徒に加へず、其精神より本宗に入る者なることを認めて、後ち門徒の証票を下付せり故に其数は未だ以て多きを誇るに足らずと雖も、却て名ばかり懸けたる多数の門徒に比して幾倍すと謂ふべし[16]」と記している。傘下に収めた寺廟数も曹洞宗よりもはるかに少なく、水仙宮・弥陀寺・三官廟・温陵祖廟・大士殿・銀堂祖廟（以上台南）、媽祖宮・慈恵宮（以上台北）、諸福寺・平和廟・廣福宮・媽祖廟・文昌廟・福興宮西廟（以上嘉義）、釈迦院（以上宜蘭）の一五か寺であった。[17]このほか、台北で北門外の元至道宮に布教拠点を置くなど、各地で廟堂や元廟堂、家廟などを利用して布教施設に充てていた。[18]

本願寺派の場合は、軍隊布教に主眼が置かれ、現地民布教にあまり積極的な対応は採られず、軍隊布教に連動して一時的に現地での帰依者が増加したに過ぎなかった。それゆえ、王岱修のような積極的な協力者を現地で得たのにもかかわらず、その後の布教活動に繋げることができなかったのである。

大谷派の教勢概要

大谷派は、曹洞宗と本願寺派に比べて台湾布教への宗派の取り組みが遅れたが、一八九六年一一月の大山慶成が渡台すると、急速に教勢を拡大していった。大山慶成は、早くも翌九七年一月に嘉義で聖王廟・湄洲宮・普済寺・平和廟から、二月に鳳山で龍山寺から帰属申請を受理した。また静濤（台南開隆宮住持）、浄心（台南岳帝廟住持）、振慶（台南城隍廟住持）、家茂（嘉義城隍廟住持）、慶心（媽宮城大媽祖宮兼関帝廟住持）の台湾人僧侶五名から大谷派への帰属出願も受け取っている。[19]

一八九七年三月に海外布教推進派の石川舜台が本山参務に就任し、宗派としての台湾布教に向けた体制も整備されていった。同年六月同派総務の大谷勝縁が、台湾及び澎湖列島全般の教学事務を所管するため台北に寺務出張所を置くことを指示し、同年一〇月に事務統一のため国内を二五教区に分けた際には、台湾を第二五教区に指定した。[20]この間の七月には、大山慶成が大稲埕千秋街に台北説教場を開設し、同年九月末に現地の門徒数は四二四戸に達している。[21]さらに一一月に、小川静観に鳳山説教場在勤を、栗本徳洲に台南説教場在勤を命じた。[22]

一八九八年に入ると、一月に和田圓什台湾寺務出張所長が、本多文雄・加藤廣海・廣岡荷織の三名の布教使を従えて現地に赴任し、本多は台湾説教場、加藤は台北説教場、廣岡は鳳山説教場に在勤することとなった。[23]この頃までに台北の門徒は一五四〇戸、八千人に急増し、周辺一四か所へも月一回以上の巡回布教を実施していた。[24]一〇月に寺務所職制を定めた際には、第六章で開教事務局の職制を次にように規定し、海外布教に向けた法整備も進められた。

第六章　開教事務局
第七十三条　開教事務局ハ北海道台湾沖縄及軍隊等ノ布教其他外国ノ開教事務ヲ掌理ス
第七十四条　開教事務局所掌ノ事務概目ヲ定ム左ノ如シ
一　北海道台湾沖縄県其他外国別院説教場学校末寺ノ創設及管理ニ関スル事項
一　海外及台湾留学生ニ関スル事項
一　軍隊布教ニ関スル事項
一　監獄教誨ニ関スル事項
一　慈善会青年会婦人会等特種ノ教会又ハ間接布教ニ関スル事項
一　所管内役員ノ進退及布教者派遣巡回等ニ関スル事項
一　教導講究院ニ関スル事項ニ関スル事項
一　布教上有功者並聞法者篤志者ノ旌表ニ関スル事項
一　講会条例ニ関スル事項[25]

一八九八年一〇月発行の大谷派『宗報』によれば、台北に寺務出張所・説教所のほか、台南・安平・新竹・鳳山・宜蘭・阿公店・彰化・嘉義の八か所に説教所を構え、布教人員は一九名に及んでいる。末寺下に置いた寺廟も四〇か寺に達し、本願寺派を超えた[26]。少し後のことになるが、一八九九年の四月の同派台湾留学生の田中善立からの現地報告によれば、全島の信徒数は曹洞宗一万五、六千人に対し、大谷派が一万余名、本願寺派八、九千人であり、信徒数でも本願寺派を超過していった[27]。しかし、こうした急速な教勢拡大は、先行する曹洞宗との対立を深めていくことになるのである。

二　諸宗派の布教

真言宗の教勢概要

前述のように、曹洞宗・本願寺派・大谷派が台湾での教勢を拡張し、この三宗派が多くの現地寺廟を末寺下に置くなかで、他宗派では布教拠点の確保もままならなかったようである。真言宗小山祐全は、当時のことを次のように回想している。

抑々本島には寺廟宮到る処に櫛化し一見甚だ得易きが如くなるも其実容易に得べからざる事は小柴師は最初士人家屋の一半を毎月貳拾四円と云高価の家賃を払ひて借宅し其後黄氏廟に入りたるも一ヶ年にして放逐せられ椋本師は台中に於て廟宇民家等再三転居の末現今の城隍廟に入り[28]

真言宗は、すでに一八九六年六月の時点で椋本龍海・小柴豊嶽・小山祐全の三名が台湾に駐在していた。この内、椋本は九五年五月に近衛師団に随行して最初に渡台した従軍布教使のひとりであった。椋本は、同年一一月に帰国したが、小柴豊嶽とともに九六年四月に再度渡台した。[29] 同年五月、椋本は台中に赴き現地駐留軍の布教に従事した後、同年一一月に彰化に移り苦労の末、現地の城隍廟を布教拠点に定め現地民布教にあたった。午前中は国語学校を開いて現地民子弟に日本語を教授し、午後には現地語の習得に努めたようであり、翌九七年八月には女子教育にも着手し、真言宗彰化女学校を開設した。[30]

一方、台北では小柴豊嶽が布教を担当した。一八九六年六月には小山祐全も加わり、ほどなく台北艋舺料館口七十一番戸の黄氏廟を借り受けることになり、ここに真言宗台湾開教本部を置いた。同年七月本願寺派と浄土宗と共同で設置予定あった日本語学校・明倫学校が本願寺派の離脱により頓挫していたが[31]、一〇月に浄土宗・日蓮宗との共同事業として真言宗台湾開教本部内に併置した。九七年三月頃には生徒が四七、八名に達し、学校運営も順調だったようである。[32] また一八九七年一月に小柴豊嶽は、台北県淡水支庁管下の雲巌寺に赴き、同地の布教に着手している。二月には、雲巌寺管理者と真言宗長者との間で同寺を真言宗布教場とすることの合意に達し、台北県淡水支庁長に届け出た。[33]

このように真言宗の台湾布教がやや軌道に乗り始めた矢先の一八九七年四月に黄氏廟の借家契約を突然破棄されたようである。小柴豊嶽は、同月に台北に三百坪余の敷地を定め、新寺新築の計画を真言宗務当局と交渉するため一時帰国した。[34] ところが、この交渉は不調に終わったようであり、結局小柴は台湾布教使を辞職し、帰台することはなかった。しかも同年一一月には椋本龍海も事情により帰国を余儀なくされた。残された小山祐全は、彰化布教所を閉鎖して翌九八年四月に宗務当局への報告書に辞表を添えて送付した。これに対し宗務当局は、布教所家賃の

支給、三名の布教使の増員などを通知して小山を慰留し、小山も留任を決意した。(35)

こうして弘智栄・伊藤里英・杉田文量の三名が新たに布教使として着任し、現地の豪家林本源の家廟である瞿公廟を布教場に充てることも決まり、一八九八年七月には大師像遷座式を挙行した。(36) しかし、真言宗の教勢は振るわなかったようであり、同年一〇月に『日宗新報』掲載の日蓮宗布教使岩井恵済の現地報告には、次のように記されている。


彼の真言宗の如き現在の利生を説き且つ台北市内に於て四人の布教師を有するにも不関寂々寥々として一向聞ゆる事無之空しく手を束ね居候啻だ毎月廿一日には少数内地人の参詣者あるのみにては彼の部長小山布教師の泣言に御座候(37)

日蓮宗の教勢概要

日蓮宗では、一八九六年六月から佐野是秀と渡邊英明（日雄）とが渡台し、当初真言宗台湾開教本部がある黄氏廟に同居していたが、八月に台北北門外大稲埕勝福廟を仮教会所と定めたようである。(38) その後、渡邊英明は新竹県に移り、新竹南門外巡司埔庄竹蓮寺に拠点を構えた。また翌九七年二月から約半年間にわたって杉田日布が特派布教師として派遣され、布教拡張のための現地視察が行われた。この頃までに熊本の甲斐本耀が単独で渡台し、その協力もあって台北新起横街に仮布教所（清正堂）を建設したようである。(39)

一八九七年一一月には、新竹の渡邊英明が新竹県知事の認可を受けて私立育英学校を開設した。(40) 翌九八年六月には、岩井恵済が布教師として台北に追加派遣され、同じ頃に佐野是秀も台北で現地人対象の学校を開設したようである。[41]ところが、同年九月に新竹の渡邊英明が教務の都合により帰国し、[42]代って佐野是秀が新竹の担当となった。九八年暮れに、佐野は図書館を建築すべく奔走したが実現しなかったようである。[43]翌九九年四月には、渡邊英明が再渡台して新竹布教所に鬼子母神像を寄贈し、新竹城内東門街に七百坪余の地所を得て寺院を建立する計画も立てられた。[44]しかし、この頃に私立育英学校の経営は日蓮宗の手を離れ、憲兵通訳丸山某に移譲されたようであり、その後同宗の新竹布教所は衰退していったようである。[45]

台北では、同年八月の大水害で仮布教所が破損したのを機に、岩井恵済によって布教所新築が企図され、現地の有力在留邦人の協賛も取り付けた。[46]しかし、破損した布教所の復旧工事は難航し、新布教所の建築資金も不足し、[47]数年後には台北の布教使も赤井文勝に変更になったようである。[48]一九〇一年一一月発行の『日宗新報』が「予て宗務院にて募集中なりし台湾布教師は出願者も尠からざりし」[49]と記しているが、布教使が定着しなかったようである。このため同宗の台湾布教は振るわず、臨済宗の機関誌『禅宗』は、一九〇〇年当時の台湾布教状況を次のように評している。

△台湾に於ける各宗派の勢力　是れはマー曹洞宗が第一で、之に亞ぐものが真宗東西本願寺であつて此三派が先づは鼎立の姿である。浄土、真言の二宗は布教費の支出がズツト少ない、従つて派遣されて居る布教使師も極少数なので、観るべき成績のないのは無理はない。臨済宗は其次ぎ、日蓮宗は又其の次ぎ（寧ろ番外）である。[50]

日蓮宗では、一八九六年四月に台湾竝朝鮮布教略則が発布され、台湾布教を優先して実施することを規定し、全国宗内一般寺院・檀信徒総代より台湾朝鮮布教費として五年間に九〇銭ずつ徴収することを定めた。[51] また同年九月には横浜の有力信徒である佐藤信次が「台湾布教資金募集意見書」を日蓮宗管長に提出し、資金面で台湾布教の支援を献策している。[52] しかし、翌九七年一月に日蓮宗務院は、旭日苗らが設立した日宗海外宣教会を正式に認可することとなった。その背景には、旭日苗や加藤文教が着手した朝鮮布教を軌道に乗せるとともに、その布教を宗務当局の管轄下におくねらいがあったと考えられる。[53] この時点で、台湾よりも朝鮮布教に重点を置く必要性が生じたことが、日蓮宗の台湾布教の不振の一因となったと考えられる。

浄土宗の教勢概要

浄土宗では、宗学本校の学生であった仲谷徳念と武田興仁の派遣が決まり、両名は一八九六年六月末に台北に到着した。これとは別に五月に萩原隆誠が、一一月に嶺原慧海が自費で渡台し布教活動に向けて現地語の習得をはじめていた。[54] しかし、宗派は充分な支援体制を考慮することなく、若い仲谷と武田を現地に送り出したようである。到着間もない頃に、仲谷は次のように記している。

台北に於て其の布教の尤も活発なるものを曹洞宗とし、真宗及び真言之に次ぐ台北所在の祠廟にして壮大威麗なるものは概ね洞家の所轄となり、於らざれば真宗及び真言に属せざるはなし唯此一事以て同地の教状如何を想見するに足る、洞門の台北に全力を灌ぐものあに大ならずや、而して本宗の如きは唯場外の道端に存する零砕破壊せる辻堂を借得て漸く之を布教の中心となさんと欲するに過ぎず、而して此堂も十分の修理を加ふるに非ずんば到底者の用に立つべきにあらず、余輩等是に於て何くんぞ奮慨の涙なからむや、余輩は焉に耻を忍びて大方に告げざるを得ず、予輩二人は今や黄家の祠廟にありて、唯彼城外辻堂の修理完きを待ちつゝこれあるなり、而して黄家の祠廟とは実に真言宗布教師小柴豊嶽君に属するの祠堂なり、予輩等は私に怪む本宗の新領地を見る、何が故に然く冷淡に過ぎしかを。[55]

こうした現地での苦境を受けて、一八九六年八月に浄土宗、不染信翁・小林瑞成・渡辺海旭の発起により、小石川光圓寺に「台湾伝道援護会」が組織され、「台湾布教者仲谷武田両氏の為に謹むで資を十方諸大徳に懇請す」との主意書を発表し義捐金募集に着手した。援護会は、一八九八年五月までに二、一九五円余の義捐金を集め、資金面で現地布教の支援を行った。[56] 一方、一八九六年末に開会された浄土宗巡教使会では、六千円の資金を投じて基隆、台北、淡水、新竹、台中、鹿港、嘉義、台南、鳳山、打狗の一〇か所に布教使を派遣すべきことを答申したが、実行に移されなかった。[57]

現地の武田興仁は、一八九六年一一月に台北艋舺の官有建物海山館で布教を開始し、翌九七年一月に台湾総督に借用願書を提出するとともに、台湾伝道援護会の資金援助を受けて建物改修を行い二月に開院式を挙行した。[58] しかし同年五月に武田興仁はマラリアに罹り世を去った。[59]

一八九七年七月浄土宗当局は本格的なアジア布教に向けて、白石暁海・岩井智海を台湾・朝鮮視察に派遣をし、両名は九月釜山上陸して朝鮮を視察し、一二月台湾を経て翌九八年一月に帰国した。この視察を踏まえ浄土宗は、五月に開教区域を定め、第一教区を鹿児島大島諸島・沖縄県、第二教区を台湾・澎湖島、第三教区を朝鮮、第四教区を布哇とし、教団事業として海外布教体制の整備に着手した。[60] しかし、同月に台湾では仲谷徳念もペストに罹り死去している。[61]

最初に渡台した布教使である武田と仲谷とが相次いで死去したことは浄土宗に大きな痛手であったが、浄土宗は、帰国中であった嶺原慧海と鈴木台運に急きょ渡台を命じ、仲谷没後の対応にあたらせた。しかし、布教体制の整備は他宗派に比べ大きく遅れる結果となった。

臨済宗（妙心寺派）の教勢

臨済宗の台湾への正式な布教は他宗派に大きく遅れ、一八九七年四月に妙心寺派が伊澤紹倫と大崎文溪に対し琉球・台湾視察を命じたことにはじまった。両名は五月出発して台湾視察を行い、伊澤は琉球視察を経て帰国したが、大崎は台湾部視察の途上に立ち寄った澎湖島で、同島の守備隊長、庁長、在留邦人総代らの訪問を受け、官有廃廟を利用して布教場を開設することを請われたという。視察を終えた大崎は、同年六月に澎湖島に戻り現地での布教に着手した。澎湖島宮城拱辰門外西隅の観音亭（澄心亭）を布教の拠点と定め、同年九月二六日付を以て観音亭信徒総代より妙心寺派末寺への編入出願を受け、翌九八年二月二日付を以て宗務当局より直末証を交付されて末寺としての認可を受けた。同時に澎湖山観音寺と改称して大崎が兼務住職となった(62)。

国内では、大崎が澎湖島布教に着手した直後から、妙心寺派の機関誌『正法輪』が、布教補助予算を計上できない宗派の内部事情を指摘し、開教援護会の立ち上げを主張していたが(63)、一八九八年二月に至り『正法輪』発行元である正法輪協会が「金品ヲ集メテ北海道台湾ノ開教ヲ援助スルヲ目的」に開教援護会を組織した(64)。同時に澎湖山観音寺の修繕費用の寄附を呼びかけた。これには澎湖島要塞砲兵大隊をはじめ現地の在留邦人も呼応し、その寄附金を元に観音寺の改修が行われた(65)。

しかし、この二か月後に、大崎文溪は都合により辞職し帰国している。後任には八橋紹温が派遣されることになり、八橋は森賢外をともない現地に就任した。(66)八橋は、一八九九年八月に澎湖山観音寺の直末編入と布教場設置を澎湖庁長に申請し許可を得たが(67)、八橋と森も翌一九〇〇年には帰国している。(68)後任の原昭庵は誠実な人物であったようだが、半年足らずで現地で死亡し、その後は適任者に恵まれず、妙心寺派の澎湖島布教は衰退していったようである。(69)

臨済宗としての正式な派遣ではないが、一八九八年一月に細野南岳が足利天應をともない台湾に再渡航し、現地在住の在家信者松本亀太郎（無住）の支援を受けて台北郊外に瞋兆庵を建立した。その後この瞋兆庵を拠点として、河尻宗現と高橋醇嶺が加わり布教活動を展開したようである。ところが、同年七月の台風で瞋兆庵は倒壊して、建築したばかりの布教拠点を失い、細野らは一時松本の自宅に身を寄せた後、剣潭古寺に移った。(70)この時点では、妙心寺派の台湾布教も大きな進展はみられなかった。

三　日本語学校の経営状況

日本仏教の学校経営への意欲

日本仏教各宗派は、占領地での布教に着手するとともに、教育事業や慈善事業などの啓蒙・宣撫工作を展開したが、そのなかで最も盛んに行われたのが、日本語学校の経営であった。ほとんど場合、布教所の開設後間もない時期に、現地人子弟対象の日本語学校が併設されている。

台湾の領有が決定する以前から、大谷派の小栗栖香頂や真言宗の山縣玄浄らが、遼東半島の占領地で教育事業に着手する必要性を主張していたことはすでに指摘した。(71)こうした意見を受けて、台湾領有後に各宗派が制定した布教規則などでも、現地人の教育事業を布教活動の一環と掲げる場合が多くみられた。例えば、一八九五年六月に真言宗が公布した「真言宗新領地布教条例」は、第三条で「布教師は本務の傍を土人の子弟教育を補助し及慈善事業を企画す」(72)としている。翌九六年四月に制定された日蓮宗の「台湾竝朝鮮布教略則」でも第三条で次のように規定し、教育事業を布教手段のひとつに挙げている。

第三条　台湾朝鮮の布教方法は凡て左の事項より初む
一台湾に於て一の布教根拠地を定め時々演説説教を為す事
一該地の情況を視察して布教区域拡張の準備を為す事
一布教手段として台湾土人の子弟を教育する事(73)

さらに一八九六年一二月に制定された「曹洞宗布教規程」では、第一条の布教師の従事すべき業務の第三項に「布教師駐在所ニハ官衙ト稟議シテ日本国語学校ヲ設置シ在来人民ノ子弟ヲ教育スルコト」(74)を挙げていた。総督府も、仏教僧侶による教育事業を歓迎する向きもあったようである。樺山総督は、一八九五年一一月に台湾に派遣される布教使について五項目の条件を示したが、その四項目目に「教育事業に幾分の経験ある事」(75)を提示している。

現地に派遣された布教使たちも、教育事業の必要性を痛感していたようである。特に浄土宗の仲谷徳念は「布教場に一の学校を設け教育に経験ある補助布教使をして教授の任に当らしむる是開教上欠くへからさる要件也」(76)といい、その理由を次のように述べている。

（三）士人教育　吾人宗教家が教育をなすの可否得失は、世既に定論あり、又必要なければは、此に賛せず、今は唯た台湾の開教は、一方に教育を為さゝれは其果を収むる難き所以を一言せんと欲す（略）此島人民の風習として、僧侶を無視する甚しきものあり、尤も台湾僧侶日々の行為よりすれは、其軽蔑さるゝも無理なきことならんか是れに反し学者の尊敬さるゝ実に驚くへきものあり（中略）然らは此僧侶の位地は、如何んして高むるを得るか、亦た如何にせば、吾人の言行を重視せしむるを得るか其方策蓋し種々あらんも、予か前に述べたる風習を利用するにしくものなけん謂く教育に依て師弟の関係を造り、引て其父兄及一般の尊敬を誘起せしめは、吾人の目的は容易に達するを得ん[77]

大谷派派遣の布教使に至っては、同派機関紙『常葉』に「台湾全島の普通教育を宗教家に一任すへき事[78]」を提案している。学校設置はキリスト教の活動を参考とし、これに対抗するためにも必要と考えられていた。例えば、一八九六年三月発行の『明教新誌』は、キリスト教が病院や学校を設置して教勢を拡大しつつあることにふれ、その脅威を次のように述べている。

彼等宣教師の伝道は仏教徒の如く緩慢なるものにあらず、彼等は学校を興し病院を建て傍ら授くるに自国語を以てし貧民に与ふるに財貨を以てし自ら蓄民の友となり身を聖教の犠牲たらしめむとす、彼等の熱心此の如く彼等の尽力此の如し豈に悠々自適僅かに二三の布教師を送りて満足する仏教徒の比ならむや、今日の勢を以てせば朞年ならずして仏教は基督教の為めに圧倒せられ一大敗北を来す知るべきのみ[79]

日本語学校経営の目的

仏教各宗派の学校経営には、教勢を拡大していくための手段としての目的があったことは間違いないが、それだけではなかった。曹洞宗の佐々木珍龍は、一八九六年五月に大日本台湾仏教会の設立計画を表明した際に、「本会を拡張し結局雑誌を発兌し且つ士人学校を設立し士人の子弟を教育し将来の士民をして大に大和魂を注入するの計画なり[80]」と述べ、現地人に日本国民としての意識の啓蒙することを日本語学校設置の目的に挙げている。日清戦争後の仏教者は、アジア各地の仏教を指導していく日本仏教の立場を意識し、日本政府の海外侵略とも提携して現地を日本化していく尖兵としての自覚を強くしていった[81]。台湾の場合でも、次のような意見は当時の仏教系世論に数多く散見する。

真正の良民とし帝国臣民として耻かしからぬやうに感化するはこれ我か宗教家の任務にして此の任務を全ふして聖化を補充し奉るは僧侶の職分なれば台湾布教は今后層一層其の必要を感ぜざるを得ざるなり。彼れ台湾の人民をして帝国臣民たるの実を挙げしむには断じて耶蘇教を排斥して我か仏教の信徒たらしめざるべからず、彼等をして耶蘇教の信徒たらしむるは実に彼等をして帝国臣民たるの実を失はしむる所以なり、台湾布教は日本仏教徒の一大任務なるを忘却す可らず[82]

今日吾台湾布教使の任務は重大なりという謂つべし帝国が戦勝の結果として獲得した新版図は是れ他日に於て帝国が遠く図南の鵬翼を伸ばすべき根拠地にして若し之を同化して内地同様の国民となすにあらざれば将た何を以てか台湾獲得の実を得たりとせん（中略）今や政府は台湾に於ける統治上不完全なる所あれば之を改良し

て着々其歩を進むるに躊躇せず然れども其以て統治の方便とする所のものは形式に過ぎざるのみ（中略）台湾土民の精神にして異なる所なくんば豈に之を日本帝国の臣民に同化したりと云ふを得べきか吾輩は断して其然らざるを確信するなり(83)

こうした主張は、いわゆる児玉・後藤政治以前にあって、台湾人に対し日本同化を性急に求めた台湾総督府当初の方針に対応するものといえようが、仏教界以外にも僧侶の教育事業に期待する意見が提示されている。例えば、一八九九年六月の『東京朝日新聞』には、次のような意見が掲載されている。

台湾土人の壮丁老年は従来の思想先入主となれるを以て新に国家観念を注入するとも顕著なる結果は容易に得らる可くもあらず既に然らば将来幾分の希望の属し得べきものは唯夫の児童あるのみ此等の児童を教育して国家的観念を注入し他日真正の日本国民たるに耻ぢざる人民となすは蓋し今日の急務ならずんばあらず然らば則ち台湾の普通教育は将来如何なる人の手を仮りて更に開拓せらるべきか内地の小学教員奪ひて彼地に至る可きは論なしと雖も吾の視る所を以てすれば吾々方外に在る僧侶こそ尤も適当せる者と言ふべきなれ(84)

仏教各宗派が台湾で日本語学校の設置を積極的に推進した理由には、現地での特殊な事情もあった。一八九七年四月発行の曹洞宗の『宗報』に掲載された陸鉞巌の「台湾島視察書」のなかには、次のような記述がある。

第六　布教師増派ノ必要及ヒ政府ノ寺宮廟ニ対スル観念

今日迄ニ契約済ニ至リシ末寺ト云モノモ其契約ハ布教師ト住職ト檀信等トノ間ニ於テ訂結セシ私約ナルモノニシテ官ニ於テ公然黙許セシモノニ非ズ矧ンヤ伽藍ハ皆、官有家屋ノ標札ヲ釘附シ宏ナル寺廟、枢要地ノ堂宇ノ如クハ大抵官ニ於テ徴発シ現今尚守備隊、憲兵屯処、兵粘部、兵粘宿舎、糧餉倉庫、学校、病院、警察署等ノ如キモノニ使用シ居ラサルハナシ（艋舺龍山寺ノ如キモ昨年八月下旬守備隊引揚後、数度下戻ノ請願等ヲ焦慮セシ結果、漸ク十月七日ニ至テ官有家屋解除下戻ノ許可ヲ得タリ）已ニ伽藍ハ官有家屋ナリ復タ官ニ於テハ元来宗派ノ上ニ眼目ナシ教育事業ナリ慈善事業ナリ成ルベク社会公益的ノ成績ヲ挙ケテ皇化ヲ輔翼スルコトノ多キ宗派ヲ以テ優レ居ルモノト認定シアルカ如キ趣ナレバ甲ニ厚フシテ乙丙ニ薄シト云フカ如キコトハ万々アラサルナリ此機ヲ乗スベキ場合トシ各宗派ハ競テ寺宮廟ヲ増握センコトニカヲ注キ居レリ(85)

多くの寺廟が軍事目的に接収されているなかで、これらを布教施設として使用することの許可を取り付けるためには、占領地統治の安定に資する教育事業や慈善事業を付設して総督府にアピールする必要があり、なかでも日本語学校は最も適当な事業だったのである。

日本語学校の設置状況

次に日本仏教による日本語学校の設置状況をみていこう。図表5は、『台湾総督府第一統計書』記載の私立学校一覧表をもとに作成したものである。(86)

この図表5から、台湾の私立学校のほとんどが仏教・キリスト教の関係者によって設置されていたことがわかる。キリスト教はすでに一八八五年に台南に各種学校を開設しており、仏教側はこれに対し強い対抗意識を抱いていた。

（図表5）　台湾私立学校一覧（1898年3月末時点）

地方	校名	開設年月	学科	教員	内地人生徒数	本島人生徒数	備　考
台北	曹洞宗台北国語学校	1896年5月	国語、土語、裁縫	2	52	57	曹洞宗
	日台語学校	1896年6月	国語、土語、算術	7	368	146	
新竹	育英学校	1897年11月	国語、漢文	1		42	日蓮宗
台中	曹洞宗立国語学校	1896年7月	国語、土語	2		25	曹洞宗
	慈民国語学校	1897年5月	国語、読書、漢学習字、唱歌、体操	2		25	
	敬愛学校	1897年6月	国語、漢学、会話作文	2		35	本願寺派
	私立彰化女学校	1897年9月	国語、漢学	2		13	真言宗
台南	神学校	1885年	語学、漢学、算術	9		18	キリスト教
	中学校	1885年	神学、漢学、科学			47	キリスト教
	女学校	1885年	漢学、算術、裁縫			25	キリスト教
	亭仔脚街小学校	1896年3月	神学、漢学、算術	1		16	キリスト教
	曹洞宗台南国語学校	1896年5月	語学、算術	5		62	曹洞宗
	同分校	1896年5月	語学、漢学			50	曹洞宗
	私立本願寺開導学校	1896年6月	語学、漢学、算術	6		72	本願寺派
	崗仔林教会小学	1897年1月	神学、漢学、算術	1		25	キリスト教
	○馬小学	1897年2月	神学、漢学、算術	1		28	キリスト教
	大○小学	1897年2月	神学、漢学、算術	1		16	キリスト教
	木柵小学	1897年3月	神学、漢学、算術	1		31	キリスト教
	口隘小学	1897年3月	神学、漢学、算術	1		12	キリスト教
	新港庄小学	1897年3月	神学、漢学、算術	1		12	キリスト教
澎湖	私立媽宮小学	1897年10月	尋常小学科程度	1	12		
	媽宮女学校	1898年1月	国語、漢文、裁縫	3		21	
総　　計				49	432	778	

※位置・生徒の男女数・卒業生数は除外した。開設年月は西暦に、数値は算用数字に改めた。備考欄は筆者が追記した。

教授された科目については、キリスト教の設置学校が必ず神学を教授科目としているのに対し、仏教側で仏教学や宗学を教授科目としている学校はない。これは寺廟を確保する観点から、現地民の日本化を優先する立場を鮮明にする必要があったためとも考えられる。しかし、こうした姿勢は仏教主義教育への意欲の希薄さを示しているとも言えよう。

宗派別にみると、多くの寺廟を末寺下に置いていた曹洞宗が四校で最も多くの学校を設置している。早くから台北・台中・台南に分かれ布教を展開してきた曹洞宗では、同時に布教所に日本語学校を付設した。台北国語学校は、はじめ艋舺新興宮に開校し、一八九七年四月に龍山寺へ移転している。(87) 在留邦人の子弟の入学も多く、同年五月には台北曹洞宗立小学校を併設し、さらに後に慈善裁縫教習所を設けて女子教育にも着手した。(88) 台南国語学校でも、裁縫学校や現地人対象の夜間国語学校を併設しており、官立の国語伝習所より隆盛であったようである。(89)

本願寺派の場合は、曹洞宗に次いで台中敬愛学校と台南開導学校の二校が記載されている。しかし、これ以外にも台北龍谷学校を設置していたようであり、一八九八年三月発行の『教海一瀾』には次のように記されている。

（二）台南開導学校　明治廿九年四月台南城内様仔奎楼書院駐在布教使荻野英龍（後宮本と改姓）平田博慈二氏より布教の傍土人子弟に日本語の教育を開かんことを本山に伺出で認可を得て六月に至り該奎楼書院に於て日本語の教授を始め開導学校と名く、其後五帝廟街三官廟に移り三十年八月更に関亭廟街三十三番戸に移る、生徒の員数は廿九年七月の調査に於て三十七名ありしも、漸次増加して同年十二月には百二十六人、三十年十二月には百五十人に達せり、学科は語学科正科の二に分ち語学科は日本語を教授し正科は小学課程に依る、廿九年十二月に卒業生五名、三十年十二月に卒業生四十名を出だせり

（二）台中敬愛学校　三十年三月十日台中県鹿港駐在布教使佐々木一道氏より布教の傍土人子弟に日本語を教授し兼て土地の風習に従ひ漢学も授けんことを本山に伺出で許可を得て四月中設立する所なり、三十年十一月の調査に依るに生徒員数五十人に達す学科は国語漢学の二科に分ち一ヶ年を一学年とし、二学年を以て卒業せしむ三十年末の学期試験に於て及第したる者十二名ありたり

（三）台北龍谷学校　三十年四月十六日台北真宗教会員より同地駐在布教使に請ふて布教の傍ら国語の教育を目的として設けたるの学校なり、本山に伺出許可を得たるは同年五月一日にして龍谷学校と名く、然れども今其の状況を記するの便なし(90)

特に台南開導学校は生徒数も多く分教場を早くから開設し、通訳に採用される卒業生が多く現地での評判も高かったようである(91)。上記のうち、台北龍谷学校は図表5にも記されておらず、校勢は振るわなかったようである。このほか、澎湖島でも前述の一八九八年三月発行『教海一瀾』に「澎湖島　媽宮城に一棟を購ひ以て教場とす足立格致氏茲に駐留す、内地移住人に対しては子弟の教育を為し個人的に布教す(92)」と記されており、これが図表5の「私立媽宮小学」である可能性も考えられるが、この点は確認できなかった。

曹洞宗・本願寺派以外では、図表5に日蓮宗渡邊英明が新竹に設立した育英学校と、真言宗椋本龍海が設立した彰化女学校が記載されているが、すでに述べたようにいずれも短期間で廃校となったようである。一方、真言宗・浄土宗・日蓮宗の共同事業として、真言宗台湾開教本部のある黄氏廟に開設した明倫学校も一八九七年四月の黄氏廟の借家契約解除と同時に廃校になったため、図表5には記載されていない(93)。このほか、遅れて台湾に進出した大谷派の学校は図表5に記載されていないが、一八九八年五月に鳳山説教場に日本語学校を、安平説教場に大谷学校

を開設し、一九〇〇年三月には、台中大墩街万春宮の西廟に女学校を設置している。[94]

官立国語伝習所・公学校との関係

台湾総督府学務部は、一八九五年七月に台北郊外旧廟の事務所内に学堂を設け、一〇名の台湾人に日本語伝習を開始し、翌九六年には台北に国語学校、全島各地に一四か所の国語伝習所を開設した。さらに九八年に国語伝習所は、初等普通教育を行う公学校に改組された。この国語伝習所・公学校と仏教系の日本語学校とは、いかなる関係にあったかを次に概観しよう。

真言宗の小柴豊嶽師は、明倫学校を閉鎖した一八九七年五月頃に「学校の如きも政府が月々教育費を与へて子弟の入学を勧奨する故迚も宗教家の立て居るものにては競争すること能はず、されば是れも充分の成効を見ることは覚束なからん」[95]と述べている。国語伝習所との競合が閉鎖の一因であったようだが、曹洞宗や本願寺派の設置学校は、前述のように国語伝習所を凌ぐ校勢があったようである。

国語伝習所には甲科と乙科があった。甲科は、漢学を学んでいる台湾人に六か月間日本語を教授し、行政機関や軍隊の通訳を養成することを目的としており、成人が多く食費・手当を支給していた。乙科は、現地人児童を対象に日本語のほか、読書・作文・習字・算術等の初等教育を施し、食費・手当の支給はなく、修業年限は四年であった。しかし乙科では、日本式の教育を重視するあまり、台湾句読（漢文の台湾式読み方）や台湾尺牘（手紙文）を教授しなかった。このため教育内容が現地での実用性に合致せず、生徒があまり集まらなかったようである。[96]これに対し仏教系の場合は、図表5にみるように、「土語」や「漢学」を教授科目に含む学校が多く、相対的に現地人に人気があったようである。甲科に関しても、現地人の評判は芳しくなく、大阪朝日新聞の記者だった小川定明は、[97]現地在来の教育機関である書房に生徒を奪われている実情を次のように指摘している。

一見教育の功績頗る顕著なるの観なきにあらず然れども其実際の熟察すれば甚だ慨嘆に堪へざるものあるなり国語学校は云ふ迄もなく伝習所と雖も土人の生徒に対しては総て登校者に一日十銭の食費と五銭の学資とを与ふるの制にして此一日十五銭の支給は児童の働きとしては過分の収入なるが故に学問の事は暫く措き先づ食費学費を得るを以て目的とする貧困者の子弟最初には争ふて入学し一時は非常の盛況を呈したるも元来修学を目的とせざる輩多きが故に彼等は追々成長し他に之に優れる収入を発見すれば忽ち学校を欠席し学業を放擲して顧みず斯る事情あるが故に各地の伝習所共追々登校者の数を減じ現今は日々の出席者在籍者の半にも達せず而して土人の中流以上の子弟は依然として土人の書房即ち我国維新前の寺子屋に似たる在来の学校に通ひつゝ在るなり故に土人の書房こそ本島人の初等、中等教育の場所にして折角政府の設立せる国語学校、国語伝習所は殆ど一種の貧児童養育院と化し去れり何が故に斯の如き結果を見たるかと云ふに政府の学校は単に日本語と小学の名称読本位を授くるに過ぎずして土人が教育の精神と信ずる倫理道徳の道を講ぜざると富者の子弟が歯ひするを厭ふ程の極貧者衆きとの二者の為なるに外ならず[98]

国語伝習所は、統治行政の円滑な遂行に向けた通訳養成を第一義とし、併せて公教育の準備作業を行うことを目的として発足したが[99]、前述のような状況で通訳養成もままならなかったと考えられる。それに比べると、本願寺派の台南開導学校などでは、多くの通訳を養成しており、その意味でも国語伝習所の不備を補う役割を果たしていた[100]。

しかし、一八九八年に国語伝習所から改組された公学校では、台湾句読や台湾尺牘、台湾数字なども採用され、書房の生徒を吸収する対策も図られた。この結果、一九〇四年には公学校の生徒数が書房の生徒数を超過するようになった[101]。こうして、公学校が現地に定着するようになると、仏教各宗派設立の日本語学校の存在意義も薄れ廃止に追い込まれていったようである。一九〇四年三月に本願寺派の台湾開導学校も閉鎖されている[102]。こうした仏教側の姿勢は、一九〇六年以降に台湾基督長老教会が再び学校を設置しはじめるのと対照的であり[103]、学校が寺廟確保に向けた総督府へのアピールとして設立された事情と、総督府の教育行政を補完しようとする意識が強く仏教主義的教育理念が希薄であったことに起因するということができよう。

四　各種付帯事業の概要

曹洞宗の各種付帯事業の概要

日本仏教各宗派のなかでも、比較的長期間に学校経営を存続できたのは、曹洞宗と本願寺派であった。真言宗・日蓮宗の場合は、布教所自体も長続きせず短期間で廃止されている。その他の宗派はさらに出遅れる結果となった。学校経営以外でも、幅広い事業を手掛けたのが曹洞宗である。以下に曹洞宗を中心として、各種付帯事業の実施状況を概観しよう。一八九七年八月に『明教新誌』は、曹洞宗の各種事業の概要を次のように報じている。

△慈善義金　教会にては予て義納金を蓄積し以て吉凶慶吊等の用度に供する都合なりしか既に去月大稲埕火災の際にも其中若干金を義捐したり又会員内に疾病者及び遭難者あるときは相当の慰問救助をなし益々其事業の発達を企図しつゝありといふ

△慈善埋葬　本会は殊に貧困無告の死亡者ある時はかねて其筋の許可を得たる共同墓地に埋葬し来れり既に本年五月六月間にて六名の埋葬をなしたりといふ
△慈善医院　本院の施療施薬を受けし者本年四月以来五十名以上に達せり其内訳本島人六分内地人四分の割合なり
△宗教新聞雑誌縦覧所　は昨年五月以来布教所の楼上に開設し内地各州派僧俗有志の寄贈に係る各種の新聞雑誌四十余種を何人を問はず縦覧せしめ来りしが縦覧人一日平均十人強なり
△仏教図書館　は故越大本山貫首勅特賜真晃断際禅師の寄贈に係る一切蔵経を首票とし自今内外諸種の書籍を蒐集し閲読者の便に供せん為本館を設立する計画にて目下賛成の意を表する紳士多しといふ(104)

曹洞宗は、一八九六年五月に仏教図書館・宗教新聞雑誌縦覧所・日本語学校を設置したのを皮切りに、一八九七年に入ると、慈善活動にも事業を拡大させていった。そして、その主導的役割を果したのが、従軍布教使として渡台し現地の事情に明るい佐々木珍龍であった。

曹洞宗慈恵医院の開設

曹洞宗の慈善事業のなかでも特筆すべきものが、台北曹洞宗慈恵医院であろう。この慈恵医院は、一八九七年四月に台北艋舺街新興宮内で開院した。院主に佐々木珍龍が、院長に森拳石が就任した。森拳石は現地の台湾人医師であったと考えられる。開院にあたって、佐々木と森の間で交わされた契約書には、「一拳石は慈善を旨とし報酬を受けざるものとす」「一薬局医局は拳石の負担とす」などと記されており、森拳石の全面的な支援があったようである。同時に定められた「曹洞宗慈恵医院規則」は次のようなものであった。

曹洞宗慈恵医院規則
一本院は慈恵を旨とし赤貧にて服薬治療を受る能はざる患者あるときは曹洞宗布教師及事務員の証明書を受領し而して後施療施薬をなすものとす
一警察官憲兵官各宗布教師士商公会の証明ある患者も亦施療施薬するものとす
一本院に於て赤貧の患者を見当り気急にして証明を得る能はざる場合には直に施療施薬をなすものとす
一自分貧民と称し来るも相当の時服を着し品位ある輩へは決して施療施薬をなすべからざるものとす
一時宜に依り証明書を携へ来らざるも薬価の半額を収め得る患者へは亦其望に応して施治をなすものとす
右通り相定候也
明治三十年四月三十日
院主　佐々木珍龍印
院長　森　拳　石印
台北県知事橋口文蔵殿(105)

開院後四か月間の施療実績は、図表6のとおりであった。(106) 規則にもとづいて、どのように困窮者を認定したかは不明であるが、施療した人数は五〇名弱程にとどまり、しかも在留邦人の方が多い結果となっている。翌一八九八年一月から四月までの患者数も七八名であり、(107) 大きな成果をあげるまでには至らなかったようである。一九〇〇年七月発行の『禅宗』に、「暫時雲散にして雲散霧消したが彼の龍山寺の学校、艋舺の慈恵医院の如き、是等一時佐々木師の名をして各宗布教師に重からしめた原因であった」と記されていることから、この年の前半までには廃院となったようである。(108)

（図表6）　曹洞宗慈恵院施療実績者数一覧（1897年4月～7月）

月	病名	本島人施療者数		内地人施療者数	
		男	女	男	女
4月	梅毒	2	1	2	5
	麻刺利亞			2	
5月	脚気	1		4	
	赤痢			1	
6月	腸胃加答児	2	1	5	1
	麻刺利亞			4	
7月	腸胃加答児	2	1		
	梅毒			2	3
	脚気			2	
	麻刺利亞同	1		5	2
	計5種	合計11名		合計38名	

妙心寺派の澎湖島布教場附属眼科施療院

占領地の慰撫のため、施療施設が布教場に附設される事例は、他にも見られた。妙心寺派の澎湖島布教場は、現地駐留軍関係者・在留邦人の強い要請を受けて設置されたが、ここでは軍医の協力を得て眼科施療院が一八九八年三月に布教場に附設され開院している。

海軍大軍医澎湖島海軍水雷布設隊の軍医木ノ下林之助が院長をつとめ、毎週月・木曜日午後一時より四時三〇分までの診療であったが、臨時急病の場合は出張診察も行い、妙心寺派布教使の大崎文溪が院長の処方箋を受けて調剤したようである。診療の行われる日には、まず薬品機械を仏前に並べて本尊に読経し、患者に礼拝させてから治療を行った。また本尊を授与し家内霊壇に安置させ、清水を供えてその清水をもって眼球を洗浄することを勧めていた。一か月間で二四名を治療し、多くは風土病ともいうべきトラホームの罹病者であり、三分の一はすでに全快し、五分の一は治療の見込がないため投薬を中止したという。治療費は、海軍水雷隊天笠司令と木下大軍医の寄附に加えて、布教費を割いて工面していた[109]。しかし、澎湖島駐留軍からの支援も長くは続かなかったと推察され、妙心寺派布教場自体も布教使も頻繁に交代し、永続しなかったようである。

台北共同墓地葬儀堂

その他の主な事業としては、在留邦人を対象とするものであるが、曹洞宗の佐々木珍龍が中心となり建築された台北共同墓地葬儀堂がある。台北には、一八九五年圓山公園に陸軍墓地を設けられ、数千人の軍人軍属の戦病死者が埋葬された。しかし一般邦人の墓地がなかったため、翌九六年一〇月に三板橋大竹圍営に日本人の共同墓地を設けられ、台北県知事より曹洞宗の特派布教師らが管理者に任命された。しかし、その地は台北城内より東北に位置し不便であったため、佐々木珍龍が管理のための葬儀堂建設を提唱したのであった。

佐々木が台北県に建設を申請すると、橋口県知事、磯部警部長、渡邊衛生課長らが賛同し、総督府幕僚参謀長角田海軍少将も賛同して世話役を引き受けた。台湾に進出していた渋谷商会・共同商会・大倉組などの日本企業の有力者も世話役として支援したため、たちまち七百円以上の寄附金が集ったという。一八九七年九月に「共同墓地葬儀堂建設寄附金募集の緒言」を発表して、千円の寄附金を募ることとなった。同時に制定した「葬儀堂仮規約」には、「葬儀堂は何宗派（神仏各宗）に関せず無料にて葬儀をなすを得るものとす」ることなどが規定されていた[110]。

曹洞宗両本山よりも、百円と本尊・脇侍像などが寄贈されることとなった[111]。三月一八日には、大倉組合台湾支店会計主任・駅伝社主任金子圭介、渋谷商会理事江頭六郎、近藤商会主人近藤喜右衛門、渋谷商会村田義教ら世話係が曹洞宗布教所に会合して、寄附金募集額を千五百円に増額して葬儀堂の規模を拡張することを決めた[112]。七月の工事着工の後、天災による数度の破損に遭遇したが、一一月に落成し翌一二月に盛大な落成式・入仏式を挙行した。寄附者は五三二人に及び、寄附金総額は一、五五三円に達している。[113] このほか佐々木珍龍は、他宗派と協力して台北感化保護院の設立にも尽力している。[114]

こうした佐々木を中心とする各種事業活動に対して、他宗派のなかには行政に取り入って自宗勢力の拡大に終始するものだと批判する者がおり、大谷派の機関誌『常葉』には次のように記されている。

例の佐々木珍龍師は、御得意なる「オサキマワリ」主義は大に奏功したるものゝ如し。目下毎月開会しつゝある碧巌会は、大小文武官の御機嫌を取るに宜しく、其計画募金中なる内地人葬儀堂の設置は、将に目下西本願寺の寡占なる葬祭事業を横取りせんとするの状あり。[115]

そこには、曹洞宗の勢力拡大への妬みも込められていたのであろうが、実際に同宗の事業は皮相的なものに終り、真の信者層の獲得にはつながらず、数年で廃止されていったようである。

おわりに

一八九七年に入ると、各宗派の台湾での競争が激しくなり、従軍布教の際に見られた協調関係は次第に崩れていった。浄土宗の機関紙『浄土教報』に一八九七年六月掲載された同派布教使仲谷徳念・武田興仁の報告書にも次のように記されている。

（六）各宗との交渉

各宗との関係は今や漸々疎遠となり、宗々内地の如く割拠の有様故昨年の如く交渉頻繁ならず、然れども軍人官吏の追吊葬祭の如きは従来の如く合併執行しつゝあり(116)

そうしたなか、他の宗派が布教体制や資金が不十分であったり、布教使が現地に定着しなかったりして教勢を伸張できずにいるのを尻目に、現地の寺廟を末寺化して教勢を大きく拡大したのが、曹洞宗・本願寺派・大谷派の三宗派であった。この三宗派は、同時に日本語学校などの各種付帯事業も手掛けた。しかし、そこに明確な方針があったとは言いがたく、日本の台湾領有に便乗して現地の仏教勢力を支配下に置くことに主たる眼目がおかれていた。日蓮宗の布教使岩井恵済の現地からの報告書は、そのあり様を次のように厳しく批判している。

諸宗とも内地に対して誇張虚勢を報ずる通癖あるは実に以て嘆息の至りに御座候然り而して彼等布教師は頻りに権門に媚び富貴に諛ひ貧民救助児童教育などとて俗士の策を以て布教を講ずるは実は恵済等の遠く及ばざる処に御座候(117)

各種事業にあっても、仏教主義的な理念は示されず、総督府の意向に沿った現地民の啓蒙・慰撫工作の補助的事業と認識しており、短期間で閉鎖されていったのである。

［註］

（1）本書第一章を参照。

（2）「各宗台湾開教の概況」在台北　児玉輝明（一八九六年一一月六日付『明教新誌』）。

（3）「曹洞宗務局　甲第四十号達」（『宗報』一号、一八九六年一二月一五日、曹洞宗務局文書課。中西直樹編『仏教植民地布教史資料集成〈台湾編〉』第三巻〔三人社、二〇一六年〕に収録）。この資料には、「本宗寺院ノ如キ特派布教師ト寺院ノ管守者トノ間ニ本末系属ノ誓約ヲ締結スルモノ七十余ヶ寺ニオヨフ」と記されている。

なお二百余との数値は、『教報』一号（大日本台湾仏教会、一八九六年一一月二五日。前掲『仏教植民地布教史資料集成〈台湾編〉』第二巻に収録）に掲載の「台湾曹洞宗寺院表」を、すべて日本曹洞宗との本末契約済と勘違いしたことに起因するもののようである（「台湾島視察書」（『宗報』七・八号、一八九七年四月一・一五日、曹洞宗務局文書課。前掲『仏教植民地布教史資料集成〈台湾編〉』第三巻に収録）。しかし、二百か寺という数字は、その後も仏教系雑誌に報道されており、例えば「台湾曹洞宗の概況」（一八九七年八月二日付『明教新誌』）でも、「土人僧侶が其の檀越と謀りて本宗の末寺たらんことを願出て目下本山の許可を得て末寺と為れる者二百十余箇寺に及べり」と記されている。

（4）「台北県下の本宗寺院」（『宗報』二一号、一八九七年一一月一日、曹洞宗務局文書課）。

（5）一九〇七年曹洞宗議会で当時の新井石禅教学部長が、「明治三十年前後ニ於テ台湾ノ寺院若クハ廟ノ中ニ曹洞宗ノ末寺ニ属スルト云フヤウナ契約ノ出来タノガ百ヶ寺前後モアツタ」と答弁している（「第十一次曹洞宗議会議事速記録」〔『宗報』二六四号、一九〇八年二月一日、曹洞宗務局文書課〕）。

（6）「曹洞宗の台北布教の現況」（一八九九年四月一二日付『明教新誌』）。また一八九九年五月に佐々木珍龍が発表した「護国山台湾寺創立喜捨金勧募ノ趣意」のなかでは、「土人信徒ノ本宗ニ帰入スルモノ実ニ二万ヲ過ルニ至ル」とある（佐々木珍龍著『従軍実歴夢遊談』、鴻盟社、一九〇〇年。前掲『仏教植民地布教史資料集成〈台湾編〉』第三巻に収録）。これに対し、『台湾総督府第二統計書』（前掲『仏教植民地布教資料集成』第一巻に収録）では、一八九八年末の曹洞宗の本島人信徒数を四、五三二人としている。一八九八年五月の総督府の寺廟末寺化禁止以降、曹洞宗の本島人信徒数が急速に減少したとしても、この数字は信じがたい。

（7）（8）「曹洞宗務局　甲第四十号達」（『宗報』一号、一八九六年一二月一五日、曹洞宗務局文書課。前掲『仏教植民地布教史資料集成〈台湾編〉』第三巻に収録）。
（9）「台北布教日誌」布教師佐々木珍龍報（『宗報』一九号、一八九七年一〇月一日、曹洞宗務局文書課）。
（10）「台湾布教」（『宗報』三号、一八九七年二月一日、曹洞宗務局文書課）。
（11）註（2）掲出「各宗台湾開教の概況」。
（12）王岱修の経歴は、「布教通訳王岱修氏逝く」（『教海一瀾』一九四号、一九〇四年二月五日）を参照。また王岱修の帰依直後の活動は、「台湾布教使信書」（一八九六年五月七日付『京都新報』）、「台湾教況」（一八九六年五月九・一一・一三・一五・一七日付『京都新報』）などの本願寺派開教使井上清明の報告が詳しい。
（13）「本派本願寺新領地に末寺を得」（一八九六年七月二六日付『明教新誌』）。
（14）「台湾土僧の内地仏教帰依」（『教海一瀾』一号、一八九七年七月二五日。前掲『仏教植民地布教史資料集成〈台湾編〉』第四巻に収録）。
（15）（16）「本派の台湾布教」（『教海一瀾』一七号、一八九八年三月二六日。前掲『仏教植民地布教史資料集成〈台湾編〉』第三巻に収録）。
（17）前掲「本派の台湾布教」、『明如上人伝』八三〇～八三一頁（明如上人伝記編纂所、一九二七年）。なお、「本派の台湾布教」には福興宮西廟の記載はなく、『明如上人伝』には釈迦院の記載がない。
（18）前掲「本派の台湾布教」。
（19）「台湾帰属」（『本山事務報告』四四号、一八九七年五月八日）。また「台湾の大谷派末寺」（一八九七年五月一六日付『読売新聞』朝刊）、「台湾布教派遣と末寺」（一八九七年五月一六日付『明教新誌』）などで同様の報道がなされている。
（20）「達令」（『本山事務報告』四六号、一八九七年七月三〇日）。「達令」（『常葉』一号、一八九七年一〇月一一日）。
（21）「大谷派の台湾布教」（一八九七年一一月二日付『明教新誌』）。『宗門開教年表』（真宗大谷派宗務所組織部、一九六九年）などでは、台北説教場の開設時期を八月としている。
（22）「宗報」（『常葉』五号付録、一八九七年一一月二五日）。

（23）「台湾赴任」（『常葉』一〇号、一八九八年一月一五日）、「教務彙報」（『常葉』一二号「、一八九八年二月五日）、「布教使在勤」（『常葉』一三号、一八九八年二月一五日）、「宗報」（『常葉』一四号付録、一八九八年二月二五日）。
（24）「台北教報」（『常葉』一〇号、一八九八年一月一五日）。「大谷派本願寺の台湾布教」（一八九八年一月一九日付『読売新聞』朝刊）、「大谷派台北地方布教」（一八九八年一月二〇日付『明教新誌』）などでも同様のことが報道されている。
（25）「寺務所職制」（真宗大谷派『宗報』二号、一八九八年一一日二三日）。
（26）「台湾教況」（真宗大谷派『宗報』一号、一八九八年一〇日二三日。前掲『仏教植民地布教史資料集成〈台湾編〉』第六巻に収録）。
（27）「台北通信」（一八九九年四月一二・一四・一八・二四日付『明教新誌』）。前掲『台湾総督府第二統計書』では、一八九八年末の信徒数を、本願寺派一〇、〇四三人、大谷派一二、三四七人、曹洞宗四、九五七人としている。曹洞宗の信徒数に関しては、『台湾総督府第三統計書』（一八九九年末）が一、五四一人、『台湾総督府第四統計書』（一九〇〇年末）が一五、〇〇四人と大きく変動しており、これは集計または記載の段階で、何らかのミスが生じた結果と考えられる。なお、いずれの『台湾総督府統計書』も、前掲『仏教植民地布教史資料集成〈台湾編〉』第一巻に収録されている。
（28）「台湾開教始末」小山祐全（『傳燈』一九一〜一九九号、一八九九年六月一三日〜一〇月一三日。前掲『仏教植民地布教史資料集成〈台湾編〉』第六巻収録）。
（29）本書第一章を参照。
（30）「台湾教信」（一八九七年三日二八日付『明教新誌』）、「台湾女学校開校式の概況」在台湾彰化　椋本龍海（『傳燈』一五一号、一八九七年一〇月一三日）。
（31）この間の事情は、本書第一章で論じた。
（32）「台湾の明倫学校」（『傳燈』一三五号、一八九七年二月一三日）、「台湾伝道者の近況」（一八九七年三月一五日付『浄土教報』）、「同島の明倫学校」（『傳燈』一四〇号、一八九七年四月二八日）。
（33）「台湾通信」（『傳燈』一三七号、一八九七年三月一三日）。
（34）「小柴豊嶽師」（『傳燈』一四一号、一八九七年五月一三日）、「台湾伝道者の具申」（一八九七年五月一五日付『浄土教報』）。
（35）註（28）掲出「台湾開教始末」。

(36) 註(28)掲出「台湾開教始末」、「台湾の布教」(『傳燈』一六七号、一八九七年六月一三日)、「台湾に於ける弘法大師遷座式」(一八九八年八月二二日付『明教新誌』)、「真言宗の北海布教と台湾伝道」(一八九八年九月一六日付『明教新誌』)、「真言宗の海外布教」(一八九九年四月二四日付『明教新誌』)。

(37) 「台湾教況報告」(『日宗新報』六八五号、一八九八年一〇月二八日)。

(38) 「台湾布教師消息」(『日宗新報』六一五号、一八九六年一一月一八日)、註(2)掲出「各宗台湾開教の概況」。

(39) 「椙田台湾特派布教師の消息」(『日宗新報』六二九号、一八九七年四月八日)、「台湾教況」杉田布稿(『日宗新報』六三二号、一八九七年五月八日)、「台湾布教師慰労会」(『日宗新報』六四二号)、一八九七年八月一八日)、「甲斐本耀師」(『日宗新報』六五三号、一八九七年一二月八日)、「台北近信」(『正法輪』八六号、一八九九年一月一七日。前掲『仏教植民地布教史資料集成〈台湾編〉』第三巻収録)、「内地佛教の台湾伝来と其現勢」江木生(『南瀛仏教』一五巻二号、一九三七年二月)。

(40) 「台湾通信」(『日宗新報』六五三号、一八九七年一二月八日)。

(41) 「台湾布教師の任命」(『日宗新報』六六九号、一八九八年五月一八日)、「佐野是秀の教育熱心」(『日宗新報』六七二号、一八九八年六月一八日)、「岩井恵済台湾布教師の出発」(『日宗新報』六七三号、一八九八年六月二八日)。

(42) 「渡邊英明師」(『日宗新報』六八五号、一八九八年一〇月二八日)、「渡邊台湾布教師の帰京」(一八九八年一〇月二〇日付『明教新誌』)。

(43) 「台湾の日宗図書館」(『日宗新報』六八四号、一八九八年一〇月一八日)、「図書館」(『日宗新報』六九〇号、一八九八年一二月一八日)。

(44) 「台湾通信」(『日宗新報』七〇六号、一八九九年五月二八日)、「台湾通信・寺院建設計画」(『日宗新報』七一二号、一八九九年七月二八日)。

(45) 「台湾通信・育英学校」(『日宗新報』七一二号「、一八九九年七月二八日)。少し後の記事になるが、「台湾の教況」(一九〇七年九月一五・一七・一八・一九・三〇日付『中外日報』)は、新竹の各宗派の勢力を、本願寺派一〇、浄土宗五、曹洞宗三、日蓮宗二とし、「現今浄土日蓮二宗は布教員駐在せず」と報じている。

(46) 「台湾の大水害」(『日宗新報』六七八号、一八九八年八月一八日)、註(37)掲出「台湾教況報告」、「台湾教会堂の新築」

(47)（一八九八年一一月二二日付『明教新誌』）、「台北に於ける日蓮宗教会堂の新築」（一八九八年一一月二五日『教学報知』）、「台北の教会所」（『日宗新報』六八八号、一八九八年一一月二八日）。
(48)「台湾仏教各宗の一致」（一九〇二年一二月二四日付『日出国新聞』）、「「放光」第一号」（『日宗新報』八五六号、一九〇三年七月二一日）。
(49)「台湾通信」（『日宗新報』七一五号、一八九九年九月八日）。
(50)「台湾正布教師」（『日宗新報』七九六号、一九〇一年一一月二八日）。
(51)「台湾に於ける各宗布教の真相」新高山人（『禅宗』六三号、一九〇〇年六月一五日。前掲『仏教植民地布教史資料集成〈台湾編〉』第三巻収録）
(52)「日蓮宗の台湾並に朝鮮布教」（一八九六年四月三〇日付『明教新誌』）、「台湾竝朝鮮布教略則」（『日宗新報』五九六号、一八九六年五月八日）。
(53)「台湾布教資金募集意見書」（『日宗新報』六一二号、一八九六年一〇月一八日）。
(54)日蓮宗の当時の朝鮮布教については、中西直樹著『植民地朝鮮と日本仏教』第二章（三人社、二〇一三年）を参照されたい。
(55)「浄土宗渡台布教師」（一八九六年七月二〇日付『明教新誌』）、「台湾伝道者の具申」（一八九七年五月一五日付『浄土教報』）。
(56)「台北教信」（一八九六年七月三〇日付『明教新誌』）。
(57)「台湾布教者仲谷武田両氏の為に謹むで資を十方諸大徳に懇請す」（一八九六年八月二五日付『浄土教報』）、「台湾伝道援護会の収支決算」（一八九八年六日五日付『浄土教報』）。
(58)「浄土宗巡教使会の結果」（一八九六年一二日一八日付『明教新誌』）。
(59)「台湾伝道者の近況」（一八九七年三月一五日付『浄土教報』）、清水信順「台湾巡察誌（一）」（一九一四年一月二六日付『浄土教報』）。
(60)「武田興仁の遷化」（一八九七年六月二五日付『浄土教報』）。

(60) この間の事情は、前掲『植民地朝鮮と日本仏教』第三章を参照されたい。
(61)「仲田師逝く」(一八九八年六月五日付『浄土教報』)。
(62)「澎湖島本派布教の概要」在澎湖島本派布教使　大崎文溪(『正法輪』七八号、一八九八年五月一五日。前掲『仏教植民地布教史資料集成〈台湾編〉』第三巻に収録)。
(63)「開教援護会を起せ」(『正法輪』六八号、一八九七年七月一五日)、「台湾を如何せん」(『正法輪』六八・六九号、一八九七年七月一五日・八月一五日。前掲『仏教植民地布教史資料集成〈台湾編〉』第三巻に収録)。
(64)「広告・開教援護会設立趣旨」(『正法輪』七五号、一八九八年二月一五日。前掲『仏教植民地布教史資料集成〈台湾編〉』第三巻に収録)。
(65)「澎湖島本派布教場修繕費喜捨芳名第一回」、「賞状及謝状」(『正法輪』七五号、一八九八年二月一五日。前掲『仏教植民地布教史資料集成〈台湾編〉』第三巻に収録)。
(66)「澎湖島布教使」(『正法輪』八〇号、一八九八年七日二〇日)。
(67)「澎湖雑信」南行禅史(『正法輪』九四号、一八九九年九月二六日)。
(68)「澎湖島布教使」(『正法輪』九九号、一九〇〇年二月二五日)、「敬告」(『正法輪』一〇〇号、一九〇〇年三月二五日)。
(69)「澎湖島布教場の沿革」(『正法輪』二一九号、一九〇五年一〇月一二日。前掲『仏教植民地布教史資料集成〈台湾編〉』第三巻に収録)。
(70)「鎮南山縁起」松本無住(黄葉秋造編『鎮南記念帖』、一九一三年)、「開教援護会に於て読者に訴ふ」(『正法輪』八二号、一八九八年九月一七日)、「台湾に於ける各宗布教の真相(承前)」新高山人(『禅宗』六四号、一九〇〇年七月一五日)。これら資料は、前掲『仏教植民地布教史資料集成〈台湾編〉』第三巻に収録。
(71) 本書第一章を参照。
(72)「真言宗新領地布教条例」(一八九五年六月二八日付『明教新誌』)。
(73)「台湾竝朝鮮布教略則」(『日宗新報』五九六号、一八九六年五月八日)。
(74) 註(7)(8)掲出「曹洞宗務局　甲第四十号達」。

(75)「台湾総督府の社寺待遇」(『傳燈』一一六号、一八九五年一一月二八日)ほか。この談話については、本書第一章でも取りあげた。
(76)「台湾伝道実説報告」(一八九七年六月五・一五日付『浄土教報』)。
(77)「台湾開教策」在台北　仲谷徳念(一八九七年九月二五日付『浄土教報』)。このほか、本願寺派の井上清明も繰り返し、日本語学校経営の必要性を説いている(「台湾仏教使信書」(一八九六年五月七日付『京都新報』)、註(12)掲出「台湾教況」)。
(78)「台湾教報」(『常葉』一九号、一八九八年四月二〇日)。
(79)「仏教と基督教と(台湾に於ける競争布教)」(一八九六年三月二八日付『明教新誌』)。このほか、「台湾を如何せん」(『正法輪』六八・六九号、一八九七年七月一五日・八月一五日)などでも同様の主張がみられる。
(80)「大日本台湾仏教図書館」(一八九六年六月二四日付『明教新誌』)。大日本台湾仏教会については、本書第一章を参照されたい。
(81)日清戦争後のこうした仏教系世論については、前掲『植民地朝鮮と日本仏教』第三章でも論じた。
(82)「五月八日以降の台湾布教」(『宗報』一〇号、一八九七年五月一五日、曹洞宗務局文書課)。
(83)「台湾の布教使に望む」愛台生(『常葉』一〇号、一八九八年一月一五日)。
(84)「台湾の教育と仏教徒」(一八九九年六月四日付『東京朝日新聞』朝刊)。
(85)註(3)掲出「台湾島視察書」。
(86)『台湾総督府第一統計書』(台湾総督府民政部文書課、一八九九年)。なお、『台湾総督府第二統計書』以降には、学校一覧は掲載されていない。
(87)「台北布教日誌」布教師佐々木珍龍報(『宗報』一九号、一八九七年一〇月一日、曹洞宗務局文書課)。
(88)「台北通信」(一八九八年二日一二日付『明教新誌』)、「台湾通信」(一八九八年四日四日付『明教新誌』)。
(89)「台湾布教日誌」(『宗報』一五号、一八九七年八月一日、曹洞宗務局文書課)、「台南曹洞宗立国語学校卒業式の景況」(『宗報』二七号、一八九八年二月一日、曹洞宗務局文書課)、「台南の夜学校」(『宗報』四一号、一八九八年九月一日、曹洞宗務局文書課)、「台湾に於ける陸鉞厳師」(一八九九年九月二日付『明教新誌』)。

(90) 註(15)(16)掲出「本派の台湾布教」。
(91)「台南開導学校の分教場」(一八九六年一〇月二九日付『京都新報』)、「台湾布教現況」(一九〇一年二月一五日付『教学報知』)、「西本願寺の台湾に於ける教学事業」(一九〇二年七月三日付『日出国新聞』)。
(92) 註(15)(16)掲出「本派の台湾布教」。
(93) 明倫学校に関しては、註(32)を参照。また註(58)掲出「台湾巡察誌(一)」には、明倫学校が一八九七年五月頃廃止になったと記されている。
(94)「鳳山教報」(『常葉』二七号、一八九八年七日五日)、「安平教場と学校」(『常葉』二七号、一八九八年七日五日)、「台湾に於ける大谷派女学校」(一九〇〇年三月一六日付『明教新誌』)。
(95) 註(34)掲出「小柴豊嶽師」。
(96) 弘谷多喜夫・広川淑子「日本統治下の台湾・朝鮮における植民地教育政策の比較史的研究」(『北海道教育学部紀要』二二号、一九七三年一一月)。
(97) 佐藤清彦著『奇人・小川定明の生涯』(朝日文庫、一九九二年)参照。
(98)「台湾の教育と宗教」小川定明氏談(一八九七年一二月一六・一八・二二日付『明教新誌』)。
(99) 前掲「日本統治下の台湾・朝鮮における植民地教育政策の比較史的研究」を参照。
(100)「台南開導学校の分教場」(一八九六年一〇月二九日付『京都新報』)に「已に数名の通訳官を養成し入学者次第に増加するの有様」とあり、「台南開導学校記事」(『教海一瀾』八三号、一九〇〇年一二月二九日)には「従来の卒業生は或は留学に、或は官衙に通訳として奉職する者多く、其成蹟見るべきものあり」と記されている。また「西本願寺の台湾に於ける教学事業」(一九〇二年七月三日付『日出国新聞』)には「台南の如きは百名以上の出校ありて同校出身者にして通訳に雇はれ居るもの四十七名の多きに達し成蹟頗る良好なり」とある。
(101) 矢内原忠雄箸『帝国主義下の台湾』(岩波書店、一九二九年)、前掲「日本統治下の台湾・朝鮮における植民地教育政策の比較史的研究」を参照。
(102)『真宗本派本願寺台湾開教史』六二〇頁(台湾開教教務所臨時編集部編、一九三五年。前掲『仏教植民地布教史資料集成

〈台湾編〉』第四・五巻に収録）。ただし、『教海一瀾』二二一号掲載の「台湾学校表」（一九〇四年八月二七日）によれば、一九〇四年の前半期に開導学校で一七〇名、敬愛学校で二六七名の生徒があるとしている。
(103) 前掲「日本統治下の台湾・朝鮮における植民地教育政策の比較史的研究」を参照。
(104) 「台湾曹洞宗の概況」（一八九七年八月二〇日付『明教新誌』）。
(105) 「台北布教日誌」布教師　佐々木珍龍報（『宗報』一八号、一八九七年九月一五日、曹洞宗務局文書課）。
(106) 「台北曹洞宗慈恵医院成績表」（一八九七年八月二〇日付『明教新誌』）、「台北布教日誌」布教師佐々木珍龍報（『宗報』一九号、一八九七年一〇月一日、曹洞宗務局文書課）。
(107) 「慈恵医院の患者数」（一八九八年五月二日付『明教新誌』）。
(108) 註（70）掲出「台湾に於ける各宗布教の真相（承前）」。
(109) 「澎湖島本派布教の概要」在澎湖島本派布教使　大崎文溪（『正法輪』七八号、一八九八年五月一五日）。
(110) 「台北共同墓地葬儀堂建設」（『宗報』二六号、一八九八年一月一五日、曹洞宗務局文書課）。
(111) 「台北通信」（一八九八年二月一二日付『明教新誌』）。
(112) 「台湾教況」（一八九八年四月八日付『明教新誌』）。
(113) 「台北葬儀堂落成式」（一八九九年一月一二日付『明教新誌』）、「台北共同墓地葬儀堂落成入仏式」（『宗報』五一号、一八九九年二月一日、曹洞宗務局文書課）。
(114) 「台北感化保護院の創立」（一八九九年五月二三日付『教学報知』）。
(115) 「南翔記（第二）」（『常葉』三一号、一八九八年八月一五日）。
(116) 註（76）掲出「台湾伝道実説報告」。
(117) 註（37）掲出「台湾教況報告」。

第三章　植民地布教への転換と布教停滞

はじめに

一八九五（明治二八）年五月の台湾領有後、日本仏教は台湾に進出して布教を拡大させ、現地民対象の教育事業や慈善事業などの啓蒙・宣撫工作も積極的に展開したが[1]、その一方で現地寺廟の争奪をめぐって激しい宗派間の競争をくり広げた。こうして一八九八年五月には、これを問題視した台湾総督府により、寺廟末寺化を禁止する措置がとられた。寺廟末寺化の禁止は、台湾仏教界を支配下に置こうとする日本仏教の動きを規制し、実質的に植民地経営の安定に資するような教化活動への転換を促すものであったといえよう。しかし、この頃を境として各宗派の布教事業は急速に停滞しはじめ、一九〇二年頃には布教規模の縮小が顕著なものとなっていった。本章では、この間の各宗派の布教の実態と問題点を当時の仏教系新聞・雑誌の記事を中心として検証する。

一　占領地布教の実情

曹洞宗と大谷派の対立

日本仏教各宗派の占領地での布教については、早くから不振が指摘されていた。[2]その原因の一つに宗派間の対立があり、さらにその背景には、自己の所属する宗派の表面的な布教拡大の成果を重視する宗派当局と布教使の姿勢があったことは間違いないであろう。そのあり様は、布教に出遅れた浄土宗・臨済宗・真言宗などの機関誌に痛烈に暴露されている。例えば、一八九八年八月発行の『浄土教報』の一節を以下に引用しよう。

其相互の排擠や嫉妬や、相忌むや、相憎むや、殆んと婦人の如く、隠微の手段、詐譎の小策を以て、互に其勢を張り、其利を収めんと欲するか如き、醜実に言語に絶するあり、而してこれ彼等が布教と称し、伝道と云ひ事業と唱ふるものに付き常に行はれつゝある所也、彼等は互に其長を殺き、其善を害し、其美を害ひ、以てよく其宗勢を張るとなす、宗派の勢力大なるもの益此事大なり、宗勢の盛なるもの此事益盛なり、各宗の伝道及事業なるものは一面、実に這般の罪悪分子存する也。此著しき事例を提供するものは、台湾開教なり、頃日聞く所によれは、新領地にある各宗の開教師は、表面上極めて親善なる交際をなすが如きも、退て其内部を観ば、互に讒訾し中傷し讒誣し、甲派は土民が肉食妻帯を忌むを利として、大に乙派の信すべからざるを示し、乙派は亦甲派の内情を暴白して之を排撃す事概ね此の如し[3]

特に早くから台湾に進出してきた曹洞宗と、やや遅れて急速に教勢を拡張しはじめた大谷派は、台湾寺廟の末寺化をめぐって激しく対立したようである。真言宗の小山祐全は、一八九九年に『傳燈』に連載した「台湾開教始末」のなかで、「亦〇〇〇〇の両宗は新起街祖師廟の所有を争ひ競争の極甲は当路者に賄賂を贈れり乙は土人に阿片を配れり等の醜聞を流すに至りし(4)」と記している。宗派名を伏字としているが、曹洞宗と大谷派であったと考えられる(5)。

このほか、両宗派は鳳山県の龍山寺の支配をめぐっても対立したようである。鳳山県の曹洞宗の布教使であった台湾布教師芳川雄悟は、曹洞宗の『宗報』掲載の「布教日誌」のなかで、次のように書き残している。

（一八九七年七月）九日真宗大谷派大山慶哉師来りて大に当派出所即ち龍山寺の件に付故障を申立つ其略に曰く此の龍山寺は本年一月当宗の末寺となり已に本宗管長の認可状を附与し居らるゝ者なり然るに貴僧何故に茲に住せらるゝやと予曰く若し本末の契約が果して有効とせは予は昨明治二十九年一月本末の契約をなし已に其筋へ届出るすら以て許可を今や無効に附されたり貴宗の本末契約をさるゝも其筋の認可を得すんは恐は無効に附されん予は正に相当の手続を経て県庁の許可を得る者なり云々嗚呼各宗競争の烈しきそれ斯の如し(6)

その後も鳳山県での両宗派の対立は激しさを増していったようであり、一八九八年一二月発行の『明教新誌』にも「鳳山駐剳の東本願寺廣岡荷織氏は曹洞宗の本山末寺天公廟へ無届にて侵入せし為鳳山弁務署へ召喚せられ遂に弁務署より退去を命ぜられたり(7)」と記されている。

台湾仏教界の対立と混乱

曹洞宗・本願寺派・大谷派では、寺廟を末寺化すると同時に、多くの台湾人僧侶を帰属させていた。なかには、本願寺派の王岱修のように、長期に亘って積極的に布教活動に参加した者もいたが、日本仏教の権威を笠に着て私欲を満たそうとする者や、逆に寺廟を次々に末寺化する日本仏教に敵対心を抱く者もいたようである。特に九十名以上の台湾人を帰属させたとされる曹洞宗では、(8)多くの問題点が表面化したようである。

曹洞宗がいち早く台南で末寺化した寺院に開元寺がある。開元寺は、当時僧侶三百人が在住する台南きっての名刹であり、佐々木珍龍も渡台直後から目をつけており、一八九五年中に台南布教の拠点とすべく当局に申請したようである。(9)開元寺住職寶山常青も率先して曹洞宗に帰順しているが、(10)一八九六年一二月『明教新誌』は、この開元寺を舞台に起こった台湾人僧侶による殺人未遂事件を次のように報じている。

台南城外大北門街曹洞宗開元寺住職寶山常青氏は率先以て日本仏教帰順の人なるか去月中法用のため旧城出張不在中西門街水仙宮僧慧義なる者開元寺に侵入し弟徒を駆逐し曹洞宗大本山末寺の門標を破毀し傲然住在せし処右住職寶山帰り来り見るに豈に図んや如是次第なるを以て不取敢同宗大本山布教師芳川雄悟師の処に行き此事を告けしかは同師及ひ寶山同道にて調査のため出張せんとする途中曾て召使る一童子遽遑以て其告る処を聞くに今慧義なる者堂内に在りて日本僧及ひ御辺を狙撃せんとす行く勿れと其は容易ならすとて此事を憲兵屯所に訴ふ憲兵直に捕縛して取調るに竹槍一本短銃一丁其他青龍刀ありたり必竟慧義は日本布教師の信徒誘導の盛大を妬み一は寶山が清国鼓山の配下を脱したるを悪みたるに出たりとそ此れ去る十一月十日のことにありし実に危険のことなり(11)

実は、開元寺住職寶山常青の殺害を企てた水仙宮の僧慧義とは、台南でいち早く一八九六年二月に本願寺派への帰属を申し出た僧侶であった[12]。慧義は、曹洞宗に帰属した寶山常青に対抗するため、本願寺派に帰属したのであろう。これ以前から両者の間に対立があったのかもしれないが、少なくとも殺人未遂事件に発展するまで僧侶間の対立が激化した背景には、日本仏教の進出が大きく影響したと推察される。

ところで、寶山常青も曹洞宗の権威をバックに私腹を肥やそうとしたようである。台南の布教使芳川雄悟は、寶山常青の行実を次のように曹洞宗の『宗報』で報告している。

（一八九七年六月一三日）土僧寶山常青来る身に黒色絹布の法服を着け首に両猊下恩賜の安陀衣を纏ひ腰に大口の袴を穿ち内地人の僕一名を引具し乗馬して以て我派出所を訪はる其要事を問へは自身副住職地たる旧観音堂廟の租息を収めんがためなりとて我派出所に宿す、十四日鳳山県吏片貝氏来りて土僧寶山の事を予に尋らる先是客春若生布教師従軍の時彼れに観音廟の副住職を命せらる故に彼れ毎年両回来廟して唯た其収穫のみを持ち去りて寺廟の管理を顧みす於茲信徒等不平を鳴らし証憑を添て県庁に訴ふ故に係官来て予に従軍布教師たる者如何なる権限あるやを尋問さるゝ所以なり。廿五日寶山のことに付県庁我を召て問ふ抑々従軍布教師の宗制を濫用する一二にして止らす縦ひ本末契約をなすと雖其約法の不完全なる言ふを待たさるなり今民政期に接し始末合せす自称して正住職と謂ひ只収穫米のみを攫取し去りて廟務を為さしむるは教家の徳とも思はれす宜く法に依り刑に処すへきなり云々と予明言する能はさることあり記して以て読者の賢察を要するのみ、此日再び信書を発して土僧寶山処分のことを陸布教師に請求す[13]

芳川から寶山の処分請求を受けた台南の曹洞宗布教の責任者陸鉞巌も、この件について次のように記している。

（一八九七年六月二七日）鳳山県旧城観音亭の事及当地開元寺住職士僧寶山常青の事に関し証拠書類十一点を添へ鳳山県庁より厳重なる達旨及ひ回を致すべき進申書ありたり。（中略）二十九日火（中略）前日鳳山県庁より通知書に拠り開元寺住職士僧寶山常青を支局へ呼て査問する所あり(14)

自己の利益拡大を図るために、日本仏教を利用しようとする僧侶ばかりでなかったとは考えるが、日本仏教各宗派への帰属をめぐって、台湾仏教界に対立と混乱が起きていたことは間違いないであろう。

現地布教使の醜聞

他宗派を出し抜いてでも教勢拡大の実績を上げようとする各宗派の風潮のなかで、不適切な行動に走る布教使もいたようである。台湾での布教使の醜聞は、『明教新誌』掲載の現地からの通信にたびたび報告されている。まず、一八九八年二月に掲載された曹洞宗の寺廟末寺化の実態について報じた記事を以下に掲出しよう。

廿七八年日清戦争の結果馬関定約なるや台湾島は我版図に帰するや曹洞宗は直に布教師をして該島各所に駐在せしめ内地人及土人の為めに布教伝道せらる而して台湾の廟宮をして曹洞宗大本山末寺たるの定約を為せり其廟宮（寺院の事）台北県下にて約四十ヶ所なり然るに右末寺たるの定約は唯土人僧侶と布教師との間に於ての定約にして未だ県庁にも届け出ず亦た県庁よりも実際何宗の末寺たることも許可せらるゝの運ひに至らざりし

が三十年十月県庁より寺院取調べに付て各宗共に台湾寺院の末寺結約証を製し本山の捺印及土人僧侶の捺印にて県庁に届出可き様訓示せられたり故に布教師は堅く土人僧侶及土人信徒と結約の上証書を認め本山より印形を取りて後ち其の末寺結約の届出を為せり而して各廟宮に（曹洞宗末寺何々宮）と書せる札を掛けり然るに此の掛札に付ては余等も一言せざる可らず如何となれば此の掛札四十枚の代金実際の価十六円也と聞く然るに該台北布教師佐々木とか笹々木とか云ふ布教師は宗局に向て右掛札代金四十円を請求したり亦た宗局は其請求に応じ四十円の送金を為したる由此に於て余輩は黙し難く如何に今日懸引の世の中なればとて十六円の物品を四十円に宗局に売付けるとは甚だ以て其意を得す元来台湾の布教費及北海道布教費の如きは皆な派下末寺の頭上に懸り来り困難の内より支出したる貴重なる布教費なるに拘らず如此始末にては我等年々支出する布教費にては迚も六ヶ敷き事かと頭痛に堪へず云々(15)

この記事では、現地で末寺とした寺廟に掛ける札の代金を水増して曹洞宗務当局に請求していることが報じられている。十分な布教費用が送金されず、寺廟末寺化を口実にすれば、本山から送金を引き出しやすい事情もあったのかもしれない。しかし、次の一八九八年三月発行の『明教新誌』に掲載された本願寺派の布教使の場合は、現地民を欺いている点でさらに悪質といえよう。

本願寺開教師の不始末と題して台湾新報は記して曰く本願寺の末派に向つて其明識徳行を望むは出来ない相談なれども之は又驚き入つたる次第なるは昨年八九月頃我こそは真宗本願寺の南端開教師〇〇〇と云ふものなりと太平記の武者然たる名乗りをして入城したる一人の上人は土人教誨と号して多くの住人を集め南無阿弥

陀仏と記したる広告然たる紙片を与へ其受取の証として本山門徒の誓書に一々記名調印せしめ之を本山に送付して何事も知らぬが仏の人々を馬鹿にし自身は更らに人に対し今日は二十人門徒を得たりと云ひ昨日は五十人の門徒を得たりと自慢し遂に白日怪しの旅亭に上つてカツポレを演じ私かに花を僧房の一隅に折つて云はれぬ所に出家の徳を施したる為め心ある人々は南端風教の為めに之を悲しみ心無き人々も坊主とはアンナ物かと驚く者多く〇〇氏目下当地を去つて鳳山に在ると雖土人等の之を慕ふもの一人も無く本願寺とは如何なる商売を為すものかと妙な問を発するもの多しと云ふ(16)

前述のような布教使のあり方は、もちろん布教使の個人的資質によるものであったろうが、明確な布教方針を示さず性急に布教実績を求める宗派側の姿勢がこれを助長していたと考えられ、多くの布教使に少なからず共通する傾向であったようである。一八九八年一一月発行の『明教新誌』の記事では、この点について次のように述べている。

余輩が聞く処に拠れば、今日まで各宗より台湾に出張したる布教師の為す所は、概して末寺を増殖し、某県に何個寺某地に幾個寺を得たり、其信徒凡そ幾千人などゝいふことを其本山に報告して、大にその成効の速かなるに誇ることを競争するものゝ如く、而して其末寺何個寺を得たりといふものは、即ち台湾に従来在る所の寺院廟宇等に到り、其管理人に談判して、某宗本山出張所とか或は某宗末寺などいふ札を出したるに過ぎざるが如し、而して台湾に於ける村落の寺院は一村共有の建物にして、村民の倶楽部にも用ひ礼拝所ともなすものにて、其管理人は一村の公選を以て任するものなりとす、而して戦後尚民心の恂々たる際に於て、日本僧侶より急に我宗の末寺たれ、我本山の出張所たることを承諾せよと談判を受け、その管理人たる者僧侶か将た官吏かも不分明にて、兎に角日本人よりの談判とあれば、承諾したる方安全ならんといふくらゐの考にて、此談判に応じたるが如きものにして、共有の権利ある村民は之を承知したるにも非ざるが如きものなきに非ず、故に総督府より右等冒認がましき末寺等をこしらへ、又は某宗と某宗との間に末寺を取るの競争をなし、其寺の所在の村民をば皆信徒と称する等の儀は然るべからざる旨地方庁等へそれ〳〵訓令ありしといへり（中略）実際は名義表札だけの末寺にて、其寺に属する村民を檀信徒と称するに過ぎざることを、是豈有名無実の末寺信徒にあらずや、而して出張の布教師は既に之を内地の末寺檀信徒と同視し、往々寄附金を勧募する如き事あり、利に敏き島民はこの事に依て忽ち愛相を尽し、有名無実の信徒たる事は黙許し来りしも、実際身命を亜ぐものと思ふ金銀を出さしめんと云に至り、余は帰依せず信徒にあらずと云に至り、今まで黙認したる所の名義だけの信徒たる者も、断然その名を謝絶するに至り、折角内地本山に報告したる布教の成績なるもの、殆んど皆無とならんとするありと云、故に目下各宗が着手しつゝある台島の布教は、之を概言すれば、この名義ばかりの末寺檀信徒を得るの競争の外は、内地より移住したる者と土人との葬儀を取扱ふだけの事なりといへり(17)

ここでは、名目上の布教実績を追求するあまり、手段を選ばない布教使のあり方の問題性を指摘し、現地寺廟の管理者が日本仏教の末寺化に同意した場合も、決して本心からその宗派に帰依したためでない事情を的確に指摘している。

現地信者の意識と動向

それでは、台湾領有後に急増した一般台湾人の日本仏教信者は、どのような理由から信者となり、いかに行動したのであろうか。次の一九〇〇年六月発行『禅宗』掲載の「台湾に於ける各宗布教の真相」は、当時の台湾人信者の内情を報じたものとして興味深い。

山人が曾て目撃した実例がある、夫れは山人が台湾にて曾て使つて居た土人があつて、或時山人が戯言半分に、貴様のツラは土匪ヅラをして居るが、貴様まさか土匪ではあるまいね、と云つた、スルト彼れそのツラをふくらし頗る不興気にポツケツト（実は例の腹掛の袋である）から数葉の切符をツカミ出して、是れは日本の坊サンから貰つた、土匪でない証拠はこれであると答へた、依て之を一見すると大派の信徒証もあれば、本派のも、曹洞宗のもある、そこで是れは信徒証ではないか、信徒証が土匪でない証拠はと尋ぬると、夫れは知らない、知らないがコレを出して見せると、憲兵でも巡査でもスグ放免してくれる、だから嫌疑よけの御符（トは云はなかつたが）として台湾人は大概貰つて持つて居ると云つた、（中略）処が明治三十年の一月、三千の土匪が大挙して台北の大稲埕を襲ひ、多数の死骸をのこして逃げ去つたことがあつた、そこで憲兵、巡査等で其死骸を取調べて見ると、驚いたの驚かないのと云つたら、此土匪の死者は銘々例の嫌疑よけの御符を幾枚となく大切に肌身に結び付けて居た、そこで以来右の御符は憲兵、巡査に向つて一切霊験がなくなつてしまつたが、それからと云ふものは、駐台布教師の許へ向つて信徒にしてくれいと申込んでくるものが、丸でなくなつた、蓋し近来の一笑話である(18)

日本仏教の信者になった理由としては、反日抵抗勢力の嫌疑を免れるためという理由のほかに、自己の保身と利益を図るねらいもあったようであり、真言宗の小山祐全は次のように述べている。

土人が内地の宗旨に対する向背如何と云ふに、彼等が競ふて内地の宗教に帰入し、開教着手以来未だ三四年を出でざるに、土人信徒の数、万を以て数ふるに至れる宗旨あり、爾れ共其宗に於ゐては、結縁の為仮りに帳簿に記し置くのみにて、決して真正の信徒とは認め居らず、元来頑固にして迷信深く、排外思想に富み、縷々宣教師を殺害する処の支那人種が、台湾が如何に日本の領分になりたりとて、数百年来彼等の心髄に染み込める、関帝、天上聖母、観音媽等を忘れて、弥陀釈迦弘法日蓮等を俄かに信ずるは、道理上有り得べからざる事なり、爾らば何故に彼等が競ふて内地の宗旨に入るかと云ふに、第一信徒証を以て良民の証と心得、此を以て一期不時の嫌疑を免れんとすること、第二自身若くは朋友親戚等が一朝官に、捕縛せられたる時、布教師の力に依りて救助を得んとすること、第三礼式服装言語風俗等都て内地人を標準とせる現今の風潮なるを以て、宗教も内地人と同様の真似をなすこと、第四説教日を始め平素布教場に出入して、物品茶菓飲食等を貪る為め入宗すること、等の野心欲望が最もの原因なり、斯く言へばとて、予は土人布教を到底無効とし絶望するものにあらず、唯道士の言の如く容易なる者にあらずして、真正の信徒たらしむるには、必ず遠大の計画と善功方便とを要することを言ふのみ[19]

二　台湾総督府の方針転換と布教の衰退

総督府の当初の対応

総督府は、日本仏教の現地寺廟の末寺化をどのようにみていたのであろうか。台湾の武装蜂起の鎮圧に向けて多くの寺廟が日本の軍隊により接収されたことはさきに論じた[20]。しかし、現地人の精神的拠り所である寺廟が軍事目的に転用されることは、現地人の反感を招き「土匪」向かわせる要因の一つにもなっていたようである。この点について、本願寺派開教使の井上清明は、現地から次のように報告している。

土民は総て一種の宗教心は有之様被察候各所の寺院社廟元より土民協同の建築にて寺院を大切に尊崇することは亦格別に御座候此度日本軍上陸し最初寺院社廟を破毀し兵衛宿舎抔に使用致せしは非常に土民の感情を害せし由にて先却土匪か檄文中一個条として日本兵なれは当島の神社仏閣を破毀し以て宿舎とす如斯無道の軍に豈服従するを得んやと認め居候由如斯心情は誠に感ずべき事に候併し斯の不平心を和げ皇化に帰順せしむる亦宗教者の義務と存候民家には総て観音像を安置し朝夕南無阿弥陀仏を唱へ熱心に祈念する有様斯の宗教心あれば一転して仏願に帰せしむる容易のことと存候(21)

総督府の側も、一八九六年一月一八日に、軍用に供されることで寺廟が粗略に扱われることのないよう、次のような諭告を通達している。

本島在来の廟宮寺院等は、其建立に於て、或は公私の区別あるべしと雖も、要するに信仰遵崇の結果、徳義の標準秩序の本源にして、治民保安の上に於て欠くべからざるものたり、故に目下仮令軍務倥偬の際、已むなく一時軍用に供用することあるも、叨りに旧観を損傷せざる様、特に注意せしめむるを要す、就中霊像を破毀し、什器を散乱するが如き所為は、苟にも之あるを許さず依て自今一層保存に注意し、且つ軍需に供するものは、可成速に旧態に復せしむ様可致、此旨特に諭告す(22)

こうした事情もあって武装勢力を鎮圧し軍事的必要性の薄れた寺廟から、順次接収を解除していくことが望まれたであろうが、そのまま寺廟を現地人の管理に委ねることは、反日勢力の拠点となり「土匪」の活発化につながる危険性も考えられたと推察される。それゆえ寺廟を日本仏教の管理に委ね、日本語学校や慈善事業を併設させて日本への帰順を図る拠点とすることは、総督府・日本軍部の側にとっても好ましい措置であったと考えられる。

そこで、総督府は当初日本仏教の寺廟活用を許可し、末寺化を黙認する措置を採っていたようである。例えば、一八九六年一〇月に曹洞宗は台北艋舺龍山寺を実質上末寺化したが、その際に総督府は「官有家屋解除下戻ノ許可[23]」している。しかし、これは曹洞宗の施設管理を認めただけで、末寺化を認可したわけではなかったようである。一九八七年七月に鳳山県龍山寺の支配をめぐって曹洞宗と大谷派が対立した際に、曹洞宗の芳川雄悟が「昨明治二十九年一月本末の契約を為し已に其筋へ届出るすら以て許可を今や無効に附され[24]」と述べており、総督府はこの時点でも末寺契約を認可する方針を明確にしていなかったようである。

しかし、前述の一八九八年二月発行『明教新誌』掲載の曹洞宗の寺廟末寺化の実態について報じた記事では、一八九七年一〇月から「寺院取調べに付て各宗共に台湾寺院の末寺結約証を製し本山の捺印及十人僧侶の捺印にて県庁に届出可き様訓示[25]」があったとしている。曹洞宗の芳川雄悟の「布教日誌」にも、一八九七年八月に「本島の各県庁は将来各宗に於る本末契約を認可する旨なるを以て其儀本局へ上申して速に契約の急行を促したり」と記されている[26]。

つまり、総督府は一八九七年一〇月に至り、日本各宗派と現地寺廟との間で私的に結ばれた末寺契約を正式に認可する方針と打ち出したのであるが、これは激化する宗派間の対立に介入して、寺廟の帰属宗派を確定する意図があったと考えられる。

総督府の方針転換

一八九七年一〇月に寺廟の末寺化を認可する方針を示した総督府であったが、そのわずか七か月後の翌九八年五月には、県知事庁長宛に日本仏教各宗派による寺廟の末寺化の禁止を通達した。そして、この通達の起案にあたって、次のような説明が付された。

本島在来ノ廟宇等ヲ内地寺院ノ末寺ト為スヲ禁スル件
本島在来ノ廟宇等ヲ以テ内地各寺ノ末寺トナシタル旨報告スルモノ続々有之候処本島廟宇ノ多クハ賢君功臣等ヲ祀ルモノニ有之然ルニ濫リニ寺院トナスカ如キハ謂レナキ措置タルノミナラス其ノ末寺ト称スルモ単ニ某寺末寺トノ標札ヲ掲グルニ止リ其ノ実従来ノ廟宇其ノ儘ニシテ寺院ノ体裁ヲ具ヘサルモノ多キ趣右ハ畢竟布教ニ従事スル輩ノ或ル点ニ於ケル競争ヨリ生スルノ弊ニ有之ヘシト思料セラレ旁不都合ニ付追テ何分ノ法制定セラルル迄右等廟宇ヲ以テ末寺トスル義ハ御差止メ相成可哉内訓案ヲ具シ仰高裁候(27)

ここでは、各宗派間の競争の弊害が指摘されている。各宗派の布教が現地人の日本への帰順に実質的に寄与せず、むしろ現地の仏教界に対立と混乱を生んでいる実態が問題視されたと考えられる。加えて、台湾植民地統治が新たな局面を迎えたことも大きく作用していたと推察される。

一八九八年三月に乃木希典の後任である児玉源太郎が、民政局長（後の民政長官）後藤新平を伴い現地に赴任した。この時期にあっても抗日ゲリラの鎮圧はなお重要課題であったが、さらに日本政府からの多額の補助金を必要とする台湾財政の安定化も重要な問題として浮上した。これら植民地経営を軌道に乗せるための諸課題に対して、後藤の提唱した「生物学的植民地経営」では、台湾の社会や旧慣に無理な改変を加えることを避け、実態調査に即した現実的措置をとることを旨としていたが、それは宗教施策においても同様であった(28)。この内訓は日本仏教各宗派に対し、占領期の混乱に乗じて目先の教勢拡大を追求する姿勢から、長期な植民地経営を見据えた布教への移行を促すものであったといえるであろう。

総督府は、約一年後の一八九九年六月に「社寺教務所説教所建立廃合規則」を発布した(29)。この規則では、日本仏教が設置する宗教施設を教務所（教会所法務所講社事務所ノ類）、説教所（説教ノミニ使用スルモノ）、寺院の三種に分類した。この内、教務所と説教所とは管轄地方庁が認可することとなったが、寺院は台湾総督に許可権限が委ねられた。しかも寺院の場合は、「寺院ハ本堂庫裏ヲ有シ其他法要ニ必要ナル設備アルヲ要ス」と一定の設備を備えていることが条件とされており、さらに寺院と認められるためには「維持ノ方法」などを示すことが必要とされていた。このほか、寺院、教務所・説教所の双方に、台湾寺廟を転用する際の規定も記されていたが、これはかなり厳密に運用されたと考えられる(30)。

台湾総督府がこの規則を制定した意図は、安直に台湾寺廟を寺院や教務所・説教所に転用することを規制し、特に本格的寺院を独自に建立して現地の仏教勢力の資産を搾取することなく維持していくことを促すことにあったと考えられる。

各宗派協調路線の形成

台湾総督府に宗派間の対立の問題性を指摘されると、各宗派間での協調の雰囲気が醸成されたようである。寺廟の末寺化を禁止されたことで競争する必要性も減退し、台湾布教を他宗派に譲歩し布教規模を縮小する宗派もあったようである。一九〇二年一月発行の『日出国新聞』は、大谷派の台湾布教の方針転換を次のように伝えている。

東本願寺に於ては今回台湾に於ける従来の布教線を縮少し単に蕃人教化くらいに止め比較的に成功し居る西本願寺に歩を譲りて一区域内に兄弟争を画くが如き旧態を学ばざることに決せりといふ(31)

こうした状況のなか、一九〇二年一一月に大谷派の台北別院で、各宗合同の台湾仏教会の組織披露のため仏教大演説会が開催された。かつて一八九六年に曹洞宗の佐々木珍龍が中心となり、日本仏教各宗派の連合組織として大日本台湾仏教会が設立された。しかし、設立直後から各宗派の競争が激化し、大日本台湾仏教会は曹洞宗単独の関係組織に改組されていた(32)。宗派間で連携して共通する課題を協議する機関がないなかで、新たに台湾仏教会が組織されることになったのである。

発起者には、高橋圓隆(真言宗)、餘郷辨従(浄土宗)、梅山玄秀・高橋醇領(臨済宗)、山田祖学・田中石光(曹洞宗)、平田思水(本願寺派)、山内等・廣瀬龍造(大谷派)、村上日普・赤井文勝(日蓮宗)ら各宗派の布教使が名を連ね、官民有志三十有余名も加わっていた。事務所を台北西門外曹洞宗布教所に仮設し、理事には山田祖学・山内等、高橋醇領・大津林平・松本亀太郎(無住)・湯城義文が、会計監査役には木村匡・金子圭介らが就任した(33)。理事の大津林平とは、台湾総督府の官僚で後に理蕃政策の責任者をつとめた大津麟平のことと考えられ、台湾仏教会の結成に総督府の強い意向が働いていたことがうかがえる(34)。また大倉組合台湾支店会計主任で、台湾の郵便の集配・運搬を手がける駅伝社の主任でもあった金子圭介が会計監査となるなど、日系企業の有力者も支援していた(35)。

この大演説会では、一九〇二年一二月八日に開催する成道会を期して正式発足することが決まり、次のような設立趣意と会則が発表された。

台湾仏教会設立趣意

仏教各宗派の樹立するは偶〻仏教の至大なるが為なり蓋し源深きが故に流れ多し派多しと雖も其の帰は一なり各宗派の根本的絶対真理に於ては豈夫れ多岐ならんや茲に在台湾仏教徒有志者合同以て仏教発展に力を尽すは至智円満の大真理に忠実なる所以なり純類の秩序的公共事業なり来れ同感の士は来れ

台湾仏教会々則

第一章　名称

第一条　本会は台湾仏教会と称す

第二章　位置

第二条　仮寺務所を四門街曹洞宗布教場内に設置す

第三章　目的

第三条　仏教の真理を顕揚し自利々他以て社会徳義の発展を目的とす

第四章　事業

第四条　本会の事業は概略左の如し

一毎月一回仏教講演会を開く

一機関新誌を発行する事

一貧民病者の救済に関する事業を計画する事

一本島及対岸を調査し仏教各宗派をして布教伝道を拡張せしむる方法を講ずる事
一毎年降誕成道涅槃会を修し並に会員等の法要を営む
一其他総会及評議会に於て適宜と認めたる事業を経営する事
第五章　会員
第五条　本会の会員は左の三種とす
一通常会員　本会の趣旨を賛同せられたるもの
一特別会員　本会に功労ありて評議会の推薦したるもの
一名誉会員　本会総議会の特に推薦したるもの(36)（以下略）

台湾布教の衰退

一八九八年五月に現地寺廟の末寺化が禁止されると、総督府の指導もあって宗派間に協調の雰囲気が醸成されたが、これを契機に各宗派は現地民への布教を等閑視し、台湾布教の規模を縮小していった。一九〇二年七月発行の『日出国新聞』は、当時の各宗派の台湾布教を次のように総評している。

台湾の我版図に帰して皇化に浴する茲に七星霜百般の整備頗る燦然たるものあるも独り仏教各宗派の伝道は一も其効績を見るなく一大頓挫を来たし到底今日の如くんば失敗に失敗を重ぬるの外一も採るべきものあらず各宗派の伝道事業が如何にして今日の如き悲境に陥りしかを研むるに種々の原因あるも今茲に久しく台湾に在りし某氏の談ずるところを聞けば基督教は過去六十年間に於て莫大の経費と諸種の事業とを起し加ふるに宣教

師は神に捧ぐる忠実なる熱性とを以てするも未だ俄かに成効と称すべき底のことあらず然るに各宗派本山は布教上一定の方針を立てず朝令暮改の遣り方で伝道し而して派するところの開教師は無学にして素行治らず宗教家唯一の精神たる信仰に欠き到底人の師表となりて教化を施すべくもあらず加ふるに最初総督府は宗教家と相待ちて其教化の力を利用して治政上の要に供せんとしたりしも各宗本山の無方針無定見と開教師の共に語るに足るもの少きに望みを失ひ今日にては殆んど愛想をツカシ断然宗教家には保護便利を与へざることに方針を一変したる等重なる原因なるが如し(37)

『日出国新聞』では、各宗派に明確な布教方針がなかった点と布教使の資質の問題、さらに総督府の支援撤回を衰退の原因に取り上げているが、総督府発行の『台湾事情』の当時は、各宗派の経済的事情を原因として、次のように述べている。

内地仏教ノ本島伝来ハ領台当時征討軍ニ加ハレル従軍布教師等本島ニ駐錫シテ開教ニ務メシ者アルニ濫觴ス当初ハ各宗本山孰モ臨時局ナルモノヲ置キ専ラ出征軍人軍属ノ慰問ニ従事セシカ土匪ノ戡定漸ク其ノ緒ニ就クニ従ヒ新領土ノ布教ヲ画策シ特ニ曹洞宗、真宗本願寺派、真宗大谷派、浄土宗、真言宗等ノ活躍大ニ嘱目ニ値スルモノアリキ当時ノ状況ヲ回顧スルニ内地人ノ渡台者尚少ナク従テ布教ノ対象ハ土人本位ヲ必要トセシヲ以テ各宗競フテ本島各地ニ布教所ヲ設ケ或ハ国語講習所ヲ建設シ或ハ慈恵医院ヲ設立スル等兵馬倥偬ノ間ニ幾多ノ不便困難ヲ忍ヒ百方布教準備ニ努力シタリシモ明治三十二三年ノ頃ヨリ各本山ハ経済上ノ困難ヨリ其ノ方針ヲ一変シ布教費ノ支出ヲ節減或ハ中止シタルヲ以テ在台布教師ハ茲ニ止ムナク独立自営ノ必要ヲ生シ為ニ其ノ伝道モ何時シカ内地人本位ニ傾キ且内地人ノ渡台者漸ク増加スルニ伴ヒ其ノ仏事法要ヲ営ムニ忙殺セラレ終ニ全ク本島人ノ布教ヲ閑却スルニ至リシハ甚遺憾ニ堪ヘサル所ナリ(38)

いずれにせよ、日本軍による占領直後の混乱に乗じ、寺廟を末寺化することで、経費の投入をできるだけ抑制して教勢を拡大しようとした日本仏教各宗派の目論みは、総督府の寺廟末寺化禁止によってもろくも挫折していったということができよう。

三　寺廟末寺化禁止後の各宗派の動向

曹洞宗の動向

一八九二年を境として、日本仏教の台湾布教は台湾人から在留邦人に布教対象をシフトし、かつ布教自体も衰退に向かうのであるが、次に各宗派の布教動向を概観しよう。

各宗派のなかでも、寺廟末寺化禁止の影響を最も大きく受けたのが曹洞宗であった。曹洞宗の場合、一九〇七年末に開催された第一一次曹洞宗議会で、ようやく台北・台南・台中・新竹の新寺建築補助の支給が決議され、布教施設の建設がなされるようになったが、その際に議案説明に立った新井石禅教学部長は、寺廟末寺化の禁止に至った経緯を次のように説明している。

○教学部長(新井石禅)（中略）御承知ノ通リ明治三十年前後ニ於テ台湾ノ寺院若クハ廟ノ中ニ曹洞宗ノ末寺ニ

属スルト云フヤウナ契約ノ出来タノガ百ヶ寺前後モアツタト云フヤウナ事実ガアツタ（中略）段々台湾ノ秩序ガ回復ヲ致シマシテ、サウシテ日本政府ノ方針モ決定スルト云フヤウナ場合ニナツテ、総督府ノ方ニ於キマシテハ専ラ懐柔策ヲ取リマシテ、カメテ土人ノ権利ヲ保護シテヤリ、土人ヲシテ満足ヲセシムルト云フヤウナ方針ヲ以テ諸般ノ取扱ヲナサレタ結果、一タビ曹洞宗ニ属シタ彼ノ寺院若クハ廟ガ更ニ独立ヲ希望シテ、総督府ニ迫リ、若クハ曹洞宗ニ向テ交渉スルト云フヤウナ場合ニナリマシタ、一面ニハ寺院ニ対スル制度ガ設ケラレ、漫ニ彼ノ寺ヲ以テ曹洞宗ノ寺院トシテ収容スルコトガ出来ナイヤウナ事に立至ツタ(39)

さらに新井は、かつて末寺化していた寺廟と曹洞宗との関係がその時点でどうなっているのかという質問に対して、次のように答弁している。

○教学部長（新井石禅）　最初曹洞宗ノ末派ニ属スルト云フヤウナ寺ガ殆ド七八十箇寺アリマシタ、ソレガ今日デハ一ヶ寺モ曹洞宗ノ関係ト云フモノハアリマセヌ、其中五六ヶ所ダケハ曹洞宗ノ布教所トナツテ居リマシテ、ソレハ独立シテ台湾ノ土人ガ布教所ノ事務ヲ執リ、布教所ノ主任トナリ、コチラハ適当ノ日ニ出張ヲ致シマシテ、サウシテ布教ニ従事ヲシテ居ルト云フヤウナ次第デアリマス(40)

この発言から、総督府の訓令により曹洞宗が末寺化したすべての寺廟との関係を絶たれたことが判明する。こうした事態を受けて、佐々木珍龍は一八九九年六月に新たに寺院の創建を企図し、次のような建築資金の募集に向けた趣意書を発表した。

護国山台湾寺創立喜捨金勧募ノ趣意

（前略）台北管内大小四拾余個ノ寺院ハ皆ナ我大本山ノ末寺トナリ、土人僧侶二十余人ハ悉ク我宗ニ帰シ殊ニ土人信徒ノ本宗ニ帰入スルモノ実ニ二万ヲ過ルニ至ル、何ノ幸カ是レニ若カン、然カモ此民ヲ化シ此寺ヲ維持シ更ラニ其教域ヲ拡張セントス、必ラスヤ其中心タルベキ日本的仏寺ヲ建設シテ信ヲ荘厳ヨリ起サシメ以テ土民教化ノ用ニ供セサルベカラズ、想フニ移風易俗ノ感化ハ進ンデ其精神ニ及ボシ、以テ我大和心ヲ彼等ニ移殖涵養スルニ足ラン布衲コヽニ感アリ、今回総督府ノ所在ナル台北城内枢要ノ地ヲトシ日本的仏寺タル台湾寺ヲ建立シ以テ将来我宗ノ台湾ニ広宣拡充スルノ根本道場ト為シ以テ移風易俗ノ感化ヲ普及セシメント欲ス（中略）一新寺創立ノ喜捨金ハ多少ニ拘ハラズ台北城内西門街二丁目曹洞宗大本山布教所内台湾寺創立事務所ニ宛御郵送ヲ乞フ領収ノ上ハ直ニ銀行ニ預ケ置キ工事ニ着手ノ上入用毎ニ支出シ工事完成ノ後ハ新聞雑誌ヲ以テ結算報告ヲ為スベシ(41)

台湾寺創立の寄附でも、台北墓地葬儀堂の寄付金募集に引き続いて金子圭介、江頭六郎、近藤喜右衛門、村田義教ら在台の日系企業の有力者が世話係を引き受けた(42)。しかし、葬儀堂のように在留邦人の実益に結びつかない事業には、思うように寄附も集まらなかったようである。臨済宗の機関誌『禅宗』は「彼の三十万円を募集して台湾寺と云ふ日本風の寺院を台北に建築するとて同師（佐々木珍龍）が今度発表したるに付ても賛成者もあり反対者もありて双方とも夫れ相応の理屈もある」(43)と評している。

結局、佐々木珍龍は台湾寺の創建を果せぬまま、一九〇一年一二月に曹洞宗務局人事部主事となり帰国していった(44)。その後の曹洞宗は、朝鮮への進出に重点を移したこともあって(45)、台湾布教は衰微していったようである。一九

○四年四月発行の『中外日報』は、曹洞宗の台湾布教を次のように報じている。

▽曹洞宗の如きは吾邦が占領後該地に渡り土人の家を徴発的に横領して布教所に充て居りしが、其後戦乱の鎮定せし後土人が帰来したるを以て退去を迫られたれば今日では借家住居の有様なり、本山事業として新たに布教を起すとせば本願寺に負けを取るも忌はしと云ふ宗派根性に駆られて手も出さず内には金なしと云ふ有様にて今猶は微々振はざるなり(46)

本願寺派の動向

本願寺派では、台湾各地の駐留軍に対する軍隊布教に連動させて布教を進めてきたが、反日抵抗勢力の鎮圧が進むと、その必要性も次第に薄れていったようである。真言宗の小山祐全は、台湾で軍隊布教を重視すべきであると意見に反論して、次のように述べている。

軍隊布教と云事と台湾開教と云事とは決して同一の事にあらず、台湾開教と云事は、先寺院を建立し、之を維持する処の檀家信徒を団結して、真言宗を永世に伝ふるの基礎を定むるの謂なり、此基礎となるべき元素、即ち信徒の種類は、軍人か行政官吏か、抑〻亦農工商等の実業家なるか、軍人官吏の内に素より信徒なきに非るも、寺院維持の責に任ずる信徒の多くは実業家にある事は視易きの道理ならずや、故に予は此方面に向て全力を注ぎ、其根本を培ひ基礎を固め、而して後漸次末枝に及ぼすの方針を取れり、消極か籠城かは予の知る処にあらず、予は只本末終始の順路を踏んで直進直行せんのみ(47)

軍隊布教はあくまで一時的なものに過ぎず、長期的な植民地布教を念頭に置いた場合、布教の基盤を安定化させるために、経済的に成功を収めた在留邦人を布教対象とすることが最重要課題になるというのである。その後、軍隊布教にはさまざまな問題から、軍隊内での仏教僧侶の布教活動が困難になっていったようである。[48] 一九〇三年二月発行の『日出国新聞』には次のように報じられており、軍部内でも仏教僧侶の軍隊布教の成果を疑問視する声が高まっていたようである。

欧州各国に於ては至る処兵営内に教会堂を設け孰も盛に軍隊布教に従事しつゝあるに反し我が国にては更に之を鼓吹する者なきのみか教育総監部にては寧ろ全廃する意なりと云ふ事の茲に到りたる原因は固より一にして足らざるも要するに布教師等が徒らに忠君愛国てふ倫理的の説明のみをなし一も宗教的安心立命の法を説かざるに起因する布教伝道の欠点に出づるものなりと云ふ[49]

実際に一八九八年の時点で本願寺派は、台北・台南・台中・鹿港・嘉義・鳳山・雲林・新竹・苗栗・宜蘭・卑南・澎湖島の一二か所の日本軍駐留地に軍隊布教使兼開教使を派遣していたが、一九〇一年末段階では、台北・台南・台中・鹿港・新竹・苗栗・基隆の七か所に開教使駐在地を減らしている。[50] 減らしたのは、軍隊布教のためだけに布教使を派遣していた場所だったようである。

また本願寺派では、台湾各地の駐留軍に赴任した布教使が個々に活動し、現地の布教活動を統括する制度や役職の整備を進めていなかった。しかし、植民地布教への転換が必要になると、一八九八年八月一五日に「台湾布教監督職制章程」が発布され、この章程により担当執行のもと駐在開教使を指揮・監督する布教監督の職責が明文化された。布教監督は、布教計画や所属開教使の人事を執行に具申し、布教使から提出された願伺に意見を付して進達する役割などを担うとされ、同月二四日佐々木鴻漸が台湾布教監督に任命されたが、佐々木鴻漸はわずか一年足らずで辞任し、その後適任者がなくしばらく空席が続いた(51)。

一方、台北では布教所新築の問題が起こっていた。一八九七年一月に布教所に使用していた元至道宮の立ち退きを所管する陸軍経営部から命じられたのである。そこで、本願寺派は同年九月新起町に土地を買収して布教所建築資金の募集に着手し、一九〇〇年五月に布教所新築工事に起工し、翌〇一年九月に竣工した。この布教所新築と前後して、一九〇一年四月台北布教所は台北別院に改組された。六月には「台北別院職制・別院事務章程」が制定され、一二月には瀧口了信が台湾布教監督兼輪番に就任した(52)。

本願寺派は、寺廟末寺化の禁止によって曹洞宗ほどに大きな打撃を受けなかったが、この時期に軍隊布教から植民地布教への転換の必要性に迫られていた。そして、多くの在留邦人出身地である西日本に強い地盤を有する本願寺派は、朝鮮など他の地域と同様に植民地布教への強みを徐々に発揮していったのである。

大谷派の動向

大谷派の大山慶成が、一九八七年七月に大稲埕千秋街に最初に設置した台北説教場は、同派の本多文雄が「其建物は元と本島人の家屋にして、適当の修繕を施したるに非れは、其一見不体裁なるは云ふ迄もなく(53)」と評したほど貧弱な施設であった。しかし、その後急速に教勢を拡大するなかで、一八九九年九月に仮堂を新築落成し、その際に行われた遷仏式は「参詣者無慮数千にして堂の内外立錐の地なく(54)」というほど盛況であったという。

ところが一方で、大谷派の急速な教勢の拡大は、すでに多くの寺廟を支配下に置いている曹洞宗との対立を生んだ。さらに一八九八年五月に台湾総督府により寺廟の末寺編入が禁止されると、大谷派の台湾布教も大きな打撃を受けたようである。そこで大谷派は、台湾の対岸の福建省周辺に教線を拡大していく方針をとった。同年七月に台北在勤であった加藤廣海が厦門に赴いて説教所を創設し(55)、翌月には、法主の一族である連枝の大谷勝信（慧日院）・大谷瑩誠（能浄院）が中国・台湾視察のために出発した。両名は九月に上海に到着し、その後瑩誠が福州・厦門を経て台湾を視察した(56)。この視察をうけて、翌九九年四月に大谷瑩誠が台湾と清国の布教を統括する「台湾兼清国両広主教」に任命された。さらに翌月には「台湾及清国福建両広布教事務規則」が発布されて、台湾と中国福建省とを包括する布教体制が整備され、台湾寺務出張所が廃止された(57)。

この大谷派の布教方針の転換には台湾総督府も支援したようであるが、一九〇〇年八月に厦門事件が起こると、大谷派の中国福建省への進出は停滞し、同年一二月には大谷瑩誠が台湾兼清国両広主教を辞任するに至った(58)。さらに大谷派は財政難により海外布教の大幅削減を余儀なくされ、台湾布教の規模も縮小していった。一九〇三年一二月発行の『中外日報』は、大谷派の海外布教の状況を次のように報じている。

〇海外布教の全滅　大谷派本山か三十七年度予算に於て全く海外布教の項目を抹殺し去りたるが如く厦門千三百九十二円、泉州千五百三十六円、漳州九百七十二円、杭州日文学堂二千六百八十円、南京東文学堂千六百五十円、以上清国八千三百五十円、木浦四百五十円、鎮南浦五百四十円、群山五百十円以上韓国千五百円は全く廃止せられ、外に名は海外布教と呼べども其実際は在留邦人を目的とするに過ぎざるものは減冊を加へて之を存せり即ち上海千二百円（本年に比し二百〇四円減）、釜山別院四百八十円（九百六十六円減）、元山支院百八十円（百五十四円減）、駐在布教費三千円（二百七十円減）、外に台南六百円（四百八十九円減）、台北九百六十円（九十九円減）、彰化三百六十円（四百三十円減）にして開教費総額七千四百六十円なれば前年に比して一万二千五百四十九円の減殺となりたるなり。[59]

臨済宗（妙心寺派）の動向

大谷派と同じく台湾布教に遅れて参入した臨済宗妙心寺派も、同じ禅宗系の曹洞宗が台湾各地で大きな勢力を占めるなかで、台湾での教勢拡大は困難と判断したのであろう。足利天應・細野南岳・松本亀太郎の三名は対岸の中国南部への進出を企図し、台湾総督児玉源太郎の経済的支援を受けて、一八九九年六月から中国南部を視察している。[60]この視察後に松本は、一時帰国して妙心寺派の関係者に中国福州への布教の重要性を説き、一一月には臨済宗各派管長会議も開催されが、布教者の人選は難航した。[61]結局、天龍寺派管長の橋本昌禎（号「峨山」）が将来的に渡海することが決まり、一二月には梅山玄秀が渡台した。そして一九〇〇年、この梅山のもと、松本亀太郎の奔走と児玉源太郎の支援により、妙心寺派の台湾の布教拠点である鎮南山臨済護国寺が台北圓山に建立された。[62]

福州進出は、厦門事件以降の現地での反日感情の高まりと橋本昌禎の急死で頓挫したが、児玉源太郎の支援を受け、台湾で各宗派に先がけて本格的寺院である臨済護国寺を建立したことで、妙心寺派はその後の台湾布教を伸張していく基礎を築くこととなった。

その他の宗派の動向

その他の真言宗・日蓮宗・真言宗では、ほとんど現地寺廟の末寺として獲得しておらず、その意味では総督府の寺廟末寺化禁止の影響はほとんどなかったといえる。しかし、この時期に布教基盤を確実なものとすべく、在留邦人を布教対象とする方針を明確にしていったようである。真言宗の小山祐全は、在留邦人を主たる布教対象とすべきことを次のように述べている。

真宗本派の如きは一時「真宗は葬式屋なり」とか「金儲け主義なり」とか云ふ世人の盲目評には頓着せず、二十九年開教着手以来専ら内地人の布教葬祭に勉め、曹洞宗の如きも仏教会、吉祥会、十万人講、婦人観音講を組織し、亦三板橋なる共同墓地に内地人葬儀堂を建立する等、一として内地人に重きを置きたる布教に非るは無く、道士が土人布教成効の例証とし、世人も亦称賛する処の浄土宗さへも、近頃大に感ずる処やありけん、昨秋官有家屋の海山館を出で、毎月四拾円の家賃を払ひて城内の家屋に移り、内地人の方面に向つて尽力し嶺原師は教会員募集しつゝあり。(中略)其目的地に達するの捷径として順序として方便として、土人を引誘するの模範として、布教を永遠に継続するの基礎として、将道士の所謂「イツ迄も本所に於て手当すべきに非ず、兎に角一日も早く自立することを専一と心掛けべきもの」との心配よりして、内地人を先きにし、土人を後にする所以なり、道士幸に納得せよ[63]

小山は、国内真言宗からの支援を十分に得られていないなかでも、こうした方針により在留邦人の支援を受けて、翌一八九九年五月には、念願であった真言宗根本道場の庫裏の建築に着手し、翌月下旬に落成した[64]。

浄土宗では、一八九八年九月に入江泰禅を台湾布教の統括責任者である開教使長に任命し、嶺原慧海・鈴木台運・松本活道・榊原貞祥を開教副使に任命した[65]。翌月渡台した入江は台北布教所を城内府直街に移転させ、台北を入江、台南を鈴木、新竹を榊原、基隆を松本の担当とし、ようやく台湾布教に向けた体制を整備した[66]。しかし、同年九月に第三教区（韓国）・第四教区（布哇）の開教区監督（国内在任）に白石暁海が就任したのに対し、[67]第二教区（台湾）の開教区監督は任命されず、また予算措置でも朝鮮開教費に二、〇〇〇円、布哇開教費に六〇〇円が計上されたのに対し、台湾の場合は他の地域と一括で六〇〇円が計上されているに過ぎなかった。[68]浄土宗は、他宗派に先駆けて一八九四年にハワイ布教に着手し、一八九七年以降急速に朝鮮で教線を拡大したが、これらの地域に比べて台湾布教への対応は遅れる結果となったようである。

日蓮宗の台湾布教が振るわなかったことはさきに指摘したが、[69]一九〇一年に至り、台南で甲斐本耀が台湾での日蓮宗最初の寺院を建立している。甲斐は、一八九六年に単独で渡台し、当初は台北で活動し台北新起横街に仮布教所（清正堂）の建設に尽力したようである。[70]その後、台南に移って台南城内小媽祖街の小媽祖宮に布教所を開設し、[71]一九〇一年に妙経寺を建立した。建立にあたって、台南在住の日系人信徒が数多く寄附をしたようであり、同宗の機関誌『日宗新報』は次のように報じている。

台南市妙経寺主甲斐本耀師は昨年来より本堂及び清正公堂新築を企図されけるが先頃竣功を告げ遷座式を行はれたる由なるが同工事の寄附金は近藤金次郎氏の六百十円山田鐘次郎氏の二百廿円を初めとし其他百名余の信徒一千六百十八円集りし由又た堂内の荘飾品として重なるを挙ぐれば山田鐘次郎氏より五具足二組柴田勝次郎氏より御真影一体吉川光太郎氏より錫製の花瓶一対等にして其他幾種の器具を奉納せし由[72]

おわりに

寺廟の末寺化禁止により、現地の宗教施設を活用する道が閉ざされると、各宗派は新たに布教所や寺院を設置する必要に迫られ、その資金の寄附を仰ぐため現地で経済的成功を収めた在留邦人中心へと布教方針を転換した。日本風の寺院を建立することは、日本仏教にとっても布教着手当初から念願されていたことであった。

浄土宗の仲谷徳念は、台湾人を「未開なり幼稚なり、哲学の思想理学の知識に至りては、皆無と云ふも過言にあらず、併し宗教心に至りては、其定義の下し方に依りて下等なからも十分あり一種奇怪なる迷信は強く彼等の精神を支配せり(73)」と評した上で、彼らの精神的程度に見合った方法が必要であるとして、次のように述べている。

然らば相応の方法とは何そ、他なし物質的外観的方法即ち殿堂の建立是なり（略）よし建立の目的荘厳の主意此に在らさりしとするも、吾人の実験は其物の信仰を喚起し、宗教的徳義を涵養する上に大なる効力ある毫も疑ひを挟むを許さゝるなり、故に此外観的方法即教会場の建立は、此土の開教に欠くへからさる事業にして、是又刻下の急を要するものたらさるへからす、此事業や只たに土人信仰のみならす、内地信徒に対して亦緊要なり(74)

現地に荘厳な日本風寺院を建立することは、台湾人を精神的に圧倒させて帰順させるためにも、在留邦人の帰依を得るためにも必要であるというのである。一般的世論でも日本風寺院の建立が、現地の日本植民地化を強く印象づけることになるとの意見があり、一八九五年四月の『読売新聞』は、次のように主張している。

新領地の経営中最も先務とし又最も主眼とすべきものは先づ其光景をして一日も早く日本的風色を有せしむるに在り（中略）新領地は是非とも日本固有の風光を帯び我等の故郷と為らしめざる可からずとしてさて其経営渾化の方法も種々あるべきが我輩は先づ第一着に社寺会堂を建立すべしと勧告するものなり(75)

しかし、台湾への日本資本の本格的進出は、抗日ゲリラがほぼ制圧され、一九〇二年に台湾製糖株式会社が創業して以降のことであったため、各宗派は現地での資金調達が十分に図れず新規に寺院を建立することはできなかった。一九〇三年の時点で総督府に寺院として認可を受けたのは、本願寺派の台北別院、妙心寺派の臨済護国寺、日蓮宗の台南市妙経寺の三か寺のみであった(76)。

こうして台湾での布教縮小を余儀なくされると、各宗派は朝鮮や中国南部に布教の重点を移していったが(77)、そこでも日本政府の政治的影響力の拡張に便乗して、現地の宗教施設を末寺化する方針を採った。その結果、現地での反発を招き、総督府や日本領事館から活動を規制されるなどして、台湾と同じ経過をたどった(78)。台湾での布教挫折の反省はなされることなく、その後もアジア各地の仏教勢力を支配下に置こうとする日本仏教の活動はくり返されていったのである。

［註］

（1）この間の台湾布教の状況は、本書第一章・第二章で論じた。

（2）「現今の宗教問題（六）伝道の不振」（一八九六年一一月一二日『明教新誌』）など。この点は、すでに本書第一章でも指摘した。
（3）「現時教界の一弊害（台湾伝道に於ける一面の観察）」（一八九八年八月一五日付『浄土教報』）。
（4）「台湾開教始末」小山祐全（『傳燈』一九一～一九九号、一八九九年六月一三日～一〇月一三日。中西直樹編『仏教植民地布教史資料集成〈台湾編〉』第六巻に収録、三人社、二〇一六年）。
（5）一八九七年一一月発行の曹洞宗『宗報』掲載の「台北県下の本宗寺院」（『宗報』二一号、一八九七年一一月一日、曹洞宗務局文書課）に「台北県太加蚋堡艋舺街　祖師廟」とあり、一八九八年一月発行の大谷派の機関誌『常葉』掲載の「台北教報」（『常葉』一〇号、一八九八年一月一五日）に「文山堡溪仔口　祖師廟」とあるのが、この祖師廟にあたると考えられる。両資料で両宗派はともに自宗派の末寺であるとしている。
（6）「鳳山県布教日誌」（『宗報』一七号、一八九七年九月一日、曹洞宗務局文書課）。「鳳山通信（正木幸太郎氏報）」（一八九八年一二月二日付『明教新誌』）には、「鳳山城龍山寺曹洞宗大本山派出所にては布教師平島高董、金子曹巌両氏は内地人の信徒と協議し仏教会を設立し目下会員募集中」とあり、その後も曹洞宗は龍山寺に同宗派出所を置いていたようである。これに対し、大谷派の同年五月発行の『本山事務報告』掲載の「台湾帰属」（『本山事務報告』四四号、一八九七年五月八日）には、二月に鳳山区公務所が同寺の大谷派管理を認めたと記されている。また一八九八年一〇月発行の真宗大谷派『宗報』一号掲載の「台湾教況」（一八九八年一〇月。前掲『仏教植民地布教史資料集成〈台湾編〉』第六巻に収録）の「台湾帰属寺院一覧」にも同寺のことは記されている。この記事では、大山慶成が「大山慶哉」と記されている。他の資料でも「大山慶城」などと記されているが、井上泰岳編『現代仏教家人名辞典』に「大山慶成」の経歴が記載されており、他は誤記であったと考えられる。
（7）「台湾教況」（一八九八年一二月二〇日付『明教新誌』）。
（8）「各宗台湾開教の概況」在台北　児玉輝明（一八九六年一一月六日付『明教新誌』）。
（9）「台湾に於ける禅宗寺院」（『曹洞教報』九号、一八九五年七月二五日）、「台湾布教は早きに利あり」（『日宗新報』五八一号、一八九五年一二月八日）。

(10)「台湾に於ける日本的盆会執行の嚆矢」(一八九六年九月二八日付『明教新誌』)。
(11)「土僧日本僧を狙撃せんとす」(一八九六年一二月四日付『明教新誌』)。
(12)「本派本願寺新領地に末寺を得」(一八九六年七月二六日付『明教新誌』)に、僧慧義(水仙宮住持兼開元寺住持)の本願寺派への帰属願が掲載されている。また『教海一瀾』一号(一八九七年七月二五日)の「台湾土僧の内地仏教帰依」記載の曾慧義も同一人物と考えられる(前掲『仏教植民地布教史資料集成〈台湾編〉』第四巻収録)。
(13)「台湾布教日誌」(『宗報』一五号、一八九七年八月一日、曹洞宗務局文書課)。
(14)「台湾布教日誌」(『宗報』一六号、一八九七年八月一五日、曹洞宗務局文書課)
(15)「台北に於ける布教師の不始末」(一八九八年二日一二日付『明教新誌』)。
(16)「本願寺開教師の不始末」(一八九八年三月二二日付『明教新誌』)。
(17)「台湾布教策」(一八九八年一一月二四日付『明教新誌』)。
(18)「台湾に於ける各宗布教の真相」新高山人(『禅宗』六三号、一九〇〇年六月一五日。前掲『仏教植民地布教史資料集成〈台湾編〉』第三巻に収録)。
(19)註(4)掲出「台湾開教始末」。
(20)本書第二章を参照。
(21)「台湾布教使信書」(一八九六年五月七日付『京都新報』)。
(22)「台湾旧慣事業沿革資料(二)」(『台湾慣習記事』四巻二号、一九〇四年二月二三日。李添春「台湾宗教概説(一)」(『南瀛仏教』一三巻九号、一九三五年九月)。
(23)「台湾島視察書」台湾布教師　陸鉞巌(『宗報』七・八号、一八九七年四月一五日、曹洞宗務局文書課。前掲『仏教植民地布教史資料集成〈台湾編〉』第三巻に収録)。
(24)註(6)掲出「鳳山県布教日誌」。
(25)註(15)掲出「台北に於ける布教師の不始末」。
(26)「鳳山布教日誌」布教師芳川雄悟報(『宗報』二一号、一八九七年一一月一日、曹洞宗務局文書課)。

(27)「内訓第一八号(一八九八年五月一八日総督発県知事庁長宛)」(増田福太郎著『東亜法秩序序説』二二九～二三〇頁〔ダイヤモンド社、一九四二年〕)。
(28) 蔡錦堂著『日本帝国主義下台湾の宗教政策』(同成社、一九九四年)に詳しい。
(29) 内閣官報局編『明治年間法令全書』明治三十二年‐七、七五～七八頁(原書房、一九八二年)、『現行台湾社寺法令類纂』五〇六～五一一頁(台湾総督府文教局編、一九三六年。前掲『仏教植民地布教史資料集成〈台湾編〉』第二巻に収録)。
(30)「寺院、教務所、説教所建立廃合規則」の規定にもとづいて、台湾在来の寺廟で日本仏教所属の寺院として認められた最初の事例は、本願寺派の彰化県鹿港街龍山寺のようであり、規則が出されてから五年も経ってからのことであった(「台湾に於ける西派最初の寺」〔一九〇四年九月八日付『中外日報』〕、『台湾総督府第八統計書』〔台湾総督府総督官房文書課、一九〇六年。前掲『仏教植民地布教史資料集成〈台湾編〉』第一巻に収録〕)。
(31)「台湾布教の縮少」(一九〇二年一月三〇日付『日出国新聞』)。
(32) 大日本台湾仏教会の結成の事情とその後については、本書第一章のなかで論じた。
(33)「台湾仏教各宗の一致」(一八九二年一二月二四日付『日出国新聞』)。この記事は、一八九二年一二月二八日付『浄土教報』にも転載されている。
(34) 大津麟平が理蕃政策について記した『理蕃策原議』(一九一四年)は、前掲『仏教植民地布教史資料集成〈台湾編〉』第二巻に収録されている。
(35) 金子圭介は、曹洞宗の佐々木珍龍の主唱により建設された台北墓地葬儀堂でも、世話役をつとめており(本書第二章を参照)、同宗の台湾寺創立喜捨金の簿財でも世話役を引き受けている(註(42)参照)。
(36)「在台湾釋慈海氏の書翰」(『正法輪』一六二号、一八九二年一二月一〇日。前掲『仏教植民地布教史資料集成〈台湾編〉』第三巻に収録)。
(37)「各宗派の台湾に於ける布教の頓挫」(一九〇二年七月八日付『日出国新聞』)。
(38)『台湾事情』大正六年九月(第二版)五二八頁(台湾総督府、一九一七年一二月。前掲『仏教植民地布教史資料集成〈台湾編〉』第一巻に収録)。一方、同じく総督府刊行の『台湾総督府民政事務成績提要』第一一編(明治三八年度分)には、「各宗

派布教ノ状態ハ概シテ前年ノ状態ニ異ナラスト雖信徒ハ神道及基督教其幾分ノ増加ヲ示スニ拘ハラス仏教ハ著シク減少ヲ来タシタリ是レ内地人ニ在テハ時局ノ為帰還シタルモノ多キト本島人ニ在テハ往年土匪騒擾ノ際仏教ノ信徒証ヲ有スルモノハ以テ良民タルヲ証シ得ヘキモノト誤信シ信教ノ意思ナク妄リニ信徒トナリシモノニシテ漸次其誤信ニ基クコトヲ覚知シ之ヲ脱退シタルモノ多キニ依ル」と記されている。

(39)(40)「第十一次曹洞宗議会議事速記録」(『宗報』二六七号、一九〇八年二月一日、曹洞宗務局文書課)。

(41)(42)「宗令」(『宗報』五九号付録、一八九九年六月一日、曹洞宗務局文書課)、佐々木珍龍著『従軍実歴夢遊談』(鴻盟社、一九〇〇年。前掲『仏教植民地布教史資料集成〈台湾編〉』第三巻に収録)。台北墓地葬儀堂については、本書第二章を参照。

(43)「台湾に於ける各宗布教の真相(承前)」新高山人(『禅宗』六四号、一九〇〇年七月一五日。前掲『仏教植民地布教史資料集成〈台湾編〉』第三巻に収録)。

(44)『曹洞宗名鑑』一八〇頁(賢美閣、一九八三年)。

(45)この間の事情は、前掲『植民地朝鮮と日本仏教』第三章を参照されたい。

(46)「台湾に於ける各宗派の教況」(一九〇四年四月五日付『中外日報』)。

(47)註(4)掲出「台湾開教始末」。

(48)一九〇一年九月二〇日付『明教新誌』の「軍隊布教の廃止」では、キリスト教徒となった乃木希典が衛戍監獄の教誨をキリスト教宣教師に変更しようとして休職になったとの記事がある。これは誤報のようだが、一八九八年の巣鴨教誨師事件の影響による仏教側の警戒心が背景にあったと考えられる。また「第五次曹洞宗議会議事速記録」によれば、一九〇一年一〇月に曹洞宗が軍人布教規程の制定を審議した際に、軍隊内で正式に布教ができなくなったとの発言がなされている(『宗報』一一九号、一九〇一年一二月二九日、曹洞宗務局文書課)。これらにより、戦時から平時に移行するに従い、仏教僧侶の軍隊布教が次第に排除されていったことが想定される。

(49)「軍隊布教の不振」(一九〇三年二月二日付『日出国新聞』)。

(50)『教海一瀾』一七号、一八九八年三月二六日(前掲『仏教植民地布教史資料集成〈台湾編〉』第四巻に収録)、「客年後半季台湾開教駐在」(『教海一瀾』一二三号、一九〇二年二月一五日)。

(51)「教示第十二号」(『本山録事』一八九八年八月二六日発行)、「台湾布教監督」(『教海一瀾』二七号、一八九八年八月二六日)、「真宗本派の布教使」(一八九八年九月二二日付『明教新誌』)、「西本願寺の台湾布教監督」(一八九九年八月二二日付『明教新誌』)、『海外開教要覧(海外寺院布教使名簿)』二五〇頁(海外布教要覧刊行会、一九七四年)。
(52)『真宗本願寺台湾開教史』六二〇頁(台湾開教教務所臨時編集部編、一九三五年。前掲『仏教植民地布教史資料集成〈台湾編〉』第四・五巻に収録)、「台北別院の設置」(『教海一瀾』九三号、一九〇一年四月一五日)、「台北別院の新制度」(一九〇一年六月二四日付『教学報知』)、「教示」(『本山録事』一九〇一年六月二五日発行)。
(53)「南翔記(第二)」在台南　本多文雄(『常葉』三一号、一八九八年八日一五日)。
(54)「台北説教場遷仏式」(真宗大谷派『宗報』一四号、一八九九年一一月一四日。前掲『仏教植民地布教史資料集成〈台湾編〉』第六巻に収録)。
(55)「大谷派の開教」(『常葉』三〇号、一八九八年八日八日)、「海外教報」(真宗大谷派『宗報』四号、一八九九年一月一五日。前掲『仏教植民地布教史資料集成〈台湾編〉』第六巻に収録)、「東願寺清国布教の情況」(一八九九年五月二六日付『明教新誌』)。
(56)前掲「海外教報」、「本願寺連枝の渡清」(一八九八年九月二〇日付『明教新誌』)、「厦門に於ける大谷派連枝」(一八九八年一一月二四日付『明教新誌』)、高西賢正編『東本願寺上海開教六十年史』七六～七八頁(東本願寺上海別院、一九三七年)。
(57)「任命辞令」(真宗大谷派『宗報』二二号「付録、一九〇〇年五月五日)、「告達第十号」「告達第十一号」(真宗大谷派『宗報』二四号付録、一九〇〇年六月二五日。前掲『仏教植民地布教史資料集成〈台湾編〉』第六巻に収録)。
(58)「任免辞令」(真宗大谷派『宗報』三〇号付録、一九〇一年一月一五日)。厦門事件に関しては、本書第五章で論じた。
(59)「海外布教の全滅」(一九〇三年一二月二〇日付『中外日報』)。
(60)「厦門通信」(『禅宗』五三号、一八九九年八月一五日)、「南清片信」(『正法輪』九三号、一八九九年八月三一日)、前掲「鎮南山縁起」。
(61)「創業の人、守成の人――梅山老師と長谷川慈圓――」(『正法輪』三二四号、一九一四年七月一二日。前掲『仏教植民地布教史資料集成〈台湾編〉』第三巻に収録)。

(62)「台湾雁音」（『禅宗』五九号、一九〇〇年二月一五日）、「台湾十年の回顧」台北鎮南山　梅山玄秀（『正法輪』三〇七号、一九一二年二月。前掲『仏教植民地布教史資料集成〈台湾編〉』第三巻に収録）、黒田天外「峨山和尚を訪ふ」（深山一郎編『峨山逸話』四二〜四三頁、一九〇一年）、前掲「鎮南山縁起」。

(63)(64) 註（4）掲出「台湾開教始末」。しかし、『台湾総督府民政事務成績提要』第八編（明治三五年度分）には「台北庁下大加蚋堡大稲埕河溝頭街真言宗台北説教所建立ニ関シ不都合ヲ認メタルニ依リ其認可ヲ取消シタリ」と記されている。

(65)「嶺原鈴木二氏の台湾出発」（一八九八年六月一八日付『明教新誌』）。

(66)「入江開教使の台北安着」（一八九八年一一月五日付『浄土教報』）、「一宗現況（三）台湾開教区」（一九〇六年一一月一二日付『浄土教報』）。

(67)「開教区監督の任命」（一八九八年九月五日付『浄土教報』）。

(68) 藤本了泰著・玉山成元編『浄土宗大年表』八二四頁（山喜房佛書林、一九九四年）。

(69) 本書第二章を参照。

(70)「相田台湾特派布教師の消息」（『日宗新報』六二九号、一八九七年四月八日）、「甲斐本耀師」（『日宗新報』六五三号、一八九七年一二月八日）。

(71)「台湾の御会式」（『日宗新報』六八七号、一八九八年一一月一八日）、「甲斐本耀師の書信」（『日宗新報』六二九号、一八九九年一月八日）。

(72)「台湾だより」（『日宗新報』七七四号、一九〇一年四月一八日）。

(73)(74)「台湾開教策」在台北　仲谷徳念（一八九七年九月二五日付『浄土教報』）。

(75)「新領地に於る社寺会堂の建立」（一八九五年四月二七日付『読売新聞』朝刊）。

(76)『台湾総督府第七統計書』（一九〇五年、台湾総督府総督官房文書課。前掲『仏教植民地布教資料集成』第一巻に収録）。

(77)『台湾総督府民政事務成績提要』第一三編（明治四〇年度分）には、「神道ニ於テ二百余人基督教ニ於テ千六百余人ヲ増加セルモ仏教ニ於テハ二千余人ノ減少ヲ見ルニ至レリ是レ神道及基督教ハ漸次教務ノ拡張ニ努ムルモ仏教ハ満韓地方ニ発展シ本島ニ於ケル規模ヲ縮少セルモノアルニ依ル」と記されている。

（78）朝鮮に関しては前掲『植民地朝鮮と日本仏教』を、中国南部については本書第四・五章を参照されたい。

第四章　日本仏教の南清進出の背景と布教実態

はじめに

一八九五（明治二八）年四月の日清戦後の講和条約によって、日本は南方進出の足掛かりとなる台湾を獲得した。しかし、原住民の強い抵抗に遭って台湾統治は順調に進展せず、その軍政維持のため本国からの多額の補助金交付を必要とし、外国への売却論さえ提起される状況にあった。一方、日本仏教各宗派も挙って台湾布教に着手したが、背後に日本軍・総督府の権威を意識した一部の原住民が一時的に帰順の姿勢を示したに過ぎず、真の意味での信徒を獲得するには至らなかった。各宗派の主たる関心事は、占領期の混乱に乗じて在来寺廟を末寺化することで表面上の布教成果を上げることに向けられ、次第に寺廟末寺化をめぐる宗派間の競争が激化していったのである(1)。

こうした初期台湾統治上の諸問題の解決を図るべく、一八九八年二月に台湾総督に就任したのが児玉源太郎であった。児玉は、翌月に民政局長（後に民政長官）後藤新平を伴い現地に赴任すると、同年五月に日本仏教による寺廟末寺化の禁止を通告した。台湾仏教を強権的に支配しようとする姿勢が植民地支配の安定に貢献しないと判断したためと考えられる(2)。これにより、各宗派の台湾布教は縮小していったが、同時に児玉は対岸の福建省への布教を奨励する方針を打ち出した。そして、これに呼応して福建省布教を進めたのが、真宗大谷派・臨済宗・浄土真宗本願寺派の三宗派であり、やがてその布教範囲は南清地方各地へと拡大されていった。

当時、列強の中国進出が進むなか、一八九八年四月日本は清国政府に対し福建省を日本国以外に割譲しないことを声明させ、翌月に省内鉄道付設の優先権も約束させていた。日本政府が福建省への進出を目論むなか、台湾総督府にはさらに切実な事情があった。一九〇〇年六月に児玉が作成した「台湾統治ノ既往及将来ニ関スル覚書」には十数項目の重点事項が列挙されているが、そのなかに次のような項目がある。

一、本島民ヲ統治スルノ全効ヲ収ムルニハ唯島民ノ鎮圧ト其民心ノ収攬ノミヲ以テ主眼トスヘカラス必対岸福建省殊ニ厦門ノ民心ニ注意シ其帰向ヲ察シ反射的ニ島民ノ安堵ヲ図リ、統治ノ目的ヲ達スル方針ヲ採ルヘキ事

一、厦門住民ノ意向近来一変シ大ニ台湾ノ統治を仰慕シ帰化ヲ乞フ者日々ニ加フルノミナラス諸般ノ企業ニ就キ総督府ノ誘掖ヲ乞ハントスルノ傾向アルヲ以テ総督府ハ此機ヲ外サス歩武ヲ進メ大ニ民心ノ収攬ニ努ムル事[3]

台湾の安定的統治のためには、政治的にも文化的にも密接な関係を有する福建省、特に厦門への注意が不可欠であり、厦門進出の絶好のチャンスを迎えているというのである。さらに金融・産業面での進出、鉱山開発、帰化法の整備、日本語学校経営など、経済・法律・文化方面での厦門進出の具体案を提示している。この覚書には宗教面での進出には触れていないが、台湾総督府は日本仏教の厦門進出も後押しした。

本章では、大谷派・臨済宗・本願寺派の三宗派が南清地方での布教に着手していった経緯を台湾総督府との関係

にも留意しつつ明らかにすると同時に、その布教実態を検証する。

一　大谷派内部事情と南清進出の経緯

石川舜台の宗政復帰

日本仏教のなかでもいち早く南清に進出し、最も積極的に布教を展開したのが大谷派である。まず、大谷派が南清布教に着手した事情からみていこう。

大谷派のアジア布教への取り組みは早く、一八七三（明治六）年に中国に渡った小栗栖香頂が「支那国布教掛」に任命され、一八七六年には上海別院が開設された。当時教団内で指導的立場にあった石川舜台は、江藤新平・大久保利通ら政府要人と密接な連携を図りつつ、教団内の反対派の批判を封じ込める意図もあって、教勢拡大の実績づくりのため積極的な海外布教事業を推進した(4)。しかし、石川は一八七八年一月に対立する渥美契縁を殴打する事件を起して宗政の一線から退き、財政難から大谷派のアジア布教は次第に停滞し、政府の外交方針の変化もあって一八八三年頃にその布教の衰微は決定的なものとなった(5)。

その後の宗政の中核を担った渥美契縁は財政再建に重きを置き、一八九四年に負債を償還し、翌九五年四月には幕末の兵火で焼失した両堂の再建事業を完成させた。ところが、同年七月には清澤満之らが建白書を提出して事務機構の改革を要求し、さらに翌九六年一月に巨額の教学資金積立計画を渥美が発表すると、負債償還と両堂再建のための度重なる募財に耐えてきた門末の不満が一挙に噴出し、教団改革運動が活発化した。このとき清澤満之は、同年一〇月創刊の『教界時言』において、渥美の教学理念なき募財を批判して次のように記している。

彼の「教学資金積立法趣意書」なるものに就て之を見るに「方今ノ形勢北海道ハ北門ノ鎖鑰ナレハ最モ布教ヲ忽ニスベカラザル土地ニ有之台湾及澎湖列島ノ如キモ我版図ニ属シ候上ハ速カニ教導ノ端緒ヲ開キ云々」とあるのみにして、未だ以て確乎たる布教の設計なるものを認知するに足らず。(中略)転じて台湾布教に就て之を見るも、余輩は未だ大谷派が確乎たる布教の設計あるを認むる能はざるなり。固より新版図の地其観察尚ほ至らざるの所に、確乎たる布教の設計を求むるは、蓋し難きを攻むるものならん、余輩亦決して之を窮問せざるべし。然れども大谷派本願寺が今巨額の教学資金を募集せんとするに当て、其布教的方面に於ては唯北海道の布教と台湾の布教のみを挙げ来りて、以て募財の大趣意と為すに至りては、余輩は断々乎として其軽忽粗漫なるを論ぜざる能はざるなり。仮令北海道布教台湾布教は一派布教の一分として甚だ重要なりとするも、抑内地布教に就ては、大谷派当局者は在来の布教機関を以て十全なりとなせるや。(6)

ここでは、国内の布教体制も整わない状況下で、展望なき北海道・台湾布教の資金集めを行うことを厳しく批判している。清澤は国内の布教体制の整備を優先的に考えていたのかもしれない。しかし、同時に北海道・台湾布教の重要性も認めており、その布教展望の明示を求める派内与論にも無視できないものがあったと考えられる。(7) とりわけ台湾にあっては、一八九六年に入って各宗派の布教活動が本格的に始動し、六月までに曹洞宗・本願寺派・真言宗・日蓮宗・浄土宗が相次いで布教使を現地に派遣していた。しかし、大谷派の対応は遅れようやく一一月に至って大山慶成と松江賢哲に台湾出張が命じられたに過ぎなかった。

こうした状況のなかで同年末に渥美契縁は宗政のトップである執事を更迭され、明けて一八九七年一月執事に大谷勝縁が就任した。そして二月に清澤らの処分が下されるなか、筆頭参務に就任して宗政の実権を握ったのが石川舜台であった。石川は、翌九八年四月には蓮如四百回遠忌法要に際して清澤らの処分を解除し、後に清澤を法主補導・真宗大学学監に登用するなどして教団改革派の懐柔を図る一方で、同年九月に巣鴨教誨師事件が起こると、(8)翌月には仏教を公認教とすべき論説を発表した。(9)続く宗教法案問題に際しては、「宗教法私見」を発表して「仏教ノ弘布ヲ保護スルコト」を求め、その理由を次のように説明した。

宗教ハ人心必需ノ霊機意思必尚ノ聖界ニシテ、一日モ欠クベカラザル者ナレバ、其之ヲ弘通スル責任ノ宗教者ニ在ルコトハ勿論ナレドモ、能ク一般ノ必需ヲ充タスハ亦国家ノ義務ナリトス。然ルニ布教ノ方面ニハ、内外官私ノ別アリテ、各其事情ヲ異ニスルヲ以テ、国家ハ的当ノ保護ヲ行ヒ、以テ其目的ヲ達セシメザルベカラズ。殊ニ海外及ビ島地ノ開教ニ在テハ、其必要尤大ニ其実行甚難シト雖、而モ其功果ハ頗ル偉大ニシテ、能ク内外国民ノ情誼ヲ通シ、彼此ヲシテ融和セシメ、新附民心ノ和平ヲ致ス者ナレバ、愈以テ保護ノ忽ニスベカラザルヲ知ルベシ(10)

国内に向けては、キリスト教への脅威を煽りつつ、教団と日本仏教の関係諸勢力を公認教運動へと結集し、対外的には教勢拡大と国家への貢献度のアピールのため、台湾総督府と提携して積極的アジア布教を展開していったのである。しかし、この石川の戦略とは、基本的にかつて破綻した施政方針の焼き直しに過ぎないものであった。

台湾布教から南清布教へ

他宗派に遅れて台湾布教に参入した大谷派は、一八九七（明治三〇）年に入ると急速に教勢拡大の施策に乗り出した。すでに現地に派遣されていた大山慶成は、各地の寺廟管理者からの帰属願を出願させ翌九八年五月までに四〇寺廟を末寺化し、九七年六月には台北に台湾寺務出張所を開設、八月に台北説教所を大稲埕千秋街に開設した。翌九八年二月には、台湾寺務出張所長として和田圓什が赴任し、同時に本多文雄・廣岡荷織・加藤廣海が渡台、本多は台南、廣岡は鳳山、加藤は台北に在勤して布教活動に従事した。

しかし、すでに台湾では曹洞宗が主要な寺廟を傘下に置いていたため、寺廟支配をめぐって同宗との激しい争奪競争をくり広げ、同年五月にはこれを問題視した台湾総督府により、寺廟の末寺編入を禁止されるに至った。こうして台湾での教勢拡大路線が行き詰まると、大谷派は同年七月には厦門へと進出した。『東本願寺上海開教六十年史』は、このときのことを次のように記している。

卅一年七月　厦門教堂開ク。初メ支那人林麗生ナル者アリ。厦門領事上野氏ニ請ヒ、台湾総督児玉大将ノ後援ヲ得テ加藤廣海ヲ台湾ヨリ迎へ、厦門ニ東教堂本願寺ヲ開カシム。加藤氏ハ三河ノ人ニシテ、早ク台湾ノ開教ニ当レル人ナリ。コレヨリ明治四十年ニ至ル間ニ、福建全省ニ二十七ヶ所ノ教堂ヲ設ケタリ(11)。

林麗生は、福建省きっての有力者である林鶴年の長男で、中国進出を図る英国企業と提携する買弁の中心的人物であり、台湾との茶の取引事業も手がけていた。林は、同年四月に中国政府が福建省を日本以外に割譲しない声明を発したことで、台湾との貿易を続けていく上でのメリットを期待して日本仏教の信徒になったと考えられる。その後も林は、厦門布教所の董事（主任世話役）をつとめるなど、現地での大谷派の活動を支援し、翌九九年二月に台湾総督府が厦門に日本語学校「東亞書院」を設置した際には董事をつとめ、日本への接近を図った[12]。そして、この大谷派の厦門進出には厦門領事上野専一が仲介役となり、台湾総督の児玉源太郎が支援したのである。

この後、大谷派は一八九九年一月に漳州布教所を、四月に泉州布教所を開設し、福建省での教線を急速に拡大していった。この間の事情を同年四月四日発行の『明教新誌』は次のように報じている。

清国が我国に誓約せし福建省不割譲の一事は、同省人民に意外なる意想を抱かしむるに至れり、即ち国家てふ観念に乏しき清国人民のことゝて、福建省不割譲の誓約を以て、同省は早晩我国に割取せらるべきものと認定し、今より日本人取り置き、他日愈々日本の領土に帰したる暁には、之に依て以て大に自己の営利を図らんとて、目下頗る我国人の歓心を買んことに汲々たりと云り。其の結果として曩に大谷派より福建省に派遣せられし僧侶は、俄に布教の便利を感じ、為に厦門に於て一千名、漳州に於て八百名、泉州に於て六百名の門徒を得るに至り、猶引て増加の勢あり[13]。

大谷派南清布教の教勢拡大

当時現地の地方官も、大谷派の布教活動に協力的であり、漳州布教所と泉州布教所の設置にあたって、漳州道台は布教活動に便宜を図る旨の布告を通達していた[14]。さらに一八九九（明治三二）年五月二六日発行の『明教新誌』には次のように報じられている。

大谷派本願寺布教師加藤廣海師昨年七月本山の命を稟けて渡清厦門に於て開教企画してより茲に一閲年、至る所非常の歓迎を受け教堂を設置する事数ヶ所其中重なるものは厦門、泉州、漳州とす（中略）厦門に於て尤も力を尽せしは得忌士会社の買弁即嘉士洋行の頭主林麗生なり泉州は厦門の北東七十英間に在り福建省有名の地なり漳州又厦門の南西三十英里の所に在り前者には田中善立、後者には龍山厳正二師共に留学生として滞在熱心布教に従事せり、而して門徒の略概数は実に左の如し

厦門	一千二百余戸	泉州府	九百余戸	漳州府	一千百余戸
石碼	二百余戸	漢口	五百余戸	崇武	三百余戸
南勝	二百余戸	小庶	三百余戸[15]		

ここで示された数字は必ずしも正確なものとは言えないであろうが、厦門布教着手後、わずか一年足らずで、急速に信者数を増やしていった様子がうかがえる。

一八九九年六月に厦門に布教使として赴任し、泉州・漳州の教務事務を併せて監督した本多文雄は、翌年九月、新聞『日本』に「福建布教顚末概要」を寄稿している。そのなかで、本多は赴任当時のことを「言語風俗百般の事に於て相異れる未経験の地に入りて未経験の人に接して短日月の間に於て儼として一大勢力を形作るに至りしは今日より当時を回顧せば寧ろ薄気味悪き現象[16]」であったと回想している。そして本多は、一八九九年中に厦門・泉州・漳州地域で開設された分教場を図表7のとおり掲出している。ここからも大谷派の急速な教勢拡大が把握できる。[17]

（図表7）　各地分教堂一覧

所在地		開設期	董事人名	厦門ヨリノ距離
厦門管下	龍溪県　石媽	卅二年四月	許泮地	六十清里
	同安県　灌口	卅二年四月	陳禎仕	六十清里余
泉州管下				泉州ヨリノ距離
	恵安県　塗楽	卅二年五月	王明徳	四十五清里
	同　　洛陽	卅二年五月	未　定	十八清里
	同　　恵安	卅二年七月	劉権中	三十六清里
	晋江県　石獅	卅二年五月	未　定	三十清里
	同　　蚶江	卅二年七月	林子潢、陳君達	二十五清里
	恵安県　崇武	卅二年　月	張精華	七十八清里
漳州管下				漳州ヨリノ距離
	龍溪県　天保	卅二年三月	林毓秀、陳子雲	廿清里
	南靖県　山城	卅二年三月	陳國佐、陳子雲	六十清里
	平和県　南勝	卅二年四月	胡　端	一百二十清里
	雲霄県　高地	卅二年四月	陳子雲	一百三十清里
	漳浦県　盤陀	卅二年四月	蔡精華	一百四十清里
	同　　赤湖	卅二年四月	陳子雲	一百十清里
	同　　浮南橋	卅二年四月	陳子雲	一百十清里
	龍溪県　石美	卅二年三月	擲心婦、王萬徳	四十清里
	同　　浦南	卅二年四月	李金鍾、陳子雲	卅五清里

大谷瑩誠の南清・台湾視察

厦門布教所設置の翌月の一八九八（明治三一）年八月二三日、石川舜台は琵琶湖畔膳所の阪本楼で、嗣法大谷光演（彰如、のち東本願寺二三世）、大谷浄暁（浄暁院、二三世大谷光瑩の三男）、大谷勝信（慧日院、二一世大谷光勝の九男）、大谷瑩誠（能浄院、大谷光瑩の二男）の四名と密議し、所謂「新法主三連枝の脱走」を企てた[18]。同夜のうちに、光演と浄暁とは上京して東京で数年間修学することとなり、勝信と瑩誠とは長崎を経て上海へと渡った。勝信と瑩誠は、現地から法主に脱走謝罪状を差し出し、その後、勝信は北京に赴き、瑩誠は南清・台湾地方を視察した。

教団の正式な手続きを経ずに、法主一族である連枝の独断行動という強行策に出たのは、清国進出を拡大させる絶好の機会を迎えているとの石川の状況判断があり、そのための準備を急ぐ必要があったためと考えられる。石川は、かつて一八七二年に当時の嗣法大谷光瑩（現如、東本願寺第二二世）らと欧州視察に赴いた際にも、同様の手法をとっており、このときには江藤新平からの要請があった[19]。『東本願寺上海開教六十年史』によれば、勝信と瑩誠の上海行きに際しても同行する人物を東久世通禧から紹介されており、あるいは政府や台湾総督府の首脳部との清国進出に関する密約があったのかもしれない。また国家側の清国進出への協調行動の計画中であったからこそ、石川は同年九月の巣鴨教誨師事件に激しく抗議し、一〇月に公認教運動を提唱したとも考えられる。

一方、大谷瑩誠は九月四日上海に上陸した後、一〇月一一日に上海を出発し、福州・厦門を経て、一一月一九日に淡水に到着した。同月に大谷瑩誠は石川舜台に宛てて詳細な報告書を送付している。それによれば、瑩誠は厦門で大谷派の教勢が急速に拡大しつつあることに触れながら、その実態を次のように分析している。

　次に厦門は如何にと申すに此処は御承知の如く盛なる商業地に有之候（中略）当地は当年八月より加藤廣海渡航致し開教に着手し現今にては名義のみの門徒にても既に九百戸も有之尚漸次増加の勢にて中々盛に御座候（中略）偖其重なる原因と申すは第一には当地が台湾と非常に密接なる関係あると第二には当地方が非常に商業盛にて随て輸出品多きより商業上の関係あると之れが其大原因に有之候然れば例ひ当地に於きて現今既に九百戸以上の門徒ありたりと決して真宗の教理を有り難く思ふて門徒に成りし者即真宗の信者と申す者は未だ一人もあらずと云も過言に非ずと存候（中略）第一原因と申せば当地は御承知の如く台湾と密接の関係ある故宗教の力を利用して日本政府より嫌疑等を受けたる場合に其保護を得んこと並に福州等と同様に支那政府の圧制に対し外教に相当なる保護を得んこと第二には当地にては輸出業盛故名義のみを新日本人即台湾人と成りて支那政

府の釐金税を免れんと欲するに付き日本宗教の力を藉りて帰化の手続を委頼せんと欲すること先重なる原因は此二ヶ条と考へられ候其中重に厦門人の希望は第一に属し漳州泉州等の人民の希望は第二に属する様愚考仕り候(20)

瑩誠は、真宗教義を理解し信仰上の理由から信者になった現地人がほとんど皆無であり、日本政府の権威をバックに法制上・経済上の利益を得ることを目的として同派に帰入した実態を冷静に理解している。しかし、そうした状況下で真の真宗信者を得るための方策には言及しておらず、今後において同派の採るべき対策を次のようにいう。

其第一の方は充分日本領事に交渉致し無論罪人を保護致すなど申すことは絶対出来ざる事に候得共若し真実無罪なる者を一時の嫌疑を以て支那政府が縛すると云ふ場合等には充分責任を当方に負ひて其の人間を借り又或は其者の為め弁解等の事を致すは本国領事に交渉致し領事の信任を得てやる時には容易なる事業と存じ候（中略）幸当厦門の領事は上野専一氏にて氏は中々宗教と云ふことには考へもあり且つ熱心家多分正当なる要求なれば許可致すべしと存候然し将来此事を支那全般に通じて此特権を行はんと欲せば行々外務省に交渉致し外務省の許可を得るにあらざれば唯領事のみにては不都合と存じ候（中略）第二の名義のみ新日本と成ると云事も今日なれば随分出来ざる事にては御座なく候それは先帰化せんと欲する者清国より台湾へ渡航致し台湾に二三月間滞在を致し其中に自分の戸籍を台湾の内に置き而して清国へ渡航すると云（中略）此事が出来得ることに相成れば福建全省は悉皆日本の植民地の如く相成実際に全省の人心を得ることが出来候と忠考致候(21)

現地人の法制上・経済上の欲求に対応して、その実現に向けて日本政府への仲介役を買って出ることに使命を見出し、そのことで福建省の日本植民地化に貢献できるとの見解を示している。また「南清地方の布教費は二三年も経過致せば別に本山より多額の支出を仰がずとも充分自治の見込有之候[22]」とも述べ、経費を要せず表面上の布教成果が期待できることを強調している。

しかし、そうした姿勢によって得られた布教成果は政治状況の変化によってたちまちに瓦解するものであり[23]、真の信者獲得も望むべくもないことは明らかであった。政府の外交政策に利用されることの悲哀は、何よりも石川舜台がかつて一八八三年の枳穀邸での和睦会議の際に痛感したことであったであろう[24]。また日本政府の権威に依拠するだけの日本仏教の布教が、現地の植民地施策が本格化した後に政府から不要視されることは、台湾布教ですでに経験済みのことでもあった[25]。にもかかわらず、大谷派は日本の植民地政策の尖兵としての使命に邁進していった。そして、結果から言えば、明治初期の朝鮮布教が一八八三年の甲申政変でのクーデター失敗と大谷派の財政赤字により頓挫したのと同じく、南清布教も一九〇〇年の厦門事件と大谷派の財政悪化により停滞を余儀なくされていったのである[26]。

二　大谷派南清布教の展開

漳州事件と現地官民との軋轢

大谷派の急速な南清布教の拡大は、一方で布教着手当初から現地官民との軋轢を引き起こした。その最初が大谷派漳州布教所の設置直後の一八九九(明治三二)年一月に起こった漳州事件であった。仏教系新聞・雑誌の報ずるところによれば、日本専管居留地の測量のため厦門出張中の総督府の技師らが漳州を観光のため訪問し、大谷派の加藤廣海が現地の案内をしていたところ、彼らの乗った轎子が二十数名の清国人に取り囲まれ、天主教堂に連れ去られた。天主教堂にはスペイン人宣教師がおり、清国人らは剣を抜いて加藤を脅し轎子の一部を破壊した。結局、加藤らは教堂外に出され大事には至らず、自らの責任問題に発展することを恐れたスペイン人宣教師が、同国領事を同行して厦門の日本領事館を訪問し、事件には直接関与していないものの、同教堂の信者数人が関わっていたことを認め監督不行届きを陳謝した[27]。

当時、国内では公認教運動が大きな盛り上がりを迎えつつあり、仏教系世論はキリスト教への対抗心を露わにしつつあった。同年四月『明教新誌』の社説は巣鴨教誨師事件と関連づけて、キリスト教とその背後にある欧米列強への弱腰な政府の姿勢を非難しつつ次のように述べている。

> 北京政府を控制して向九十九ヶ年を期限とし、北清の要港膠州湾を占領したるは是れ何の為に然かせしか、山東省膠州に於ける三名（ママ）の独逸宣教師虐殺こそ独逸をして実に此の非常なる活劇を演ぜしめ、莫大なる要求を為さしめたるに非ずや、若し姑く我国と彼等欧州列国との位置を転ぜしめよ、今回の漳州事件の如きは、実に彼等が一要港、一要地を占領するの好名分たること疑を要れざるなり[28]

これより約一年半前の一八九七年一一月一日、山東省西部の巨野県でドイツ人宣教師二名が殺害された。これに対してドイツは、宣教師保護を口実に上海の東洋艦隊を派遣して膠州湾を占領した。翌九八年、清朝側は過失を認めて賠償金二二万両をドイツに支払い、済寧など三か所に教会を建設した。さらにドイツは九九年の期限で膠州湾を租借し、鉄道建設権と鉱山の採掘権を得た。この記事は、ドイツならば、漳州事件を中国への軍事行動の絶好の口実にしたであろうというのである。

大谷派の台湾寺務出張所長石川馨も、厦門領事に厳重な対処を要求し、その対処が要領を得ない場合は外務省に談判する意向であると報じられた(29)。のちに本多文雄は、このときのことを「本願寺は其賠償として漳州城内に教会堂敷地を得んことを清政府に要求せられたしと我外務省に申出でしも外務省は之を容れず喧嘩は其儘本願寺の敗に帰せしことあり(30)」と回想している。また『教学報知』も「其の時も例の石川舜台抔は非常に激して政府へも申立てたそうだが政府では到頭泣寝入りにさせた(31)」という某子爵の談話を伝えている。大谷派の猛抗議にもかかわらず、政府は動かなかったようであるが、この事件は、台湾総督府が厦門事件を起す際のヒントになったと考えられる(32)。

この後も大谷派の布教と現地官民の対立する事件は頻発したようであり、『東本願寺上海開教六十年史』は次のように記している。

かくてわが東本願寺の南支開教は一時燎原の火の如く拡大したが、実は狡猾なる支那人の所謂董事(タンスー、わが国でいふ世話方)が、わが本願寺を利用して私腹を肥さんとしたのであつた。彼等董事は各地に分教堂を設置せしむると共に、所謂稟(ビン)の取扱によつて莫大の利益を得んとし、為に本願寺に致命的な害毒を及ぼしたのであつた。加ふるに本願寺の発展に対する天主教の嫉妬による迫害も亦起り来り、所謂本願寺布教師対天主教徒侮辱事件・南勝分教事件等が起り、三十二年五月には天主教徒は、恵安市上にわが東本願寺を排撃する檄文を、貼付するに至つた(資料第五号)。更に清国官吏の迫害も亦加はり、同月所謂盤陀墟教堂破壊事件が起つたから、出先開教使はこれに対処する為に、同年七月頃から悪董事を駆逐し、教規振粛を計り、厦門・泉州・

漳州布教所清規（資料第六号）を定め、又分教所条規（資料第七号）を設けて着々として開教の根基を固めんとした。(33)

盤陀壚事件と内務省社寺局長通達

前述の『東本願寺上海開教六十年史』の記述では、現地官民との軋轢の原因を現地董事の悪徳な行動に求めているが、日本人布教使の側にも問題があったようである。一八九九（明治三二）年六月の『東京朝日新聞』は次のように報じている。

本年度に入りて三井物産の出張所も出来す又商船会社も頻々たる航海を為すよりして日本人の入込む者多く特に僧侶の渡来頻々たるは近頃心嬉しく思はるゝなり然れども僧侶の失敗者あれば我が勢力を彼地に扶植する上に於て大なる阻害を為すを免かれず前述の如く福建省一帯の人気非常に我を倚頼するの傾向あるに際して我が仏教徒の続々入込みしは頗る機宜に適したるが如くなるも渡来の僧侶多くは素行修らず人民の信用を失ひ其の甚しきは信徒より借金して逐電する者あるは慨はしき次第なり各宗にても相当の取締者を置き此の如き失敗者なきやうしたきものなり併し僧侶の多数は非常の熱心を以て布教に従事しつゝある模様なれば其の結果も良好なるべきか(34)

上記の記事が報道された月には盤陀壚事件が起こった。この事件のことは、先に引用した『東本願寺上海開教六十年史』にも記されているが、『台湾日々新聞』が事件について詳しく報道し、国内でも数紙がその記事を紹介したようである。以下に最も詳しく報じた『明教新誌』の記事の一部を掲出しよう。

時は六月初め頃に御座候場所は当厦門を距る二百余清里にして西南に当り汕頭に通ずる街道漳浦県の管轄に属する盤佗と称する一部落に御座候此処に本願寺東派の布教所あり初め清国官吏は布教所の表旗を破り狼藉を極め器具を破毀して引上げしことありしが土人間には忽ち清国官吏兵を率ゐて本願寺に属する信徒の家屋は挙げて焼毀すべしとの風説伝はり人心洶々為に業を棄て僅かに身を以て免るゝ者も有之始末となり流伝は益盛なる時しも清国官吏は二百有余の兵を率ゐ来りて遂に信徒の家屋七軒までも焼毀するに至り候是より先風説の大派布教所に伝はるや布教所は直ちに所属の日本人をして風説の根拠を探らしめ一は官吏の情勢を探索し一は信徒の人気を窺はしめんため出張せしめたり果たして官吏の一隊に出会し問答したるも要領を得ずしかも此一隊の為に信徒の多数が災を蒙りたる次第に御座候

告示対本願寺　加之焼灰の未だ消えざるに清国官吏の手によりて一片の布告は諸処に貼付致され申候其大要は左の如くに御座候

近来日本本願寺派と称する寺派伝来し処々布教に従事するも聞く所によれば布教に従事する者にして布教師たる資格を表示すべき券を有せず仏学の大意を心得ず学業さへ審にせざる無学文盲無頼浮浪の徒輩徒に本願寺の嘱托に由る者なりと詐り称し良民を妖惑し仏道に帰依せしむと称して財物を横領し朋党を構へ以て良民を乱すに至る衆民能く慎慮して放蕩堕落の徒の奸策に欺かるゝ勿れ

と是れ本願寺に取りては実に晴天の霹靂に候今此告示に拠りて案ずるに清国官吏輩の強ち無根の事実に付会して以て本願寺の布教に妨害を加へんとの意を構へたる布告にも有之間敷く本願寺布教に対しては好試金石と存候然るに布教所（大谷派）は領事館に布告取消の取計ひを求めたりと領事館の之に応じたるや否やは与り知るべ

き必要無之候得共布告は寧ろ本願寺両派を保護したる者にて候へば敢て取消しの必要なかるべきか要するに此告示は手短かに申せば手もなく浮浪取締の予戒令とも見て差支無之と存候[35]

清国官憲側は、日本人布教使そのものよりその名を騙って不法行為を行う者を問題とする立場であったようだが、大谷派布教使の側にもこうした行為を黙認する姿勢があったであろうことは、前述の大谷瑩誠の報告者からも推察できる。そして、この盤陀壚事件に前後して、漳州に赴任したのが高松誓であった。高松は該地の教務一切を所管するとともに、盤陀壚開教事件の交渉の任に当り、後に厦門事件で重要な役割を果たすこととなった[36]。

一方、現地での事態を重くみた内務省社寺局長も、本願寺派に対して次のような通達を発しており、この通達は大谷派を含めた各宗派にも出されたようである[37]。

明治三十二年六月二十二日発乙達三十九号　清国駐在本派布教者

今般社寺局長ヨリ別紙写之通注意方被申越候処本派布教者ニ在ラバ右等ノ所為ハ寸毫モ無之筈ニ候得共万一心得違之者有之テハ不都合ニ候条一層注意致スヘシ

（別紙写）社甲第九号

各教宗派教師ニシテ支那内部ノ布教ニ従事スル者有之処右布教師ノ所為如何ハ布教ノ目的ヲ達スルニ於テ重太ノ関係アル而已ナラス大ニ彼等ノ交際上ニモ影響スル儀有之殊ニ福建南部地方ハ我台湾ト密接ノ関係有之彼我交通愈繁多ナルニ従ヒ布教事業ノ如キモ一層注意ヲ要シ候シカニ先般来本邦布教者ニテ時々内地土民間ノ訴訟事件ニ干預シ地方ノ安寧ヲ妨ケ候者有之哉ノ聞ヘ有之右ノ如キハ布教ノ本旨ニ反スルノミナラス清国官民ノ

信望ヲ失スルノ基ト可相成ニ付布教師派遣ノ場合ノ品行方正能ク該地方士民ノ信望ヲ得ルニ足ルヘキ者ニシテ該地方ノ言語ニ通暁シ信徒ヲ監督統御スルノ能力アルモノヲ選ミ布教ノ真意ヲ誤解セシメサル様篤ク御注意相成度命ニ依リ此段申達候也

明治三十二年六月十四日　　内務省社寺局長　斯波淳六郎

真宗本願寺派管長　大谷尊由殿(38)

台湾及清国福建両広布教体制

先述の『東本願寺上海開教六十年史』によれば、盤陀壚事件後の一八九九(明治三二)年七月頃から、大谷派は悪質な董事を罷免し布教規則を制定して綱紀粛正を図った。しかし、泉州の布教主任田中善立の現地からの同年一二月の報告には次のように記されている。

我本願寺は昨年七月より東西共に相前後して開教し耶天に比して比較的熾盛の観有之候へ共本山より費用注入甚だ少なき故今日の教勢は到底維持致されがたく候(中略)我派は昨年十一月開教本派は本年六月開教仕候開教以来は本山よりは布教費としては更に廻送せず凡て門徒の捐金に上りて維持されしが本月より僅少の布教費下賜さるゝ事と御定まり候今日まで此守銭奴清国人が未だ教義を信ぜず捐金し来りしは何れも我教勢を藉りて官吏の制圧を幾分遁れむと欲するよりなすものにて畢竟利より他に希望無之候併し天主教の如く教民保護難出来候へば追々入教者減少仕候(39)

盤陀壚事件を契機に本山より若干の布教費は送金されるようになったようであるが、その額は充分なものではなかった。また前述の内務省社寺局長通達では、現地の訴訟への関与の問題性が指摘されているが、この面でのメリットがないと、現地人での信者獲得が難しい現実が報告されている。しかし、そうした状況のなかでも、大谷派は南清布教の拡大路線と採りつづけた。

明けて一九〇〇年に入ると、大谷派は台湾と南清地方を包括する布教体制の整備を急いだ。四月五日に大谷瑩誠が台湾兼清国両広主教に任命され、その統轄責任者に就任した。(40) さらに五月一九日には、次のような台湾及清国福建両広布教事務規則が発布、同時に台湾寺務出張所が廃止された。

告達第十一号　台湾及清国福建両広布教事務規則左ノ通之ヲ定ム

第一条　台湾及清国福建両広布教事務規ヲ処理スル為メ監督及監理ヲ置ク

監督ハ親授トス主教ヲ輔佐シ布教ノ事務ヲ監督ス

監理ハ稟授トス監督ノ指揮ヲ承ケ布教事務ヲ整理ス

第二条　台湾北部同南部福建両広ニ監理各一人ヲ置ク其駐留地及所轄区域左ノ如シ

但シ監理欠員ノ場合ニ於テハ其職務ハ監督臨時之ヲ兼摂ス

台湾北部監理	台北駐留	台北県一円　台中県ノ一部　宜蘭庁一円　台東庁一円
台湾南部監理	台南駐留	台南県一円　台中県ノ一部　澎湖島庁一円
福建監理	厦門駐留	清国福建省一円
両広監理	広東駐留	清国広東省一円　同広西省一円

第三条　監理ハ監督ノ指揮ニ依リ毎年一回以上其所轄区域内ヲ巡視シ布教ノ弛張ヲ監査シ意見アルトキハ監督ヲ経テ主教若ハ布教局長ニ提出スヘシ
第四条　監理ハ毎年一回一月七月其所轄区域内布教ノ実況ヲ具シ監督ヲ経テ主教及ヒ布教局長ヘ報告スヘシ
第五条　監理ハ監督ノ指揮ニ依リ毎年一回主教駐留地ニ会シ事務ノ打合セヲナシ及ヒ翌年度布教費ノ予算案ヲ調製シ主教ノ認定ヲ経テ監督ヨリ布教局長ニ提出スヘシ
附　則　本規則ハ明治三十三年六月一日ヨリ施行ス(41)

これにより、台湾と南清地方を包括する布教体制が樹立された。しかし、明確な布教理念や展望が示されたわけでなく、布教のための適切な予算措置が講じられたわけではなかった。日本政府の権威に依拠にて教勢の拡大を図ろうとする布教使と、そのもとに利益を求めて群がる現地人、さらにそれを食いものにする悪質な董事。こうした相関関係を打開する方策を見出せぬまま、やがて厦門事件が起こることとなったのである。

三　臨済宗南清進出と総督府の支援

松本亀太郎と南清視察

臨済宗も大谷派と同じく遅れて台湾布教に参入し、宗派としての海外布教に取り組む体制も整備されていなかった。その上、同じく禅宗の曹洞宗が早い時期から全島の寺廟を次々に支配下においていたため入り込む余地がなかったようである。一八九七（明治三〇）年六月に至って、妙心寺派から派遣された大崎文溪が、同派有志の設立した開教援護会の支援を受けて澎湖島に布教所を開設したが、台湾本島での布教は振るわなかった。大崎より半年ほど前に個人的に細野南岳が渡台していたが、細野は最初に駐留した龍山洞の保安宮を佐々木珍龍より同宮は曹洞宗の末寺であるとして立ち退きを迫られ、人里離れ荒廃した剣潭古寺へ引込まざるを得なかった(42)。こうした苦境にあった臨済宗の布教を強力に支援したのが児玉源太郎であり、その仲介役を担ったのが松本亀太郎であった。

松本亀太郎は、法名を法住と称する在家信者であった。土佐に生まれた松本は、同郷の岩崎弥太郎のもとで働いた後に渡清し、商業に従事するかたわら国事にも奔走した。一八八四年には小沢豁郎とともに、清国の地下組織「哥老会」と結んで清朝転覆を企てた福州事件にも関わった。日清戦争が勃発すると、松本は陸軍通訳として活躍し、戦後台湾に移り住み、北投に温泉を発見して約一万坪の土地を買収し、旅館兼料亭の松濤園を経営していた(43)。松本は、同志とともに総督府の施政に度々進言を行い(44)、松本が経営する松濤園に後藤新平が訪れることもあり(45)、総督府内部に一定の人脈を築いていたようである。

松本は、細野南岳の布教活動を支援し、そのもとには河尻宗現・高橋醇嶺・足利天應らが次々渡来したが台湾での布教に展望はなく、翌一八九九年に入ると、南清布教に活路を求めていくこととなった。同年六月、松本亀太郎、足利天應、細野南岳の三名は南清地方の視察に出発した。この視察は児玉源太郎の経済的支援を受けてのことであり、当時のことを松本は次のように回想している。

明治三十二年の初夏、天應禅師は余を召して云はく、天候漸やく定まりて南方の気象今や人に可なり、此の好時節に乗じて、我まさに対岸に遊び、遠く南清の仏跡を巡拝して、従上来滴々単伝の祖塔を礼せんとす、呉子も亦奮起して、此の行を与にせば、便宜を得ること大ならむと、余も亦此の希望を抱くや已に久し、幸に家累の稍々閑なることを得たれば、遂に随行することとなし、一僧一俗、たゞ双影を伴として、一衣一鉢、軽く草鞋を着け、飄然として程に上りしは、明治三十二年六月盛夏の候なりき、禅師発足の前日、藤園将軍より一行旅程の搬費用として、金三百金を贈与せらる[46]

さらに松本は出発に先立って官邸に児玉源太郎を訪ね、布教への相当額の補助を願い出て同意を得ている。児玉が臨済宗の南清布教への支援を約束した理由には、臨済宗が南清地方の仏教と親和性が強いことに加えて、臨済宗僧侶の宗派の利害意識が比較的希薄であった点が大きかったと考えられる。この時期、台湾総督府の支援により南清に進出した大谷派の布教が現地での軋轢を生みつつあった。性急に布教成果を求める宗派主導の組織的布教は台湾でも寺廟の争奪競争を展開し、その弊害が顕著であった。これに対して在台の臨済宗僧侶は、宗派当局から直接派遣された者ではなく、臨済宗自体が諸本山に分派していることから、国内宗政機関の布教への関与は希薄であった。児玉の眼には、宗派の支援を受けない姿が「心ざまを壮なり[47]」と映ったのかもしれないが、台湾総督にとって自らの要望に沿って南清布教を誘導していく上でメリットがあるとの判断もあったと推察される。

南清布教準備の過程

一八九九(明治三二)年六月一五日、淡水を出発した松本亀太郎らは、厦門から仙頭・香港を経て広東に入り、さらに福州・杭州をめぐって上海・長崎を経て、八月八日門司へ到着した。松本は、その後京都で東福寺・建仁寺・南禅寺・天龍寺・相国寺・大徳寺・妙心寺の諸本山から南清布教への賛同を取り付け、九月下旬に帰台した。帰台後、報告のため児玉を訪問した松本は、南清布教の推進にあって、その人選の重要性を児玉より指摘された。その際に松本は、次のように述べて具体的な資金提供を要求したという。

余云はく、（中略）若し其人を得ば、首として両三名の英衲を選びて、之れが随侍と為し、茲に教団を組織して、先づ福州に留錫、従事せしむべし、若し幸にして之が実行の時に至らば、此の教団渡船の諸費、及び彼地留錫中の料、並に養病巡錫等臨時の資として年金千二百円を超過せざる程度に於て、随時之を給与せられたし[48]

児玉もこれを了承し、「将軍云はく善し、但し此の後の事は、吾子親しく後藤長官に謀りて従事すべしと」と答えたという[49]。児玉から具体的資金援助の確約を得た松本は、再び帰国し、国内をまわって布教にあたる適任者を求めた。臨済宗各派会議も開催されたが、人選は難航したようである。結局、一年後に見性宗般（妙心寺派熊本見性寺住職、のちに大徳寺派管長）が、二年後にの橋本昌禎（天龍寺派管長）が渡清することとなり、足利天應・細野南岳の福州への先発が決定した。さらに初期の台湾布教で中心的役割を果した梅山玄秀も布教に参加することになった。このときのことを梅山は後年、次のように回想している。

明治三十二年、台湾から松本無住と云ふが来て、吾宗々家たる清国は正法滅却すること久し、法義として是非日本より伝道弘法せねばならぬ義務がある、夫れを実行するに就ては、台湾に根拠を置き南清へ手を延ばすのが順序である、昔は仏法東漸であつたが今日では西漸せねばならぬと懇々と語つた、老衲も大に感ずる処あつて遂に渡台することに決心し、本山微笑塔前に一行十余員を率ゐて拝別し、其月十四日神戸を出帆した[50]

早くから中国での日本の進出を画策してきた松本は、台湾を南清進出の拠点と考え、その一環として日本仏教の進出を強く促し、梅山らはこの松本の主張に賛同して集まった。しかも、その資金の大方は台湾総督府に仰いでいたのであり、参加した僧侶の意識はどうであれ、臨済宗の南清布教が日本の植民地支配の尖兵としての役割を果たそうとするものであることは明白であった。妙心寺派の機関誌『正法輪』は、国家戦略に協調して清国布教を進めていくことの意義を次のように述べている。

清国伝道は、一方より云へば国家的事業なり、清国一人の耶教徒を加ふるも、我邦に益する処、毫末もある可らず、之に反して一人の仏徒を得るは、即ち我勢力の拡張せられたるなり（中略）外国宣教師の成効も、其大部分は公使領事等の後援に由るなり、故に国家も国民も、一団となりて援助を与へざれば、其成効は断じて期す可らざるなり(51)

上述の児玉源太郎との間で交わされた布教資金供与の交渉の過程は、松本自身の手記である「鎮南山縁起」の記述によったが、他の資料からもその事実を裏付けることができる。松本の働きかけで、中国福州への布教に従事することが内定した橋本昌禎は、その交渉中の同年一一月に橋本のもとを訪問した黒田天外に次のように語っている。

余問ふて曰く和尚親ら支那へ御渡航なさるやうに聞きましたが果してそうで御座りますか和尚曰くいや吾衲は初めから行かぬつもりぢや総督府から禅宗に於て布教されるなら年々千円内外の金は支弁するといふから夫れで確か渡航するものがないかと周旋して見たが一向行こふといふものがない、そこで吾衲も余り不甲斐ないと思ふて一層自ら行て見ようかと思つたが此れは懇意な者があつて日本の事はどうするのかと頻りに忠告して呉れたので吾衲も大に閉口した（中略）然し夫ともタツて吾衲に行けといふなら行かんこともないが其時は此僧堂に居る雲水八十余人を引率れて行く尤も八十余人の中いろ〳〵の事情もあつて皆が皆といふわけにも行くまいから先づ少なく見積つても五十余人は引率れて彼国で此方の法種蒔をしながら布教をしてもよい何も日本でなければ禅を学べぬと云ふのでないから何処でやつてもよいが吾衲一人雲水を捨てゝ行くのなら真平だ……うむそれで其後もいろ〳〵談話があつたが先づ八幡圓福寺の宗般和尚が奮つて出かけることになつた[52]

南清布教着手とその後

一八九九（明治三二）年一一月下旬、南清布教計画がほぼ固まったことを受けて、松本亀太郎はその旨を後藤新平に打電した。上京した後藤長官と見性宗般・松本との間で協議が行われ、南清布教を拡張して「台湾伝道布教同盟会」を組織して官民の助成を得る計画まで立案された。

同年一二月一三日に細野南岳・梅山玄秀らが神戸を出港し、台湾に到着後、翌一九〇〇年二月に細野南岳が福州へと渡り現地での布教活動に着手した[53]。当時福州領事であった豊島捨松が一九〇〇年四月に青木周蔵外相へ提出した報告書には、次のような一節がある。

一　総督府ヨリ、当地皷山湧泉寺ニ寄留セル本邦禅宗僧細野南岳ナルモノニ、手当トシテ一ヶ年金一千弗支給ノ事。

当湧泉寺ハ、当地唯一ノ大寺院ニ有之候処、後藤長官ハ、数月前ヨリ僧南岳ヲ当寺ニ入込マセ、行々ハ該寺ヲ本邦僧ノ手ニ帰セシメントスル策略ニ有之候趣。尤モ本件ハ一朝一夕ニ成功スベシトモ思ハレズ候。[54]

ここでも、総督府からの資金支援のことにふれられている。さらに同年五月には、児玉源太郎は松本亀太郎のもとに使者を送り、南清布教の拠点となる精舎建設を勧め寄附を申し出た。六月には台北圓山に地所を定め、鎮南大撰仏場の建設に着手した。台湾で最初の日本式寺院となった鎮南山臨済禅寺の建設のはじまりであった。[55] 七月には見性宗般が基隆に到着し、いよいよ本格的な臨済宗の南清布教がはじまるはずであった。[56]

ところが、不測事態が次々に起こり、同宗の布教活動は停滞していった。八月には厦門事件が発生して現地の反日感情が高まり、一〇月に南清布教の中心的役割を果たすはずであった橋本昌禎が急逝した。[57] さらに一二月には見性宗般が病気にかかり、翌一九〇一年一月に帰国した。同年五月に足利天應が来台して一一月から翌年冬まで福州で布教に従事したが、天應も師僧死去により帰国することになり、臨済宗の南清布教は頓挫に追い込まれたのである。[58] しかし、こうした臨済宗の内部事情以上に、布教資金を提供していた台湾総督府の厦門事件後の南清進出方針の転換が大きく作用したことは間違いないであろう。

四　本願寺派南清進出の実情

武田篤初の清国布教方針

本願寺派が南清布教に着手していった事情は、大谷派や臨済宗と多少相違する。本願寺派の場合は早くから台湾布教に着手し、すでに軍隊布教を中心に一定の布教基盤を築いていた。台湾総督府の寺廟末寺化禁止措置にも大きな影響を受けず、将来的に台湾の植民地経営が順調に推移すれば、在台の日本人対象布教によってある程度の成功は見込まれていたと考えられる(59)。

しかも本願寺派は従来からアジア布教に対して慎重な姿勢を示していた。明治初年に大谷派が江藤新平、大久保利通、寺島宗則らと結んでアジア布教に着手した際も、内政重視派の木戸孝允と近い関係にあった当時の法主大谷光尊（明如、西本願寺二一世）がアジア布教に動くことはなかった。日清戦争中に大谷派を出し抜いて朝鮮布教を画策したことがあったが(60)、総じて、この時期までに本願寺派のアジア布教に対する姿勢は慎重であり、当時の教学参議部総裁であった武田篤初も一八九九（明治三二）年六月発行の同派機関誌『教海一瀾』に次のような清国布教の方針を表明していた。

先つ支那布教は、之を在留邦人の布教と、支那土人の布教との二種に分たん、在留邦人たるや、香港に三百人、上海に千人以上あるも、此等は年忌葬儀は依頼し来るへきも、別に今、布教を聞くへき耳を有せず、上海には已に大谷派の所設に係る別院及ひ学校あり、故に此の地は改めて本派より布教するの要を見す、大谷派に手を委すれは十分なり、同派の教育と布教にて十分なり（中略）是等に対する布教は、焦眉の急は感せさるなり（中略）今日に於て直ちに大挙して彼れの開教を企るは、労多くして功寡きものと断定して可なり、然りと雖も支那の社会は今、一大変革の機に臨まんとせり、彼れは老大帝国を長く持続する能はざるべし、（中略）早晩一大破裂と共に社会に一大変状を生すべし、而して此の破裂は其の国家としては喜ぶべからざることの来るべきも、社会の上には之に依て進歩の見るべきものを生ぜん、此時こそ仏種を彼地に蒔き、真理を彼邦に伝るの好機ならん、故に今日は寧ろ彼国布教準備の時代なり、功を収むべき時代にあらず、随て多くの資金労力を投じず為すべき要を見ざるなり、併し功は成る日にあらず、功の成る日を期せんと欲せば予しめ用意して備る所あるを要す、準備の時代素より等閑に附すべきにあらず、此の準備ありて、彼の功を収むべし、左れば其準備としては第一に留学生を派して、彼れの言語に熟達せしめ、傍ら日本語を彼に授けて、利導の階梯となす可なり(61)

一八九九年六月と言えば、大谷派の南清布教が現地で軋轢を生みつつあり、この方針表明の直後に前述の内務省社寺局長の通達が出されている。こうした状況に配慮する意図もあったのかもしれないが、当面を清国布教の準備期間と位置づけ、語学を習熟した布教使養成に重点を置くとしており、性急な成果を求めない慎重な姿勢はここでも貫かれていたと言えよう。

大谷光瑞の清国視察

本願寺派の南清布教は、大谷派に遅れること約半年後の一八九九(明治三二)年一月に、台北駐在の布教使紫雲玄範に厦門布教が命じられてはじまった。この月から同年四月にかけて、嗣法大谷光瑞(鏡如、西本願寺二二世)の清国視察が行われた。この視察の随行長が武田篤初であり、上述の方針もこの視察を踏まえてのことであった。しかし、厦門布教の着手には、後年にわたってアジア植民地経営に並々ならぬ意欲を示しつつづけた光瑞の意向が強く働いていたと考えられる。

同派機関誌『教海一瀾』の社説は、光瑞の視察出発にあたって、嗣法自らが海外進出にあたることの意義を次のように報じており、この視察が前年に行われた大谷派連枝の清国視察を意識したものであったことは想像に難くない。

而して此時を以て猊下更に進んで仏教西漸の好機を得んことを欲し給ひ、内に籠居して退守するの時ならざることを観破し給ひ、躬親ら進で瘴烟蠻雨の殊域に入り、先人の未だ踏まざる地に於て蓁蕪を刈り、荊棘を刈り、教敵を柔げ、摩軍を服し、其荒涼寂寞の天地を化して普く甘露の法雨を飽かしめんとの一大志願を発し給ふ、誰か猊下の此の壮図を以て感歎せざる者あらんや(62)

光瑞ら一行は、上海、香港、広東、杭州、漢口、北京などをめぐり、その動向は逐次『教海一瀾』に報告された(63)。当時の『教海一瀾』は、多くの派内門末がその活動への支持を表明する「嗣法猊下御渡清称徳表」を提出したと報じている(64)。この視察の随行員の一人であった朝倉明宣は、一年後に『清国巡遊誌』という記録まとめており、そのなかで次のような記述がある。

観来れば茫々たる東洋大陸に在リて、純粋に名実共に独立国の面目を完全に保有するは独り我日本帝国あるのみ。我の責任此に至りて亦重且大ならずや。而して我国仏教徒の特に注意すべき点は、此の如く頻々滅亡に就て諸国は大概仏教国にして其民は多く仏教徒なり、之に反して其征服者即ち其勝利者は、悉く耶蘇教国にして其民は皆耶蘇教徒なる事是なり。所謂支那分割なる問題が、早晩事実に於て解釈せらるべき問題なりや否やは暫く措き、東亜の形成寔に此の如しとすれば、一面に於ては我邦が自衛の必要上庶幾は補翼の一端となり、一面に於ては若能ふべくんば、目下萎靡頽廃の極に達せる清国の仏教徒を鞭撻して大に彼徒の覚醒を促し、セメテ幾分なりとも仏教が国家社会の一要素たるべき本来の面目を了解せしむることを得ば、何ぞ必しも今日の

清国に取りて、尚能く一滴霊薬の功為しとせんや。是等の理由あるによりて清国布教は我仏教徒の急務にして且其責任なり[65]

朝倉の見解は、清国布教を急務としている点で、武田篤初とはやや異なる。しかし、大谷光瑞の側近のひとりであった朝倉の方が、光瑞の意向に近かったと考えられる。そして、光瑞の意向と、大谷派への対抗意識、光瑞の活動に期待する派内世論が高まるなかで、武田篤初ら教学首脳部の慎重な方針は大きく変化していったと考えられる。

本願寺派は、光瑞の清国視察に先立って一八九九年一月九日に香川默識に清国出張を命じ、一三日には紫雲玄範に厦門布教を命じた。さらに一八日には香川默識に浙江省杭州での駐留を指示、荒井賢祐にも追加出張を命じ[66]、その上で翌一九日に光瑞ら一行は神戸を出航した。同時期に原田了哲にも杭州に語学留学命じられたようである。杭州駐留の香川は、荒井とともに保安橋街に仏教公館(本願寺出張所)を開設して光瑞ら一行を出迎えた[67]。本願寺公館には東亜学堂という日本語学校を付設して学生募集を行ったところ、寄宿生六名、通学生四〇名の入学生を得たという[68]。杭州では大谷派連枝の大谷勝縁が滞在して活発な布教を展開しており、すでに前年一一月に杭州日文堂が開設されていた[69]。光瑞は、現地で勝縁の訪問を受けたが[70]、おそらく大谷派への対抗意識を強く抱いたに違いない。その後、香川らは中国人の日本留学の斡旋などを行う一方で、地所を買収して布教拡張を計画したが、北清事変により撤退を余儀なくされた[71]。

清国方針の転換と教線拡大

光瑞の帰国後、一八九九(明治三二)年七月二七日に杭州留学中の原田了哲に武昌での布教が命じられた[72]。光瑞自身は厦門を視察することはなかったが[73]、現地ですでに紫雲玄範が厦門布教に着手しており、同年二月には『教海一瀾』の次のような紫雲の報告が掲載された。

南清地方の我国に於ける、啻に宗教の関係のみならず、対外上密接の関係あるべき土地なれば、政府必ず厚く幇助せらるゝならん歟、台湾総督の如き、厦門領事の如き、に至ても、大に南清開教の事業を翼賛しつゝある様奉存候、是れ亦た我れに宣教の好機を与ることを証するものに御座候（中略）拙衲は昨年八月一回此地に来りしことありて、当時厦門領事の上野氏並に澤村外事課出張員は、拙衲の視察来厦を特の外に喜ばれ、渡清の遅きを詰らるゝ位に有之候、拙衲の此の視察として来厦せしに当りて已に多数の信徒を得るに至れり、此は同年九月十日の事なりしが、教場を設置することを二十六名の商議員に諮りしに、直に決定せしと、同寺に百九十余戸の信徒を得申候（中略）現時本派に帰入したる門徒五百余戸に及び、日を逐ふて教化に浴する者を増加するの傾向有之候[74]

紫雲は台湾総督・厦門領事の支援があることを挙げて、南清拡大の好機であるとしている。大谷派に後れをとるまいという意識が、本願寺派に南清地方への布教拡大を急がせたのであろう。同年九月には、南清各地への追加布教使の派遣も決まった。このとき任命された者は以下のとおりであった。

毛利　定壽（清国福州駐在布教、九月四日付）　野部　了慜（清国武昌駐在布教、九月四日付）
東　　敬正（清国漳州駐在布教、九月四日付）　中山　了運（清国厦門駐在布教、九月二二日付）

太田　周教（清国泉州駐在布教、九月二二日付）　佐々木芳照（清国通訳生、九月二一日付）
平田　博慈（清国福州出張布教、九月二五日付）[75]

しかし、同時期に本願寺派が進めつつあったハワイ・北米布教に比べると、あまりに準備不足で場当たり的な対応であったことは否めない[76]。同年一〇月本願寺派は、光瑞が印度仏遺の巡拝を経て欧州における宗教事情研究のため外遊することを発表し、一二月に光瑞は日本を離れた[77]。それまでに南清進出の拡大路線の決定を急ぐ事情があったのかもしれない。そして、その後も適切な準備と理念、計画性を欠いたまま、同派の清国布教は拡大されていったのである。

おわりに

一八九八（明治三一）年にはじまった日本仏教の南清布教は、台湾総督府の支援を受け、現地での日本の政治的影響力が伸長するなかで急速に拡大した。しかし、真の意味での信者を獲得するには至らず、日本仏教側もそのために必要な措置を講ずることはなかった。日本仏教側は、植民地進出の尖兵としての役割を自認し、これに便乗して表面的な布教成果を挙げることに奔走していったのである。

大谷派の本多文雄は、一八九八年から一九〇〇年前半期までの急速な教線拡張期を「弘教錯誤の時代」と位置づけ、次のように述べている。

一時の高潮急遽然として崩退するや浪躍り水激し鬼神の手腕も能く之を挽回すること難し、厦泉漳一帯地方に於ける弘教錯誤の時代は一時高潮急遽然として崩退せしの時代にして波瀾層々紛糾百出し殆んど拾収すべからざりしなり(78)

政治状況に便乗して表面的布教成果を追求するあり方の失敗は、直前の台湾布教ですでに経験をしたはずであった。しかし、その経験が生かされることはなかった。そして、一九〇〇年八月の厦門事件により日本政府の南方進出施策が頓挫し、現地の反日感情が高まると、日本仏教の南清布教は大きく後退していくことになったのである。

[註]

(1)　この点に関しては、本書第一章・第二章のなかで論じた。

(2)　内訓第一八号（一八九八年五月一八日総督発県知事庁長宛）「本島在来ノ廟宇等ヲ内地寺院ノ末寺ト為スヲ禁スル件」（増田福太郎『東亜法秩序序説』、ダイヤモンド社、一九四二年）。この内訓の発布経緯については、本書第三章を参照されたい。

(3)　『マイクロフィルム版　後藤新平文書』リール二三　七台湾民政長官時代（八）に収録。鶴見祐輔著『後藤新平伝』台湾統治篇下（太平洋協会出版部、一九四三年）にも一部が引用されている。

(4)　後の石川舜台の回想によれば、清国皇帝に法主の娘を嫁がせる計画もあり、これに賛同した政府から褒賞として宗祖親鸞に見真大師の諡号が贈られたとされる（「明治仏教秘史――見真大師号御下賜の秘史――」石川舜台翁追懐録（一九二三年三月二一・二二・二四日付『中外日報』））。

(5)　大谷派の当時のアジア布教に関しては、中西直樹著『植民地朝鮮と日本仏教』第一章を参照（三人社、二〇一四年）。また大谷派内部の状況に関しては、水谷寿著「明治維新以後における大谷派宗政の変遷」（『真宗』三七二～三九〇号、一九三二年一〇月～一九三四年四月）を参照。

（6）「教学資金に就て（一）」清澤満之（『教界時言』一号、一八九六年一〇月三〇日）。
（7）大谷派では、すでに一八九五年八月に小栗栖香頂が台湾布教の具体案を提示していた（小栗栖香頂著『台湾布教』信道説教場、一八九五年。中西直樹編『仏教植民地布教史資料集成〈台湾編〉』第六巻に収録、三人社、二〇一六年）。
（8）巣鴨教誨師事件の経過をまとめたものとして、安藤正純編『巣鴨監獄教誨師紛擾顛末』（社会評論社、一八九八年）があり、事件について論じたものに吉田久一著「巣鴨教誨師事件」（宮崎円遵還暦記念会編『真宗史の研究』永田文昌堂、一九六六年）がある。
（9）石川舜台「仏教は公認教と為すざるべからず」（『宗報』一号、一八九八年一〇月、真宗大谷派本山事務所文書課）。公認教運動については、赤松徹眞著「仏教公認運動の論理と状況」（千葉乗隆博士還暦記念会編『日本の社会と宗教』同朋舎、一九八一年）を参照。
（10）「宗教法私見」（『宗報』号外、一八九九年五月一日、真宗大谷派本山事務所文書課）。
（11）高西賢正編『東本願寺上海開教六十年史』七八頁（一九三七年）。なお、この記述の出典は、神田恵雲述「厦門教堂沿革」とされているが、この原本は未見である。
（12）「海外教報」（『宗報』四号、一八九九年一月一五日、真宗大谷派本山事務所文書課）、「厦門暴動事情」（一九〇〇年九月六日付『日本』）、「福建布教顛末概要」本多文雄（一九〇〇年九月二五日付『日本』）。また後述する大谷瑩誠の厦門視察の際にも、林麗生は、その宿泊所に自らの別荘を提供している（「厦門に於ける大谷派連枝」〔一八九八年一一月二四日付『明教新誌』〕）。なお「福建布教顛末概要」は、「第四編資料第四号　南支分教堂」として前掲『東本願寺上海開教六十年史』資料編（二九五〜二九六頁）にその一部が引用されている。
（13）「仏教各派に清国布教の急務を勧告す」（一八九九年四月四日付『明教新誌』）。
（14）外務省編纂『日本外交文書』四一巻第一冊収録「二五五号　三月四日　在厦門瀬川領事ヨリ林外務大臣宛　福建省内布教問題ニ関シ閩浙総督トノ交渉顛末具報ノ件」附属書三及び四（三〇一頁、日本国際連合協会、一九六〇年）。
（15）「東願寺清国布教の情況」（一八九九年五月二六日付『明教新誌』）。
（16）（17）註（12）掲出「福建布教顛末概要」。

(18) 前掲『東本願寺上海開教六十年史』七二〜七三頁、鹿野久恒編『傑僧石川舜台言行録』一三五〜一三七頁（仏教文化協会、一九五一年）。
(19) 前掲『植民地朝鮮と日本仏教』第一章を参照。
(20)(21)(22) 註（12）掲出「海外教報」。
(23) 一八九九年八月二四日付『読売新聞』朝刊は、「両派本願寺南清布教の勢は恰も旭日の天に昇るが如く今日の速力を以てせば数年を出ずして福建省全部の人民は期せずして両派本願寺の掌中に帰すべし」としつつも、「今日の如き現象が果して永続すべきや否やは疑なれども」と将来を予見するかのような指摘をしている。
(24) 前掲『植民地朝鮮と日本仏教』第一章を参照。
(25) 本書第三章を参照。
(26) 朝鮮布教については、前掲『植民地朝鮮と日本仏教』第一章を参照。厦門事件に関しては、本書第五章で論じた。その後、大谷派では、一九〇二年四月に財政整理の混乱が表面したため、石川舜台ら宗務役員が辞任に追い込まれ、同年五月には会計評議員会で負債総額が二四八万円と報告、四二万余円の支払不明金も明らかとなった（「会計評議員会彙報」〔『宗報』一〇号附録、一九〇二年六月一日、本山文書課〕、真宗教学研究所編『近代大谷派年表』九六頁〔東本願寺出版部、一九七七年〕）。この結果、一九〇四年度の同派予算で、海外布教費は大幅に削減された（「海外布教の全滅」〔一九〇三年一二月二〇日付『中外日報』〕）。
(27) 事件の経緯は、「東本願寺巡教師の災厄」（一八九九年三月四日付『明教新誌』）、「論旨紹介・仏教各派に清国布教の急務を勧告す」（一八九九年四月四日付『明教新誌』）、「社説・漳州に於ける布教師迫害事件」（一八九九年四月一二・一四日付『明教新誌』）、「漳州事件と清国布教」（『政教時報』八号、一八九九年四月一五日）、「漳州事件の報告」（一八九九年五月一二日付『明教新誌』）を参照。
(28) 前掲「社説・漳州に於ける布教師迫害事件」。
(29)「漳州に於ける布教師迫害事件」（一八九九年四月一二日付『明教新誌』）。
(30)「厦門暴動事情」（一九〇〇年九月六日付『日本』）。

(31)「厦門本願寺焼払に就て」(一九〇〇年九月一三日付『教学報知』)。
(32)一九〇〇年八月に起こった厦門事件に台湾総督府が深く関わっていたことはすでに多くの研究者によって指摘されているが、この点については、本書第五章のなかで論じた。
(33)前掲『東本願寺上海開教六十年史』七七頁。
(34)「厦門近況」(一八九九年六月二一日付『東京朝日新聞』朝刊)。
(35)「厦門に於ける日本の仏教」(一八九九年九月四・六・八日付『明教新誌』)。このほか、「告示対本願寺」(『禅宗』五三号、一八九九年八月一五日)にも同様の記事があり、この記事は『大阪朝日』厦門郵信の引用としている。また、のちの本多文雄は、事件を同年五月末のこととしている(註(30)掲出「厦門暴動事情」)。
(36)註(12)掲出「福建布教顛末概要」。また註(30)掲出「厦門暴動事情」のなかで本多は、この事件について「二十元若くは三十元の賄賂を遣うて僅に難を免れたと」回想している。
(37)「海外布教に就ての内訓」(一八九九年六月二五日付『中外日報』)。ただし、この記事は内訓の文面は掲載されていない。また註(30)掲出「厦門暴動事情」のなかで本多は、外務省より注意を受けたと回想している。
(38)「清国駐在布教者ニ関スル件」(『本山録事』一八九九年七月一一日発行)。
(39)「泉州教信」(一八九九年一二月二日付『明教新誌』)。
(40)「任免辞令」(『宗報』二二号「付録、一九〇〇年五月五日、真宗大谷派本山事務所文書課)。
(41)「告達第十号」「告達第十一号」(『宗報』二四号付録、一九〇〇年六月二五日、真宗大谷派本山事務所文書課)。
(42)「台湾に於ける各宗布教の真相(承前)」新高山人(『禅宗』六四号、一九〇〇年七月一五日)。この資料は、前掲『仏教植民地布教史資料集成〈台湾編〉』第三巻に収録した。
(43)「松本亀太郎(上海東洋学館・日清役通訳)」(黒龍会編『東亜先覚志士伝』下巻、五一三〜五一四頁〔黒龍会出版部、一九三六年〕)。なお、この松本の経歴を記した箇所は、前掲『仏教植民地布教史資料集成〈台湾編〉』第一巻所収の「解題」に全文を引用した。また松本は、一九〇二年に結成された台湾仏教会の理事にも就任しており、在台の仏教信者として重きをなしていたようである(「台湾仏教各宗の一致」(一九〇二年一二月二四日付『日出国新聞』)。

(44)　水沢市立後藤新平記念館編『マイクロフィルム版　後藤新平文書』リール三〇所収「(六九-八)松本亀太郎等台政に反対して当局に進言せん為上京せしこと　児玉総督の通牒」、リール三一所収「(七八)台湾経営策」など。
(45)「台北片信」(『正法輪』八〇号、一八九七年七月二〇日)。
(46)「鎮南山縁起」松本無住（黄葉秋造編『鎮南記念帖』一九一三年。前掲『仏教植民地布教史資料集成〈台湾編〉』第三巻に収録)。
(47)　少し後の事ではあるが、横澤次郎著『児玉藤園将軍逸事』(新高堂書店、一九一四年)は、児玉源太郎が梅山玄秀を支援した理由について、「梅山玄秀と云ふもので中々操守の堅確な禅僧、只金剛の信一つを便りに新領土に布教せんとする、心ざまを壮なりとし何とかして之を扶けんとした」と記している。
(48)(49)　前掲「鎮南山縁起」。
(50)「渡海十年の回顧」台北鎮南山梅山玄秀（『正法輪』三〇七号、一九一三年二月)。本資料は、前掲『仏教植民地布教史資料集成〈台湾編〉』第三巻に収録。
(51)「支那伝道」(『正法輪』一〇七号、一九〇〇年八月二五日)。
(52)　黒田天外「峨山和尚を訪ふ」(深山一郎編『峨山逸話』四二～四三頁、一九〇一年)。
(53)　前掲「鎮南山縁起」、「台湾雁信」(『禅宗』五九号、一九〇〇年二月)、「南清来信」(『正法輪』　〇二・一〇三号、一九〇〇年五・六月)。
(54)　外務省外交史料館所蔵「後藤台湾民政長官、清国厦門福州地方へ出張一件」。
(55)　前掲「鎮南山縁起」。
(56)　前掲「鎮南山縁起」、「細野南岳氏の開書」(『正法輪』一〇七号、一九〇〇年八月二五日)、「南清来信」(『正法輪』一〇九号、一九〇〇年九月二五日)。
(57)「故峨山老師」(一九〇〇年一〇月六日付『明教新誌』)。
(58)　前掲「鎮南山縁起」。
(59)　すでに一八九九年には台北と基隆に日本人信徒が布教所新築の嘆願書を本山に提出し、寄附を申出ている（「台北及基隆信

徒の熱情」（『教海一瀾』四一号、一八九九年三月二六日）。
（60）前掲『植民地朝鮮と日本仏教』第一・三章を参照。
（61）武田篤初「支那布教」（『教海一瀾』四六号、一八九九年六月一一日）。
（62）社説「本派嗣法猊下の支那飛錫」（『教海一瀾』三七号、一八九九年一月二九日）。
（63）「支那御巡錫記」（『教海一瀾』三八号〔一八九九年二月一一日〕から五〇号〔一八九九年八月一一日〕にかけて断続的に掲載）。
（64）「嗣法猊下御渡清称徳表」（『教海一瀾』四一号、一八九九年三月二六日）。
（65）朝倉明宣編『清国巡遊誌』三六～三七頁（仏教図書出版、一九〇〇年）。
（66）『本山録事』一八九九年一月三一日発行。
（67）前掲『清国巡遊誌』九四頁、「支那御巡錫記」（『教海一瀾』五〇号、一八九九年八月一一日）、『海外開教要覧（海外寺院開教使名簿）』二二〇頁（浄土真宗本願寺派海外開教要覧刊行会、一九七四年）。
（68）「大谷光瑞師清国視察の概況」（一八九九年五月八日『明教新誌』）、「東亞文学堂」（『政教時報』一〇号、一八九九年五月一五日）。
（69）「海外教報」（『宗報』三号、一八九八年一二月一五日、真宗大谷派本山事務所文書課）、「海外教報」（『宗報』六号、一八九九年三月二八日、真宗大谷派本山事務所文書課）、前掲『東本願寺上海開教六十年史』七九～八二頁。
（70）前掲『清国巡遊誌』九三頁、「支那御巡錫記」（『教海一瀾』五〇号、一八九九年八月一一日）。
（71）「支那留学生と西本願寺」（一八九九年七月二八日『明教新誌』）、「西本願寺清国に土地を買入れんとす」（一八九九年七月二八日『明教新誌』）、前掲『海外開教要覧（海外寺院開教使名簿）』二二〇頁。
（72）『本山録事』一八九九年一月三一日発行、「西本願寺の清国留学生」（一八九九年八月一二日付『明教新誌』）。原田は、現地より「武昌近信」を『教海一瀾』に寄稿している（六六号、一九〇〇年四月一三日）。
（73）註（68）掲出「大谷光瑞師清国視察の概況」によれば、厦門を訪問する予定もあったが「漢口北京間の難路を跋渉せんが為」に急きょ変更になった。光瑞は、北京で西蔵語経典を得て本山に送付しており、この清国視察を通じて西蔵への関心を強めた結果と考えられる（「新伝来の西蔵語経典」〔『教海一瀾』四七号、一八九九年六月二六日〕）。当時鉄道や車道が未整備であったにもかかわらず、漢口行きに変更したのも西域探検を想定してのことであったのかもしれない。

(74)「厦門近信」在厦門　紫雲玄範（『教海一瀾』三八号、一八九九年二月一一日）。

(75)『本山録事』一八九九年九月二六日・一〇月一一日発行。

(76)ハワイ・北米の布教に関しては、中西直樹著『仏教海外開教史の研究』（不二出版、二〇一二年）を参照。

(77)「社説・本派嗣法猊下の欧米飛錫に就て門下の法兄道友に告ぐ」「教報・本派嗣法猊下の欧米飛錫」（『教海一瀾』五四号、一八九九年一〇月一一日）、「教報・嗣法猊下の欧米御発途」（『教海一瀾』五八号、一八九九年一二月一三日）、「達示・甲第七二号」（『本山録事』一八九九年一二月一三日発行）。

(78)註（12）掲出「福建布教顛末概要」。

第五章　一九〇〇年厦門事件追考

はじめに

日本仏教の南清布教は、対岸の厦門制圧を目論む台湾総督府の支援を受けて、一八九八（明治三一）年に開始された。同年四月に清国政府が福建省を日本以外に割譲しない声明を発したこともあって、政治的・経済的利益を期待する現地人の帰入申込が相次ぎ、短期間で教勢は拡大した。まず同年の七月に大谷派が厦門に布教所を開設したのを皮切りに、翌年二月に本願寺派も厦門に進出し、またたく間に両派の教線は福建省、南清地方へと広がった。同年六月には臨済宗も台湾総督府の経済的支援を受け、南清地方の布教に向けた視察に着手した。しかし、その布教実態が現地での日本の政治的影響力の伸長に便乗して表面的布教成果を追求するものであったことはすでに論じた(1)。

ところで、台湾総督府は、金融・産業・資源開発・教育文化など多方面での厦門進出を目指す一方で、軍事行動による厦門制圧も企図していた。こうして一九〇〇年八月二四日、義和団蜂起の混乱のなかで大谷派厦門布教所が焼失し、日本側はこれを機に陸戦隊を上陸させて厦門の制圧をねらったが、欧米列強の抗議を受け失敗に終わった。この事件後、現地の反日感情が高まり日本仏教の活動も停滞を余儀なくされた。

一方、当時国内で日本仏教側は政教問題で大きな局面を迎えつつあった。一八九八年九月に巣鴨教誨師事件が起こると、翌月に大谷派僧侶を中心として仏教徒国民同盟会（一九九九年五月に大日本仏教徒同盟会と改称）が発足して仏教公認運動が活発化し、翌一八九九年五月に公認教制度期成同盟会も結成された。続いて起こった宗教法案問題では、仏教側が反対運動を展開し、翌一九〇〇年二月に貴族院で法案否決に追い込んだ。しかし、その後に起きた厦門事件での世論の動向は、大谷派に対して好意的なものとは言えなかった。仏教教団の腐敗に対する批判も厳しく、大谷派は国内外に仏教の穏当性をアピールする必要に迫られたのである。

すでに厦門事件に関してはかなりの研究の蓄積がある。本章では、それら先行研究の成果を踏まえつつ、厦門事件の経過を大谷派の事件関与に重点をおいて再確認するとともに、事件後の世論の動向とこれに対して大谷派の採った対応を検証する。

一　先行研究の検討

厦門事件評価をめぐる問題

厦門事件が日本側の謀略であったことは現在の日本近代史研究の通説となっており、台湾総督府が主導的な役割を果たしたと見る点では一致しているものの、中央政府の事件への姿勢については研究者で多少見解が分かれていた。

こうしたなか、先行研究を政府豹変説と出先暴走説に分けて整理し、双方の根拠とする資料に仔細な検討を加えたのが、一九八八年に発表された斎藤聖二の「厦門事件再考」である。(2)詳しい検討内容は斎藤論文にゆずるが、政府豹変説では、山本権兵衛海相と桂太郎陸相により提案された厦門占領作戦に、青木周蔵外相が同調し、山県有朋首相からの積極的支持も受け、出先の児玉源太郎総督と後藤新平民政長官とが熱心に賛同して行動に移されたとする。しかし、列強の抗議を受けると、伊藤博文の忠告もあって作戦中止に急きょ方針転換がなされたとみる。(3)これに対して出先暴走説は、出先が中央からの作戦命令を超えて軍事占領を実行したために中止させられたとする説である。(4)斎藤は、中央政府は列国との協同行動を原則としていたが、厦門進出への強い意欲を有していたため、出先機関の行動を抑制する指示が徹底しなかった点を明らかにし、それゆえ一方的に出先の「暴走」と批判するには当たらないと結論づけた。

斎藤が、政府の対応の不徹底さが事件の背景にあったことを明らかにした意義は大きい。しかし、事件の発端となった布教所焼失に関しては、出先の「暴走」であった可能性はやはり否定できないように考えられる。出兵に際して何らかの謀略工作が出先で起されるであろうことを中央政府もある程度想定していたのかもしれないが、厦門布教所の放火自体が中央政府の指示により起きたとは考えにくい。後述するように、台湾総督府が主導し、厦門領事と大谷派の協力のもとに放火されたと考えるのが妥当であろう。しかし、事件後にその真相解明と責任追及がなされることはなかった。その意味で厦門事件は、柳条湖事件や上海日本人僧侶襲撃事件など、のちに出先での「暴走」を許す前例となったとも言えるかもしれない。

厦門事件では、欧米の圧力を強く意識した中央政府により大きな事件に発展することはなかったが、もし欧米列強から非難されないような状況であったなら、そのまま軍事行動の継続を許していた可能性もきわめて大きい。厦門事件の反省は生かされることなく、その後も出先での「暴走」と中央政府が優柔不断な姿勢でそれに引きずられる事件が繰り返されたと考えるべきであろう。

総督府・大谷派の事件関与

厦門布教所の焼失については、古くから台湾総督府と大谷派の関与に言及する研究はあった。まず一九五八年発表の故谷美子の論文は、焼失を台湾総督児玉源太郎の指示により大谷派の高松誓が放火したものと断定している。故谷はその根拠として六点の資料をあげているが、特に有力な根拠になりそうなのが次の二点であろう。

四　布教師高松誓の伝記には、彼自身がこの厦門事件に大きな役割を演じたことが、「児玉将軍と相画策せし裏面の一大活動は寔に目を聳たしめるものがあつた。」（黒龍会編『東亜先覚志士伝』下巻二九〇頁）と意味深長に述べられている。（中略）

六　張之洞の全集たる張文襄公全集を見るに、盛宣懐より張之洞あての電報には、「厦日教堂欠房租、廿九（西暦八月二十三日）搬空、自放火」（『張文襄公電稿』巻三十九）。（右訳文）厦門の日本の布教所は家賃を払わぬばかりか、清暦七月二十九日に荷を全部空にした上で、自ら放火した。(5)

上記四の黒龍会編『東亜先覚志士伝』は一九三六年刊行で、かなりに後になって書かれたものであり、高松の役割を誇張する傾向が見受けられ、にわかに記述内容を信用できない点がある。(6)しかも別の箇所では「厦門東本願寺は暴徒の焼く所となり」と明記されており、総督府と高松とによる放火とする断定する根拠とはしがたい。一方、六の電報を発した盛宣懐は、李鴻章・張之洞・劉坤一ら地方総督らとともに、列強と東南互保協定を結んで中央政府の命令に背いて外国との開戦を拒否した人物であるが、高松の放火によるものという確証をつかんでいたとは考えにくい。後述するように、厦門道台は事件直後の検分から暴徒の存在を確認できず、布教使の失火によるものという疑念を抱いていた。家賃を払えず布教使が放火したという情報は、こうしたなかで当時現地に流れた風説の一つに過ぎず、盛宣懐もそのことを聞きつけて電報を送った可能性がある。

これに対し一九六三年発表の佐藤三郎の論文は、『日本外交文書』掲載の報告書を仔細に検討し、特に事件直後に福州領事豊島捨松が現地で得た情報に着目した。[7] まず事件一週間後の八月三一日付で青木外相に宛てた豊島の報告書のなかには、英国領事から聞いた次のような内容が記されていた。

然ルニ当地米国領事ノ如キハ厦門同国領事ヨリ私信ニ接シタリトテ当館ヲ訪問シ厦門事件ノ如キハ全ク土匪襲撃ノ跡ナク本願寺出火ノ折ハ内外人共ニ消防ニ従事シ親シク目撃シタルニ拘ハラス日本海兵ヲ上陸セシメタルハ不思議ナリト申来タル（中略）英国領事ニハ他用ニテテ拙官同官ニ赴候処厦門ニ於ケル日本海兵上陸ノ挙動ハ失策ニ非ルカト申候間同地ハ従来排日熱有之候土地ナル旨相答ヘ置候又タ当地清国官民間ニハ厦門本願寺焼失ノ二三日前ニ日本僧ハ勿論器具ノ如キハ一切他ニ移転シタル事実アルノミナラズ出火ノ原因ニモ頗ル疑フヘキ証跡有之趣キ一般ニ噂致居候[8]

事件直後に日本厦門領事館が火災現場の検分を怠ったのに対し、英国厦門領事は、厦門道台とともに急行して現場検証を行っていた。[9] さらに豊島が福建省布政使及び按察使と会談したときのことを報告した九月一八日付文書には、「胸襟ヲ開キテ談話」した張布政使が「風説ニ依レハ厦門本願寺ハ上野領事カ之ヲ焼失ヤシメタリ」[10]と発言したことが記されている。これらに加えて、『後藤新平伝』に児玉源太郎が厦門の高松と思しき布教使を台湾に呼んで密談し「イザ鎌倉といふ場合の注意までされて厦門に還された」[11]という横澤次郎（台湾総督府秘書官）の回想が記述されていること、大谷派がのちに編纂した『東本願寺上海開教六十年史』にも事件の「原因動機としては、出先官憲との政策的連繋もあつたらしい[12]」と記されていることなどを踏まえ、佐藤は「火災は恐らくは、海軍及び台湾総督府の指導の下に領事館側と布教所側が協力して実施したものではないかと推察される」と結論づけた。

さらに前述の一九八八年発表の斎藤聖二論文は、事件の一週間前の八月一八日付の「後藤新平日記」のなかに、台湾総督府民政長官後藤新平が高松誓に台湾民政局参事官大島久満次から支出された六〇〇円を渡したと見られる記述のあることを明らかにした[13]。これにより、台湾総督府と高松の事件への関与はほぼ間違いないものと考えられるようになった[14]。

二　厦門事件の検証

厦門事件に至るまでの経緯

それでは、上述の先行研究を踏まえて、事件に至るまでの経緯を高松誓の足取りを中心に整理しておこう。

高松誓は、一八九九(明治三二)年四月に田中善立・龍山厳正とともに布教使として福建省に赴任した。大谷派の福建省布教は、前年の一八九八年七月に加藤廣海が厦門に布教所を設置してはじまり、翌九九年一月に漳州布教所が、同年四月に泉州布教所が設置された。さらにその後も、各布教所管轄下に分教場が次々に開設されて急速に教線が発展したため、加藤ひとりでは対応できなくなっていたようである。赴任早々に、龍山厳正は漳州に、田中善立は泉州に赴いたが、高松誓はしばらく厦門に滞在し、五月二八日になって漳州へと赴き、当該地方の教務一切の統括管理を担当したようである。

高松赴任の前日の二七日、漳州布教所の分教場の一つである盤陀墟で、現地地方官が大谷派に帰依しないように諭達し、その後分教場を破壊し有力信者を殺害・捕縛する事件が起こった。加藤は漳州の不穏な状況を察知し、その解決のため現地に高松誓を派遣したと考えられ、この事件盤陀墟では、高松が二、三〇元の賄賂を官憲に贈ってひとまずの決着をみたようである。直後の六月には、本多文雄が厦門に赴任し、厦門の教務事務を統括管理するとともに、漳州・泉州の事務も監督することとなり、一〇月に加藤廣海は福州へ移った⒂。

明けて一九〇〇年一月には、宮尾瑔秀が厦門に追加派遣された⒃。同年三月漳州では、台湾の抗日武装運動の中心的人物である簡太獅が、台湾総督府の警部・巡査に捕縛される事件が起こった。このとき、警部と巡査は大谷派の漳州布教所に滞在したが、高松誓は相手の身分を知らずに宿泊させたとされる⒄。翌月の四月には水谷魁耀が泉州留学を命ぜられ、その後に泉州布教所の主任となったようである⒅。さらこの月には、総督府民政長官の後藤新平が福建省を視察のために訪れている。後藤は四月一日に淡水を出発し、厦門・福州・漳州を巡回し二五日に淡水に帰還したが、一八日には大谷派の漳州布教所に立ち寄っている。その際の記録には次のように記されている。

今日（四月十八日）午後道台訪問ノ帰途本願寺ニ於テ信徒ニ対シ長官ノ演説サレシ要領左ノ如シ

本日本会ノ信徒諸君ハ誠心誠意真実的ノ仏法帰依者タルコトヽ信ス折モ仏法ナルモノハ印度ヨリ唐土ニ弘マリ遂ニ我帝国ヘモ伝ハルニ至リ其后根本タルヘキ唐土印度ハ却テ衰滅ニ帰シ仏法ノ真理ノ精確ニ研究シ功徳ノ顕着ナルコトヲ永遠ニ伝ヘタルハ即チ我帝国ニシテ真ノ仏法ナルモノハ帝国以外ニ求ムヘカラサルモノト云フモ誣言ナラサルコトヽ信ス然レトモ仏法ノ本旨モ畢竟勧善懲悪ニ外ナラサレハ真ノ帰依者ニシテ能ク職業ヲ努メ其分ニ安ンズルモノハ仏法ノ功徳ニ依リ極楽浄土ニ導クコトアルモ仏法ニ於テ尤モ悪ムヘキモノハ偽善者ニ

シテ菩薩ノ功徳ヲ利用シ私利ヲ営マントスルモノハ啻ニ仏法ノ功徳ニ浴スル能ハサルノミナラス冥罰顕著ナルコト覚期セサルヘカラス又我国ノ仏教ニ数派アリト雖モ最モ高尚ニ最モ進歩シタルモノハ即チ君ガ帰依スル大谷本願寺派ニシテ諸君ガ該教派ノ信徒タルヲ得タルハ諸君ノ為メ幸福ト云ハサルヲ得ス諸子夫レ此ヲ勗メヨ[19]

後藤は大谷派を日本仏教のなかでも最も高尚な宗派と、べた褒めしているが、このときに高松と厦門事件に向けて相談がもたれた可能性が考えられる。そしてこの直後の五月、厦門・福州・漳州の布教を統括する立場にあった本多文雄が一時帰国した。義和団の動きが活発化しはじめた時期になぜ任地を離れる必要があったのかは不明である。本多は事件当時「教務を帯て広島に出張」中であったと述べているが、何のために広島にいたのかも明らかにしていない[20]。

一方厦門では、六月下旬に上野領事が数度にわたって漳州・泉州に厦門への引き上げ要請を通知していた。特に漳州では布教所が焼かれたとの誤報も国内でなされており[21]、漳州の龍山厳正は七月三日に、泉州の水谷魁曜と田中善立とは同月四日に厦門への引上げを完了した。高松誓は、これよりも早く厦門に移り、布教所からやや離れた鼓浪嶼に居を構えて本多不在中の厦門布教を監督することになった[22]。

そして八月一八日に台湾に渡った高松誓は、後藤新平より金六〇〇円を受け取った[23]。前述の児玉源太郎と高松と思しき布教使との密談についての横澤次郎(台湾総督府秘書官)の回想もこのときのものであったかもしれない[24]。厦門に帰った高松は、厦門布教所の什器等を搬出し、事件前日の八月二三日を迎えた。この日、高松は鼓浪嶼での法用のため、水谷魁曜・宮尾瑔秀とともに午後七時半より勤行し、その後、仏事供養の饗応があり一一時過ぎとなったため宮尾瑔秀の宿舎に止宿した。布教所が放火されることを知っていて避難したと考えられる。そして、翌二四日午後〇時三〇分頃に布教所は何者かの放火により焼失したのであった[25]。

布教所焼失当日の状況

『日本外交文書』には、高松誓と、当日布教所に宿泊していたとされる高松の知人の片貝治四郎、中国人ボーイの振須の三名の聴取書が収められている[26]。この聴取書は領事館付警部日吉又吉が聴取したものであり、布教所焼失当日の八月二四日付となっている。しかし、佐藤三郎が指摘しているように、九月一日に事件処理のため外務省から特派された弁理公使室田義文が、事件に関する証拠資料として九月一五日以降に作成させたものである[27]。佐藤はこの聴取書に関して、いくつか不自然な点を指摘しているが、なかでも大谷派に関わるのは高松誓・水谷魁曜・宮尾瑸秀の三名の布教使が当日外泊していた点である。佐藤はこの点に関して、次のように指摘している。

厦門が上野領事の伝えている様な緊迫した排外状況の下にありその鉾先が宗教機関に向けられていたとしたら、厦門布教所の第一責任者たる高松のみならず次の責任者たる宮尾までが外泊して布教所を留守にしておいたことは、いささか不思議な感がしないでもない[28]。

加えて、このとき厦門には、泉州から引き揚げた田中善立、漳州から引き揚げた龍山厳正の二名もいたはずである。しかし、彼らが当日どこにいたのかは明らかでない。さらに九月一三日頃に龍山厳正は帰国し、九月一五日付『教学報知』は、龍山が語った事件の模様を記事にしている[29]。この記事は、前記の聴取書作成以前のものであるが、聴取書との間で事実関係に大きな食い違いがみられる。

まず聴取書では、片貝が布教所に当夜いたのは自分と振だけだったと答えているが、龍山によれば、もう一人山田通訳なる人物が止宿していた。当然のことながら、この人物の聴取書は存在しない。次に振の証言によれば、物騒ぎに振が眼を覚ますと一面が火の海となっており、銃声も聞こえた。四、五名の暴漢が屋内に侵入して放火しているのを見たが、暴漢たちは何も言わなかった。門外に逃げ出すと、四、五名がいたが何も所持しておらず、火事だ助けてくれと叫んでいたと答えている。これに対し、龍山によると、暴漢たちはまず振の部屋に入り、これから放火するから早く逃げろと清国語で叫んだため、振がその声で眼を覚ますと、兇器を携えた暴漢五名がいたとしている。さらに振は自分より片貝の方が先に逃げたと答えているが、龍山は片貝と山田は熟睡しており、外の騒ぎに気付いて後から逃げたと述べている。これらの点を勘案すると、聴取書内容が少なからず偽証であることをうかがわせるものがあり、龍山の語る内容さえも疑わしい。

大谷派の事件関与

以上の点を総合すると、高松が事件に関わった可能性はきわめて高く、少なくとも事前に布教所が放火されることを知っていたことは間違いないであろう。厦門にいた他の四名の布教使たちもこのことを知らなかったとは考えにくい。そもそも大谷派の厦門布教を奨励・支援したのが、台湾総督府と厦門領事の上野専一であった[30]。その関係から言えば、台湾総督府・上野領事から大谷派に事件への協力要請のあったことは充分考えられることであり、そのことを上申・相談するために本多文雄が厦門を離れ、本山に赴いたと考えるのが妥当なようである。台湾総督府の南清進出施策に協調して布教を進めてきた大谷派にとっても、その協力要請を拒むことはなかったであろう。

留守を預かる高松誓は、前述の『東亜先覚志士記伝』によれば、福岡県三潴郡荒木村大字下荒木(現在の久留米市)

の真宗大谷派浄光寺の出身であり、西南戦争して際に郷党の青年を率いて薩軍に投じ、西郷隆盛の信頼を受け一軍の将として戦った人物であった[31]。おそらく、他の布教使を指揮し細心の注意を払って事を進めたことであろう。焼失の一週間後の八月三〇日、大谷派は高松誓を清国福建両広布教監理事務取扱に任じた[32]。後藤新平との密接な関係も考慮して、現地での当面の事後処理も高松に託したものと考えられる。

高松は、早くも九月一日には鼓浪嶼龍頭港に仮布教場所を開設して布教を再開しており、大谷派を支援してきた現地の富豪林麗生が仮建築費の寄附を申し出たという[33]。九月三日には、本多文雄も京都を出発して厦門に帰任し、大谷派は事件の事情や被害状況を調査するため、彰化の台湾及清国福建両広布教監理局在勤の大山慶成を現地に派遣した[34]。

三　事件直後の世論と賠償請求問題

事件直後の国内世論の動向

厦門布教所を放火されたにもかかわらず、事件直後から大谷派に同情する国内の世論は少なかった。そうしたなか、比較的早い時点から大谷派側の主張を支持したのが、『時事新報』である。

同紙は、八月二九日に「清国厦門に暴徒起り東本願寺会堂を焼払はれたる事に付き此程帰朝したる泉州の布教主任田中善立氏の語る所左の如し」として田中の談話を報じた。ここで田中は、一九〇〇年三月漳州で捕縛された簡太獅の残党が、総督府の警察官を大谷派布教所に宿泊させたことを逆恨みして犯行に及んだとの認識を示した[35]。この見解によれば、大谷派側に非はなく、現地の人々の反日感情による暴挙でもないことになる。厦門附近に潜伏する抗日分子に一切の責任を負わせ、しかもその一掃を現地官憲に迫る口実ともなるため、大谷派・日本政府双方にとっても都合のよい見解であったろう[36]。『時事新報』は、八月三一日にも簡太獅残党による逆恨み犯行説を再度支持し、次のように報じた。

厦門の暴動の起りたるは本年四月の交台湾総督府が漳州に於て匪魁簡太獅を捕縛したるによらんとの説は全く其真相を穿ちたるものにして一昨日上野厦門領事よりも詳細なる報告其筋に達し之と同時に府下の或方にも同様の報道達したるよし右の報道に依るも厦門の暴動は全く北清の暴動と事情を異にし排外思想より発したるものにあらずして全く同地方に数千の乾分を有し其勢力知県を圧せんとする簡太獅を死刑に処したるに基けるは間違ひなき事実なりと云ふ[37]

しかし、田中善立自身が「今度厦門に於ける東本願寺会堂の焼払はれたるは布教其宜しきを得ざりしに基くものなりと頻りに攻撃するものあれども[38]」と述べたように、大谷派の現地での悪評はすでに国内でも知れわたっていた。例えば、八月二八日付の新聞『日本』は、次のように報じていた。

東本願寺の名称を濫用して種々奸曲の振舞を為し土地の人民に非常の迷惑を掛けたる者もありとかにて為めに漳州一般に於て東本願寺の評判殊の外宜しからず（中略）今回厦門別院の暴徒に焼払はれたるも矢張り事情は右等の辺に埋伏せるものゝ此節俄かに爆発せるなるべしと思はる[39]

八月三〇日付の『都新聞』も、義和団の排外思想とはやや傾向が相違するものの、事件の背景には、日本と大谷派へのさまざまな不満が介在しているとの見方を示し、次のように述べた。

今回蜂起せる暴徒は種種なる感情の衝突に起因せるものにして即ち
一　居留地問題以来の鬱憤を晴らさんとする者
二　東本願寺の派出員が無頼漢を保護して良民を苦しめしことあるを怨める者
三　台湾土匪の煽動に乗せられ居る者
四　台湾より転任せる土人が其日本人たるを笠に着て常に厦門人を苦しむるを憤ほれる者
五　台湾より転任せし無頼内地人の所為を憤ほり遂に一般日本人を怨むに至れる者
等其他枚挙に遑あらずと雖も要するに彼等の多数は或事件の為めに感情を害し居るものにして義和団の如く絶対的排外主義を唱ふる者は極めて少なきもの丶如し(40)

一般的には、公認教運動の推進を目的に組織された大日本仏教同盟会の機関誌『政教時報』が「世人は伝へいふ、在厦門東本願寺の焼払は全く布教師の評判悪しく、従つて人民の悪感を懐くもの多く、其結果今日俄に爆発したるものなりと」(41)と嘆くほど、大谷派への風当たりは厳しいものであった。また新聞報道のなかには、次の『富士』の記事のようにあからさまに大谷派を批難するものもあった。

東本願寺より厦門地方に派遣せる僧侶なる者に至ては概ね破壊の徒にして酒食漁せざる所なく暴戻恣にせざ

る所なしと而して之が信徒なる者も亦多くは市井の無頼漢にしてたゞ教民となれば悪をなし罪を犯すと雖も政府の捕拿を憚るを以て来て其宗門に投ずるものなりといふ是等の徒相率ゐて奪掠を行ふ良民たるもの怨恨し不逞の徒は健羨す安んぞ焼燼其肉を食はむことを敢てせざらむ今回の如き或は源因のこゝに存するなけむや(42)

キリスト教批判への論調の兆候

国内世論は、単に簡太獅の残党の犯行として処理することに満足せず、大谷派の責任問題に発展しかねない傾向を見せていたが、おそらくこれを大谷派が回避するための一つの方向性を与えたのが、八月三一日付の新聞『日本』の記事「仏教と教匪（日本の仏教家に反省を求む）」であったと考えられる。この記事では、次のように述べて大谷派への反省を促している。

厦門に於ける東本願寺別院の焼き払はれたるは、夫の耶蘇教に関すると同じく、仏教に関しても亦た所謂教匪ありて、屢々教外の民に寇したるの結果、士民の憤怨せしに起因すと聞く。（中略）厦門及び福州付近に在りても、地方亡頼の徒は往々にして我が本願寺教派を自称し、日本の教威を藉りて驕暴を働く者其の実例一にして足らず、支那官民は我が仏教家の実況を知らずして、之を耶蘇教家と同一視し、亡頼徒を宗派に引き入れて教外の民を虐する者と誤認するに至れるは自然なり。教外の民は之を目して教匪と為し相率ゐて之に報復を企て、所謂る教匪の根拠地ともいふべき本願寺別院を焼き払ふなどは、誤解の罪恕すべからずと雖ども、其の内情を察するときは本願寺派の僧侶亦た責任ありといふべし（中略）今や啻に匡済の労を致さゞるのみならず、反つて耶蘇教の尤に倣ひて亡頼徒を容れ、教外の士人より無益の憤怨を受け竟に寺院を焼毀せられたり。(43)

一見すると、大谷派の責任問題を指摘しているようであるが、むしろ欧米本国の権威を背景に信徒を集めてきたキリスト教と、その権威をかりて暴虐な行いをなす現地人信者のあり方をより問題とし、それと同じようなものと誤解を受ける布教をしてきた大谷派にも責任があるという論調である。またこの記事では、「本願寺の焼払に付き僧侶より損害賠償を要求することもあらば、宗教家は竟に盗賊の同伴に類すべきをや」といい、キリスト教の清国でのあり様と一線を画するためにも賠償放棄を提案している。

その後も、新聞『日本』は、田中善立や本多文雄ら大谷派布教使の談話や寄書を掲載する一方で[44]、清国でのキリスト教のあり方を批判した。九月三日付の「宗教家の本分と支那禍変の善後」では、「支那の秩序を紊乱したるものは、実に或る部類の宗教家たること明か」であるとし、その証左としてソールズベリー英国首相の次の演説を紹介している。

列国艦隊が太沽を砲撃せし後数日（六月十九日）に於て、英国首相ソルスベリー氏が其の国の伝道協会に於て演説せし所は、載せて昨日の本紙に在り、其の要に曰く、

東方に俚語あり曰く「第一に宣教師来り、次に領事来り、次に将軍来る」と、之れ真なり。最も伝道に熱心努力する国は、是れ国境の拡張に最も熱心努力するの国たることは争ふ可らず、是れ実に伝道上大なる障礙なり、支那に於いて殺害せられたる人多くは基督教徒なり、然れども之れ支那人が基督教徒を嫌悪するが故に非ずして、彼等は宣教師を目して其国の政府が希望する所の目的を達せんが為に利用せらるゝ器械なりとするが故なり。宣教師たるものは道徳を以て自ら守り、謹慎を以つて自ら職とせざる可からず[45]。

さらに一九〇〇年九月一〇日付『日本』附録週報では次のように述べた上で、『新仏教』と『政教時報』のキリスト教批判を紹介した。

今や清国の擾乱が排基督教に起りし事は東西の政事家宗教家の均しく認むる所となれり宗教界の為めに一箇革命の機運を与へしものといふべく、仏教の如き此の際他の政治の方面の如く外国の鼻息を窺ふべき性質のものにあらざれば充分に拡張すべし(46)

大谷派の賠償請求問題

新聞『日本』が大谷派に賠償放棄を提案した一週間後の九月七日、大谷派は次の文書を内務大臣に提出した。

稟請書

北清ノ動乱漸ク南方ニ波及シ今般厦門ニ於ケル弊派説教場焼却ノ厄ニ罹リ申候ニ付テハ弊派ハ在清国布教師等ニ対シ今後ノ心得方ヲ訓令致置候元来復仇的観念ヲ懐キ候ナトハ仏教本来ノ面目ニハ無之候間損害賠償ナトハ決シテ希望スル処ニ無之偏ニ将来清国ニ於ケル布教ノ実効ハ国家ニ忠順ナル臣民タラシメントスルヲ期スルニ外ナラス候故事故ヲ好機トシテ私利ノ地トナサントスルカ如キハ夢想ニモ無之候義故将来一層戒慎ヲ加ヘ損害ニ報センニ徳化ヲ以テシ彼国人民ノ感触ヲ和ケ愈伝道布教ニ努メ国交ノ円滑ヲモ資ケン事ヲ戒飭致置候政府ニ於テモ何等カ南清事件ニ対スル御処分可有之ト奉存是等外交上ニ対シテ彼是申上候筋ハ無之候得共事素ト弊

派ニ関係致居候間一応所思申上候過厳ナル御処分等有之却テ動乱ヲ甚シカラシムル如キ事有之候ヘハ国家ノ為ニモ大ニ憂慮致スヘキノミナラス教宗ノ本旨ニモ反キ候間何分ニモ寛大ノ御処分アラン事ヲ茲ニ稟請仕候也

明治三十三年九月七日

真宗大谷派　管長　大　谷　光　瑩

内務大臣侯爵　西　郷　従　道　殿(47)

佐藤三郎は、この稟請書の提出をもって布教所火災への大谷派関与を裏付ける傍証の一つとしている。(48)確かに、見つかるはずのないことを分かっていて放火犯人への寛大な措置を申し出たとも考えられるが、犯人未詳のまま清国政府に賠償を要求することはできたはずである。そこで、この稟請書提出の背景をもう少し仔細に検討してみよう。

事件前年の一八九九年一月に大谷派の布教使が天主教の清国人信徒に連れ去られる漳州事件が起こった。このときには、大谷派の石川舜台が政府に強硬な姿勢で臨むことを申し入れたが、政府は取り合わなかった。『教学報知』は、某子爵の談話として、このときのことも踏まえて、政府が仏教を外交問題にしたがらない姿勢を次のように報じている。

君の新聞は宗教家に関係の厚い新聞だが厦門の東本願寺教会堂焼払の一件に就てはドーいふ考を持て居るね此は一大問題だぜ是迄欧米諸国と清国の間に葛藤を生じた導火線は什に七八迄は教会堂焼払だ、ダカラこれが欧米諸国であったら一大問題であつて国民の激昂もこれより起り外交談判も之より始まるといふ一件だが由来宗教に冷淡なる日本国民だから此の号外を見てもフー本願寺が焼かれた？位な事で一向気にも留めない同じ和尚の仲間でも本願寺宗の人は兎も角外の宗旨の和尚達は隣家の雪隠の焼けた程にも感じまいと思ふまして政府の人達などは多少腹の中では感じて居ても表面は矢張感じない顔をして居るに違ひない夫はなぜなれば欧米諸強国に対して日本は仏教国だといはれるのが迷惑であるといふ考だから・・・（中略）一昨年頃であつたが本願寺の僧で加藤とかいふ男が厦門の或る天主教の会堂で散々に殴打された事があつたが其の時も例の石川舜台抔は非常に激して政府へも申立てたそうだが政府では到頭泣寝入りにさせた(49)

漳州事件の際は、前年九月の巣鴨監獄教誨師事件を受けて、仏教公認教運動が大きな盛り上がりを迎えていた時期であり、大谷派も賠償として教会敷地の提供を清国に要求するように申し入れたようである。(50)しかし、厦門事件で早々に大谷派が稟請書を提出して賠償請求を放棄したのは、漳州事件の経験もあったことに加えて、清国との交渉が厳しい局面を迎えていたことも左右していたと考えられる。

九月三日に厦門道台は、日本側が領事館内に駐屯中の陸戦隊を完全撤退させることを条件に、焼失事件の謝罪に関する弁疏状を提出すことに同意し、(51)九月七日に日本側は陸戦隊の撤兵を決め、六日に厦門道台も謝罪書を芳沢領事代理に提出した。しかし、この謝罪書は当初「教堂監守之失火」云々の語句があり、芳沢は長時間談判を重ね「教堂被何等壊人焚焼」と改めさせていた。(52)自国民の暴徒による犯行であると内心は考えていない厦門道台に、語句の修正を求める条件として、九月七日付の稟請書が作成された可能が考えられる。というのも、一八九七年一一月に山東省のカトリック教会が襲撃された曹州教案で、清国側はドイツに膠州湾の租借を認め、賠償金の支払いや教会建設に応じさせられていた。そこで、日本政府はそのようなことを要求する意思のないこと示し、厦門道台に教堂焼失が暴徒によることを認めさせるため、この稟請書が必要になったと考えられる。稟請書に朱書で「本願寺申出ノ趣意ハ清国政府並地方官ニ深ク承知セシメ度事」[53]との貼紙が付されていることがその証左となろう。

おそらく稟請書は、政府側の要請により作成・提出されたと推察され、大谷派の側も焼失事件へ加担した事情から強く賠償請求を主張することはできなかったと考えられる。そして、それは図らずも新聞『日本』の提案した方向性を受容れる結果となったのである。

四　世論の推移と大谷派の対応

事件原因報道の変化

厦門道台や欧米列強領事が日本への疑惑の眼を向けるなか、厦門道台から謝罪書を得たことで、日本政府は一応の面目を保つことに成功した。しかし、謝罪書作成をめぐる厦門道台と芳沢領事代理との交渉は、現地新聞に報道され、日本国内にもその情報は伝わった。これに関して一〇月一九日付『教学報知』は、次のように報じている。

厦門山仔山頂に在る本願寺焼失事件より延いて陸戦隊が上陸となり台湾守備隊の出兵中止となり児玉総督の憤懣辞表となりたるが、其後右焼失事件に関し芳澤領事代理より厦門道台に一書を送りて始末書の如き者を徴せんとしけるに書中「土匪火を放ち本道査を欠く深く歎を抱く所なりとの」文字ありしより延道台以て然らずとなし再三弁論の後道台は曰く「寺中慎を失し監守者亦窮咎し難し況んや本道此夜は査街して該寺に至り左右見る所甚だ親切なり何ぞ土匪放火と言ふを得ん」と日を経る後、日領事之に答へて曰ふ、「此書並に他意無し兵艦長等の為めに他日帰国の砌有司の閲覧に供せんとするのみ」と道台即ち一封を写して之を日領事に付したり、惟だ土匪放火の一句を改めて「何等壊人焚焼」となし事始めて息みたりといふ、右は近着支那新聞の記する所、然れば即ち我政府は厦門道台に対してすら一本まゐり且は出兵の直接現由たる本願寺の焼失も本願寺自身の失火の如く見做され泣寝入りたる次第なり、出兵の中止の汚辱たるは言ふ迄もなく若し右の記事にて真実なりとせば汚辱の上の汚辱ならん(54)

さらに『教学報知』は、これに先立つ九月二一日にも厦門布教所の焼失にさまざまな風評が現地で起きていることを次のように伝えている。

目下厦門地方に於て彼の東本願寺別院の焼払はれたるに就て風説するところ頗る多端なるも要するに
一、布教師が家賃を延滞して家主より厳しく督促を受けたる末、自ら火を放ちたり。
二、曾て漳州に於て彼の匪魁簡太獅を捕縛したるに付き彼れか残党、怒を厦門に移して教堂を焼きたるなり。
三、虎頭山(日本専管居留地)より風船を揚げたるに教堂の屋根に落ちて焼けたるなり。
四、去春漳州に於て真宗信徒と天主教徒の間に衝突を来したることあり、而て其影響自ら厦門に及びたるなり。
五、内地人か清人中の暴漢を煽動して一夜偶然として火を放たしめたるなり、而て其欲する所は之を焼払ひたる後、壮麗なる大教堂を建てしめんと云ふに在り。
六、全く義和団の余勢にほだされ土匪の之を焼きたるにて他に別の意味なし。
等にして真偽将た孰れに在るやを知らざれども暫く風説の区別を揚げて後日の参考とす。(55)

このように、大谷派布教使が自ら放火したとの説が国内でも紹介されるようになるに及んで、大谷派はますます厳しい立場に追い込まれていったと考えられる。

大谷派の事件への対応方針

事件直後から、その原因の一端は大谷派の布教のあり方にあるという見方は、おおむね世論に一致していた。こうした世論を受けて、大谷派が九月七日の稟請書提出に続いて以下の訓示を清国布教使に通達した。

訓示第四号

今般厦門説教場焼却ノ災ニ罹リ諸子カ拮据経営ヲ一朝烏有ニ付セシコト最モ痛惜ノ至リコレ固ヨリ事理ヲ解セサル暴徒ノ所為ニ出タルハ勿論ナリト雖モ又一方ヲ顧ミレハ布教ノ方法或ハ其宜キヲ得サルコトナキヲ保セス或ハ奏功ノ速ナラン事ヲ欲シテ帰向ノ宗徒ヲ偏愛シテ之ヲ保護セントシテ其中正ヲ失シ或ハ言語ニ熟セス地方事情ニ不案内ナル者ヨリ遂ニハ無頼ノ徒ニ至ルマテモ其如何ナル者カヲ詳ニセス我宗ニ帰スレハ之ヲ庇保セルヲ以テ彼徒ハ帰宗後前非ヲ悔悟セル形蹟ナキノミナラス却テ非挙ヲ逞クスルヤノ疑有リテ所在良民ノ感触ヲ害シ其厭忌スル所トナルヨリ来レルモ無カラスヤ若シ斯ル疑似ノコト一点タニアリトスレハ責ノ一半ハ我ニ於テ任セラスベカラス是レ必スコレアリタリト曰フニハ非ス亦君子己ヲ責テ他ヲ恕スルノ意ヲ尽サントスルノミ之レ大ニ痛心苦慮スル所ナリ然レハ此ノ際宗門本来ノ趣旨ヲ体シテ猥リニ復仇的観念ヲ挟ミ益良民ノ厭忌ヲ招キ上ハ仏意ニ背キ下ハ今後ノ布教伝道ヲシテ益難地ニ陥ラシメ施テ国交ノ円滑ヲ害スル如キ嫌ナカラン事ニ注

意シ我仏教者ニ在テハ慈悲柔和ヲ本トシ一層謹慎ノ態度ヲ以テ布教伝道ヲ励ムヘシ
右訓示ス
明治三十三年　　　　　　　　総務　大　谷　勝　縁[56]

この訓示では、布教所焼失は暴徒によるものとしつつも、大谷派の布教に問題のあったことも認め、その改善を指示している。この訓示は、高崎親章京都府知事から九月一七日付で青木周蔵外務大臣に提出された「厦門東本願寺焼失ニ対スル処分ニ付大谷派本山ノ意向通報ノ件」に添付されており、この通報書には前述の稟請書も付記されている。一連の大谷派の対応に政府に関与も想起させるものがある。ところで、訓示にはキリスト教の布教のことには言及されていないが、高崎の通報書には大谷派の意図が次のように代弁されている。

北清動乱ノ余波大谷派ノ厦門教堂ハ暴徒ノ襲フ所トナリ遂ニ焼燬セラレタルカ之レニ対スル大谷派本願寺ノ意向ハ頗ル冷静ニシテ此際敢テ要求ニ類スル挙動ヲナサス一切ノ処置ヲ我政府ニ委シ全然自動的云為ハ為ササル方針ナリト云フ今同派布教局役僧及福建布教師等ノ語ル所ヲ聞クニ元来清国ニ於ケル外教徒ノ布教方法ハ独リ信徒ノ増加ノミニ汲々トシテ玉石ヲ混淆セルノ結果無頼漢ニシテ信徒ナルモノアリテ是等ハ宗教ノ仮面ヲ冠リ不正ノ行動ヲ演スル事アリ然ルニ外国宣教師ノ多クハ之レニ戒飾ヲ加ヘス又破門セサルノミナラス却ツテ掩護シ自然対手者タル良民ヲ苦ムル事ナキニ非ス大谷派モ亦近来此渦中ニ陥ラントスルノ傾アルヨリ本山ニ於テハ鋭意信徒ノ撰択ト布教方法ノ改良ニ務メ策画中適々今春台湾ノ匪魁簡大獅ハ厦門ニ逃竄シ来リタルヲ総督府ノ警部某ハ追補ノタメ渡来シ大谷派教会堂ニ宿泊シ遂ニ簡大獅ノ所在ヲ得テ逮捕シ帰リタルヨリ之レ大谷派カ

其捕縛ノ媒介ヲナシタルモノト臆断シ積本（マヽ）外教徒ニ怨恨ヲ抱ケルモノハ北清動乱ヲ機トシテ爆発シ教会堂ヲ焼燬シタルモノナル可シ然レトモ之レカ損害ハ本山備付ノ器具布教使ノ衣類雑具等ニ止リ約壱千余円ヲ出テサレハ本山ハ彼ノ外国人世教師カ為ス所ニ倣ハス飽迄モ僧侶ノ本分ヲ守リ過分ノ要求等ヲナサスシテ之レカ処置ヲ政府ニ一任スルニ内決シタル次第ナリト而シテ大谷派ハ此事変ニ付清国布教使カ本山ノ真意ヲ誤解スル事アランヲ恐レ別紙写ノ訓告ヲ発シ又社会ニモ事変ノ真想ヲ知ラシムルカ為メ其顛末書ヲ編纂シ汎ク世上ニ頒ツ筈ナリト云フ

右御参考迄及内報候也

明治三十三年九月十七日　　京都府知事　高　崎　親　章

外務大臣子爵　青　木　周　蔵　殿[57]

通報書では、事件収拾に向けた一切の対応を政府に委ね、勝手な行動をとらないとする大谷派の意向が示されている。さらに放火については、首謀者が簡大獅の残党であるとの従来の見方を踏襲しているが、同時に事件の背景には欧米キリスト教の横暴な姿勢のあることが指摘され、これらの真相を世間に知らしめるため顛末書を編纂する用意のあることが報告されている。

仏教側世論の対応

自らが反省する謙虚な姿勢をアピールしつつも、より深刻かつ重大な問題はキリスト教の側にあるのだとする路線は、前述の新聞『日本』の論調に先駆的に示されていたものであった。この点において、大谷派の公認教運動の別働隊ともいうべき大日本仏教同盟会の機関誌『政教時報』になると、そのキリスト教批判はさらに露骨に示された。例えば、一九〇〇年九月一五日発行の「南清の動乱」のなかでは、欧米列強の尖兵となって活動するキリスト教宣教師のあり方が厳しく批判されている。

清人が彼が如く頑冥に敵愾心に駆られは意外熱に浮されて、妄動非挙を敢てするに至りたるものは、彼天主教徒が口に博愛を唱へながら、自己の同宗者のみを偏愛して、異教者を憎悪し、陥穽に陥れて以て石を頭上に擲ち、人類凡て等しく天父の子孫なれば咸く同胞兄弟なりと揚言しつゝ、只管自己の同人種のみ親昵して之を汚辱し之を排斥す、独や仏や此嫉妬深き妄執偏愛心を利用して、其植民政略の先鋒たらしめ、彼等宣教師の後援として鉄砲戦艦を準備し、以て彼等の挙動をして放恣を極めしむ(58)

次いで、この記事ではそうしたキリスト教宣教師と同様視されるとすれば、誤解を受けるような日本仏教側にも責任があったかもしれないとして、次のようにいう。

多年耶蘇教宣教師に懲りたる彼れ清民は始より疑心を以て仏教を迎へ、仏教亦日本政府の後援を恃みて布教すと邪推せるは確に一因たるを信ずるなり、然れども開教以来二ヶ年有余にして迫害に遇ふ事数々、彼等をして日本仏教布教師は、真個に人類救済の為に来りたるを知らしむるに力めずして或は横暴なる教徒を庇護するものなり、侵略主義の先導者なりと彼天主教宣教師と同一視せらるゝものなりとせは、其誤解を招く所以即赤心を人の腹中に置くことの至らざる責なしとせざるなり(59)

そして、仏教の本来の立場は博愛精神にもとづくべきであり、この点を念頭において今後の布教改善に努力すべきことを次のように主張している。

仏教家が其本分として人を責めずして、己れを責むるの雅量有らば、宜しく各自に戒慎を加へ、今後の布教には一層彼等の疑訝を避くるを注意すること勿論、宗教宣伝に際して、漫に帰依者の頭数を多からしめんが為に、自教徒の非行を庇保回護し、他教徒を排擠して以て官民の厭嫌を招くが如き行為を為すあらばこれを啻に清国の平和を害すにみならず、人道主義に背馳せるものにして、決して宗教者にあるまじき罪悪たるなり(60)

厦門一帯の布教責任者であった本多文雄は、たびたび事件に関する見解を新聞に発表しているが、その言説は大谷派への厳しい世論を意識して、時期によりその主張に若干の変化が見られる。九月六日付『日本』に発表された談話では、事件は現地での大谷派への積憤にあるとしているが、背景をあげているのは、偽布教使の悪行、簡太獅残党の逆恨み、破門された元門徒の逆恨みなど、いずれも大谷派に責任があるとはいえないものばかりであり、キリスト教布教の問題性にも言及されていない(61)。

ところが、訓示以後の九月二五・二六日付『日本』に寄稿した「福建布教顚末概要」では、自国政府の権威を背景に現地の訴訟問題に介入して勢力を拡大するキリスト教の実態を詳しく報告した上で、次のように述べている。

吾人は此に至りて明々地に社会の前に告白せざるべからず、清国人が如何に外国宗教を利用するの念慮方策に富めるかを知らざし本宗の布教家は余りに広く門戸を開放せしの失態なかりし歟との一事は多少の経験を積みし今日より当時を回顧しての反省的感想なり[62]

キリスト教が定着させた清国人の宗教利用の悪習に適切に対応できなかった点を反省点とし、そのことを通じてキリスト教布教の問題性を強調しようとする意図が見てとれる。また一〇月に『明教新誌』連載の「本願寺廈門教堂毀焼の因由」[63]では、大谷派布教使に行動が現地の排日運動の高まりを助長しているという国内世論に対し、「之を要するに排日熱の一部としての排本願寺熱は有之、唯其れ排本願寺熱が排日熱を増上せしめし一因縁なりと云ふに至りては見当違に非ずんば即ち酷のみ」といい、排日の底流には日本の中国進出に対する反感があるとしている。さらに放火の真犯人像に言及し、簡太獅残党か天主教関係者であろうとの見方を示している。[64]これらの主張は、大谷派布教使放火説とそれによる大谷派批判に反論する意図があったと考えられる。

世界宗教者に告くるの書

高崎親章京都府知事の通報で予告されていた大谷派の事件顚末書は、一一月に完成した。この顚末書は「清国事変に就きて世界宗教者に告くる書」と題され、京都市建仁寺内の大日本仏教徒同盟会本部から発行された。日本仏教徒同盟代表者として、天台宗座主中山玄航・真言宗長者長宥匡・浄土宗西山派管長久保倣道・臨済宗南禅寺派管長豊田毒湛・真宗大谷派管長大谷光瑩・黄檗宗管長吉井虎林が名を連ね、編輯を担当した蕪城賢順は、当時大谷派の文書科録事の職にあった。[65]

大谷派は、一一月二七日付で「清国事変に就きて世界宗教者に告くる書」を門末に示し、諭達一二号と訓示四号をもってその趣旨徹底を指示し、[66]『明教新誌』もその全文を掲載して報じた。[67]本書では、キリスト教宣教師が自国の侵略行動と連動して布教を行い、かつ中国伝統文化を破却してきた二点の問題を指摘し、そうした姿勢が中国人の排外思想を誘発助長して義和団の乱が起こったとの見解を示している。そして厦門事件では、布教所の焼失という被害を受けたにもかかわらず、清国政府に賠償を要求しない日本仏教の穏当な姿勢を自賛している。

さらに本書とこれへの評論を加えてた小冊子が、翌年二月に大日本仏教徒同盟本部から発行され、中国語・英語に翻訳して世界各国に送付された。[68]その間の事情を『明教新誌』は次のように報じている。

〇仏教徒の意見書配布　我国の仏教徒は今回清国の変乱を以て同国に在る外国宣教師の言動宜しきを得ざりしに起因したるものとし大谷派の主唱により各派共同の上、支那に於ける基督教及び仏教徒の宣教方針に一大刷新を加へざるべからずとの意見を印刷に付し去る十二日を以て之を全世界の教役者及び新聞雑誌社に向け発送したり即ち本誌「雑録欄に載する「清国事変に就て世界宗教者に告ぐるの書」と題するものこれなり同書は邦語と清語と英語の三通に認め米国に五百、仏国二百五十、独逸に三百、露国に百、其他以西等の諸国に五百余部を東洋にては印度南洋に三百部、暹羅に百部、支那朝鮮に五千部を発送し内地にても有名なる教役者及び新聞社に普く頒布せりと云ふ[69]

外国に送付した七千部余りのうち、キリスト教国の欧米諸国よりも、中国・朝鮮に大半の五千部を送付したことからも、大谷派への現地での反感を意識したものであることが知れよう。

おわりに

大谷派と台湾総督府とが連携して起した厦門布教所の焼失事件は、図らずも大谷派の南清布教の問題性を顕在化させることとなり、この結果、大谷派は自らの布教のあり様の反省に迫られた。しかし、この反省はその後に生かされたであろうか。

「清国事変に就きて世界宗教者に告ぐる書」では、自国の侵略行動と連動して布教するキリスト教宣教師を厳しく批判したが、それは自らが台湾総督府の謀略に手を貸した事実を隠蔽して行われた。そして、何よりも総督府の奨励ではじまった日本仏教の南清布教こそが、日本の植民地施策の尖兵としての役割を任じて着手されたことは明らかであった。[70]一方で事件は、自国の宗教布教が植民地政策の成否に直結する問題であるとの認識を日本政府に促し、宗教問題に無関心であった日本政府も事件後は日本仏教の布教権を清国に認めさせる交渉に着手した。厦門事件後、現地での官民の日本仏教への不信感・反感が高まり、地方官は日本仏教の布教する権利を認めず、布教使の引き揚げを要求するようになっていたのである。[71]その意味では、大谷派と日本仏教のアピールは日本政府に向けては効果があったといえるかもしれない。

ところが、清国政府との交渉は難航し容易に解決しなかった。[72]しかも、前述の大谷派の訓示で指摘された「奏功ノ速ナラン事ヲ欲シテ帰向ノ宗徒ヲ偏愛シテ之ヲ保護セントシテ其中正ヲ失シ」という日本仏教の布教姿勢は改められることなく、現地で数々の問題を引き起こして日本領事からも厳しく指弾される結果となった。[73]結局、反省は、キリスト教を批判するためのみせかけに過ぎず、日本の植民地施策に便乗して安直に布教成果を求める日本仏教のあり方が改められることはなかったのである。

[註]

（1）本書第四章を参照。
（2）斎藤聖二著「厦門事件再考」（『日本史研究』三〇五号、一九八八年一月）。
（3）佐藤三郎著「明治三三年の厦門事件に関する考察」（『山形大学紀要（人文科学）』五巻二号、一九六三年）、中塚明著「義和団鎮圧戦争と日本帝国主義」（『日本史研究』七五号、一九六四年）、高橋茂夫著「明治三十三年厦門事件の一考察」（『軍事史学』八巻四号、一九七三年三月）、高橋茂夫著「厦門事件をめぐる問題」（『日本歴史』三二一号、一九七五年二月）、向山寛夫著「厦門事件と恵州事件」（『中央経済』二三巻三～四号、一九七四年）など。
（4）大山梓著「北清事変と厦門出兵」（『歴史教育』一三巻一二号、一九六五年二月）、大山梓著「厦門事件」（明治文化研究会編『明治文化研究』第一集、一九六八年）、河村一夫著「厦門事件の真相について」（『日本歴史』三〇九号、一九七四年二月）など。
（5）故谷美子著「厦門事件の一考察――日本の南清進出計画とその失敗――」（『歴史教育』六巻三号、一九五八年三月）。
（6）葛生能久著・黒龍会編纂『東亜先覚志士記伝』下巻（黒龍会出版部、一九三六年）、二九〇～二九一頁に収録の「高松誓（東本願寺僧厦門事件）」は、全文を中西直樹編『植民地布教史資料集成〈台湾編〉』第一巻収録の解題（三人社、二〇一六年）に掲載した。本書では、高松誓が南清布教総監であったとするなど、事実に反する記述が間々見られる。
（7）註（3）掲出「明治三三年の厦門事件に関する考察」。
（8）外務省編纂『日本外交文書』三三巻別冊一　北清事変上　収録「九三一号　八月三十一日　福州在勤豊島領事ヨリ青木外務大臣宛」（日本国際連合協会、一九五六年）。
（9）前掲『日本外交文書』三三巻別冊一　北清事変上　収録「九六四号　九月十五日　厦門特派室田弁理公使ヨリ青木外務大臣宛」。

(10) 前掲『日本外交文書』三三巻別冊一　北清事変上　収録「九六八号　九月十八日　福州在勤豊島領事ヨリ青木外務大臣宛」。
(11) 鶴見祐輔著『後藤新平伝』台湾統治篇下　一三九～一四〇頁（太平洋協会「出版部」、一九四三年）。
(12) 高西賢正編『東本願寺上海開教六十年史』七八頁（一九三七年）。
(13) 註（2）掲出「厦門事件再考」。「後藤新平日記」一九〇〇年八月一八日の条（水沢市立後藤新平記念館編『マイクロフィルム版　後藤新平文書』リール三一所収）。
(14) 波多野勝著『近代東アジアの政治変動と日本の外交』（慶應通信、一九九五年）は、高松誓に後藤新平から機密費が渡されていた事実を取り上げ、「以上の推移をみると厦門東本願寺焼失は従来総督府の関与の可能性が指摘されてきたが、右の経緯はその可能性をほぼ確定した事実といえよう」と述べているが、高松の関与も同様と言えよう。
(15) 「厦門暴動事情」（一九〇〇年九月六日付『日本』）、「福建布教顛末概要」本多文雄（一九〇〇年九月二五日付『日本』）。
(16) 前掲「福建布教顛末概要」。
(17) この事件をもって、厦門布教所放火は簡太獅関係者の逆恨みよるものとの見解があり、それを最初に示したのは、泉州の布教主任の田中善立のようである（「厦門の暴動事件（簡太獅捕縛との関係）」〔一九〇〇年八月二九日付『時事新報』〕）。
(18) 真宗大谷派宗務所組織部編『宗門開教年表』二二頁（一九六九年）。
(19) 「後藤民政長官対岸巡視応接談話筆記」（前掲『マイクロフィルム版　後藤新平文書』リール二六所収）。
(20) 「本願寺厦門教堂毀焼の因由」本多文雄（一九〇〇年一〇月二・四・一〇・一四・一六日付『明教新誌』）。この資料は、前掲『仏教植民地布教史資料集成〈台湾編〉』第六巻に収録。
(21) 「本願寺の布教所を焼かる」（一九〇〇年七月四日付『明教新誌』）。
(22) 「厦門事件の報告」（一九〇〇年九月一五日付『教学報知』）、前掲『日本外交文書』三三巻別冊一　北清事変上　収録「九七七号　一〇月一三日　厦門在勤上野領事ヨリ青木外務大臣宛」の附属書二「八月廿四日付厦門領事館附警部日吉又吉提出関係人尋問調書写」。
(23) 前掲「後藤新平日記」一九〇〇年八月一八日の条。
(24) 前掲『後藤新平伝』台湾統治篇下　一三九～一四〇頁。

(25)(26) 註(22)掲出の「八月廿四日付厦門領事館附警部日吉又吉提出関係人尋問調書写」。
(27)(28) 註(3)掲出「明治三三年の厦門事件に関する考察」。
(29) 註(22)掲出の「厦門事件の報告」。
(30) この点は、本書第四章のなかで論じた。
(31) 註(6)掲出「高松誓(東本願寺僧厦門事件)」。
(32) 「任免辞令」(『宗報』二七号付録、一九〇〇年一〇月五日、真宗大谷派本山事務所文書課)。
(33) 「厦門仮説教場開設」(『宗報』二八号、一九〇〇年一一月五日、真宗大谷派本山事務所文書課)、「厦門仮布教所寄附」(一九〇〇年九月二〇日付『明教新誌』)。
(34) 「大谷派の厦門説教場」(一九〇〇年九月八日付『明教新誌』)。この記事では「大山慶義」とあるが、「大山慶成」の誤記と考えられる。
(35) 註(17)掲出「厦門の暴動事件(簡太獅捕縛との関係)」。
(36) 弁理公使室田義文も、犯人逮捕を半ばあきらめ、現地の抗日分子の捕縛を道台に行わせる口実にしようとしていた(註(3)掲出「明治三三年の厦門事件に関する考察」)。
(37) 「厦門暴動事件」(一九〇〇年八月三一日付『時事新報』)。田中善立は、新聞『日本』の記者に対しても、「今度厦門に於ける東本願寺会堂の焼払はれたるは布教其の宜きを得ざりしに基くものなりとの攻撃あれど是れ恐らく清国布教事業に精通せざるより起りたる説ならん」と述べた上で、簡太獅残の放火によるものとの見解を語っている(「厦門の暴動に就き」(一九〇〇年九月二日付『日本』)。
(38) 註(17)掲出「厦門の暴動事件(簡太獅捕縛との関係)」。
(39) 「厦門東本願寺の焼払」(一九〇〇年八月二八日付『日本』)。
(40) 「厦門の不穏に就て」(一九〇〇年八月三〇日付『都新聞』)。
(41) 「厦門暴動と東本願寺」(『政教時報』三九号、一九〇〇年九月一五日)。
(42) 原文は未見であり、「厦門の擾乱」(一九〇〇年九月三日付『日本』附録週報二六四号)からの引用による。この記事は、

「世論の趨勢」（『政教時報』三九号、一九〇〇年九月一五日）にも引用されている。
(43)「仏教と教匪（日本の仏教家に反省を求む）」（一九〇〇年八月三一日付『日本』）。
(44)「厦門の暴動に就き」（一九〇〇年九月二日付『日本』）、註（15）掲出「厦門暴動事情」及び「福建布教顚末概要」。しかし一方で「厦門の擾乱」（一九〇〇年九月三日付『日本』附録週報）では、新聞『富士』の大谷派批判に同調している。
(45)「宗教家の本分と支那禍変の善後」（一九〇〇年九月三日付『日本』）。
(46)「宗教」（一九〇〇年九月一〇日付『日本』附録週報）。ちなみに、この記事で引用されたのは「基督教は人種的宗教也」（『新仏教』一巻三号、一九〇〇年九月一日）と「基督教徒に望む」（『政教時報』三八号、一九〇〇年九月一日）であった。
(47)前掲『日本外交文書』三三巻別冊一　北清事変上　収録「九六七号　九月十七日　高崎京都府知事ヨリ青木外務大臣宛」、「厦門説教所罹災に関する諭告」（『宗報』二七号、真宗大谷派本山事務所文書、一九〇〇年一〇月五日）。
(48)註（3）掲出「明治三三年の厦門事件に関する考察」。
(49)「厦門本願寺焼払に就て」（一九〇〇年九月一・三日付『教学報知』）。
(50)註（15）掲出「厦門暴動事情」。
(51)前掲『日本外交文書』三三巻別冊一　北清事変上　収録「九四二号　九月三日　厦門在勤芳沢領事代理ヨリ青木外務大臣宛（電報）」。
(52)前掲『日本外交文書』三三巻別冊一　北清事変上　収録「九五二号　九月七日　厦門在勤芳沢領事代理ヨリ青木外務大臣宛（電報）」
(53)註（47）参照。
(54)「厦門本願寺焼失事件」（一九〇〇年一〇月一九日付『教学報知』）。
(55)「教堂炎上の災源」（一九〇〇年九月二一日付『教学報知』）。
(56)註（47）参照。「大谷派厦門布教使へ訓示」（一九〇〇年九月一八日付『明教新誌』）、「厦門説教場罹災に関する諭告」（『宗報』二七号、一九〇〇年一〇月五日、真宗大谷派本山事務所文書課。前掲『仏教植民地布教史資料集成〈台湾編〉』第六巻に収録）にも「諭告」が掲載されている。ただし、『明教新誌』は本多文雄に九月九日、『宗報』は九月一一日に清国布教使に通達されたとしている。

(57) 註(47)参照。

(58)(59)(60) 「南清の動乱」(『政教時報』三九号、一九〇〇年九月一五日)。

(61) 註(15)掲出「厦門暴動事情」。

(62) 註(15)掲出「福建布教顚末概要」。

(63)(64) 註(20)掲出「本願寺厦門教堂毀焼の因由」。

(65) 近残花房編『加能真宗僧英伝』三三〜三四頁(近八書房、一九四二年)。

(66) 「諭達第十二号」「訓示第四号」(『宗報』二九号付録、真宗大谷派本山事務所文書課、一九〇〇年一二月五日。前掲『仏教植民地布教史資料集成〈台湾編〉』第六巻に収録)。

(67) 一九〇〇年一一月一六・一八・二〇日付『明教新誌』。

(68) 蕪城賢順編『清国事変に就きて世界宗教者に告くる書並に評論』(大日本仏教徒同盟本部、一九〇一年。前掲『仏教植民地布教史資料集成〈台湾編〉』第六巻に収録)。

(69) 一九〇〇年一一月一六日付『明教新誌』。

(70) 本書第四章を参照。

(71)(72) 厦門事件後の布教権問題の行方については、佐藤三郎著「中国における日本仏教の布教権をめぐって」(『山形大学紀要(人文科学)』五巻四号、一九六四年一二月。後に『近代日中交渉史の研究』吉川弘文館、一九八四年に所収)に詳しい。

(73) この点も前掲の佐藤三郎論文が、『日本外交文書』の現地領事の報告書などから明らかにしている。例をあげれば、一九〇六年二月に上野厦門領事は本願寺派の布教に問題があり改善が必要であると加藤外相に報告しており、同年八月には大谷派の伊藤賢道が浙江省で諸寺の財産問題に不当介入しているとして、現地領事から三年の在留禁止と退去命令を受けている。さらに翌〇七年八月にも瀬川厦門領事が林外相に対して日本仏教の布教使に不適切な人物が多い旨を報告しており、一九〇八年一一月には、福建省内で反感が高まっているとの現地領事の報告を踏まえ、外務省が本願寺派管長と大谷派管長に対し、「清国官民ノ感情ヲ害スルカ如キ行動ナキ様」警告する文書を発している。

第六章　台湾仏教懐柔策と南瀛仏教会の設立

はじめに

台湾総督府は、領有当初こそ日本仏教が現地寺廟を支配下に置くことを容認したものの、一八九八（明治三一）年五月には、その禁止を指示して日本仏教による台湾旧慣宗教への介入を規制した。各宗派の激しい末寺獲得競争が植民地支配の安定に寄与しないと判断したためと考えられる(1)。

もっとも、その後も台湾総督府は、日本仏教各宗派の統治への利用策を放棄したわけではなかった。一九〇一年以降、日本から渡台する僧侶に対し、その船賃の全額または一部を無償とする措置がとられ(2)、一九〇六年には台湾駐在布教使の島内での汽車乗車賃の割引も開始された(3)。台湾総督府が日本人僧侶に経済的便宜を与えて台湾への渡航を促したのは、その布教活動が在留邦人の定住化に資する側面があり、そのことが台湾植民地化の促進にも寄与すると考えたためであろう。

こうして一九〇二年に台湾精糖株式会社が操業して日本資本の進出が本格化すると、現地で成功した内地人の経済的支援を受けて次々に日本的寺院が建立された。さらに台湾総督府は、一九一〇年に先住民族の同化政策（理蕃政策）の一環として日本仏教僧侶の登用を決め、本願寺派・臨済宗妙心寺派の僧侶らを布教師に委嘱し原住民に帰順を促す教化活動を展開させた(4)。

一方、この間に現地「本島人」対象布教は衰退の一途をたどったが、こうした状況に変化をもたらす契機になったのが、一九一五(大正四)年に起こった西来庵事件であった。この事件を最後に大規模な抗日武装闘争は終息していったが、第一次世界大戦後に民族自決の意識が高まるなかで、日本への抵抗は合法的な政治運動へと発展し、一九二一年からは台湾議会設置請願運動もはじまった。これに対し、台湾総督府は民族主義者の分断と懐柔に向けた諸施策に着手し、同時に現地仏教勢力を懐柔・日本化するため、本島人布教の奨励策に転じたのである。

本章では、西来庵事件以降の台湾総督府の宗教施策の変化を整理しつつ、これへの日本仏教の対応を検討する。

一　台湾総督府の宗教施策の転換

西来庵事件の衝撃

一九一五(大正四)年の西来庵事件は、逮捕検挙された者が一、九五七名、死刑判決を受けた者が八六六名に及ぶ大規模なものであった。しかも、この反乱計画が西来庵という宗教施設を舞台に起こったことは、総督府の宗教政策に大きな影響を及ぼした。台湾総督府法務部が編纂した『台湾匪乱小史』は、この事件を次のように総括している。

本陰謀の内容は本島に在る日本人を撃退し以て日本政府の羈絆を脱せんとするにありて其手段として本島人の迷信を利用し殊に最も頑冥の称ある食采人を先づ煽動し彼等の牢乎として抜くべからざる迷信を基礎として漸次多数の党員を募り一挙反旗を飜さんとせる者にして彼等を勧誘するに巧みに台南市府東巷街なる淫祠西来

庵を利用したり。(5)

さらに斎教については、「其内面に於ては僧侶と同じく仏の教へに従つて生活する臨済宗より出し一派に外ならず迷信最も頑固にして一度彼等の信ずる人物の指導する事あらば火水をも辞せざるの危険団体なり」(6)と評している。胎中千鶴は、西来庵事件は道教的色彩の濃い民間信仰が核となっており斎教との宗教的関係は薄く、事件関係者にも斎教徒が少なかったことを指摘している。(7)また池田敏雄は、叛乱の主要な動機が林野の収奪にあったことは当時からすでに明らかであったとした上で、失政の表面化を怖れた総督府が島民の迷信的暴動に事件の原因を求めたと推測している。(8)

事件の背景にはさまざまな要因があったと考えられるが、蔡錦堂が指摘するように、神将がわが身を護ってくれると信じて簡易な武器で武装警察や軍隊と熾烈な戦闘に参加した原住民の宗教性に対して総督府が脅威を感じ、宗教施策の見直しに着手した点は否定できないであろう。(9)

下村宏民政長官の宗教施策方針

事件後の一九一五(大正四)年一〇月、下村宏が台湾総督府民政長官(のちに総務長官)に就任した。下村は、就任直後の一一月二三日に著した「台湾統治ニ関スル所見」において、欧米諸国で植民地での叛乱予防にキリスト教の諸活動が大きな役割を果していることを次のように指摘している。

第三　宗教　匪徒カ其ノ暴動ニ於テ迷信ヲ利用スルハ常套ニ属セリ、是等ニ対シテハ、一面教育ト相俟チテ宗教ノ力ヲ要スルコト甚大ナリ泰西ノ先進国ハ海外ニ対スル勢力ノ扶植ニツキ宗教ニ重キヲ置クハ既ニ周知セラルヽ処ナリ、現ニ台北ニ於テモ欧米ノ基督教徒ハ進ンテ資産ヲ投シ土語ニ習熟シ学校ヲ興シ病院ヲ建テ、其布教ニ熱心ナル進ンテ本島人ト結婚セシ者アリ、終生ヲ奉ケテ教化ニ努ムルコト四十五年ノ歳月ヲ重ヌル者アリ(10)、

ところが、日本仏教の場合は専ら在留邦人を布教対象とし、現地人に何ら精神的感化を与えていない状況にふれ、そのことを遺憾とし次のようにいう。

然ルニ我仏教布教者ハ殆ント土語ヲ語ル者無ク、只内地人ノ仏教信者ヲ対象トシテ生計ヲ立ツルカ如ク、又進ンテ本島人ノ教化ニ力ヲ用ユルモノナシ、監獄ノ教誨師ニシテ通弁ヲ以テ法語ヲナセルカ如キハ、寧ロ滑稽事ト称スヘシ、而カモ頻年匪徒ノ乱アルモ基督教ヲ奉スル本島人ニシテ一人トシテ之ニ加ハル者アラサルヲ見ルハ、宗教ノ感化偉大ナルヲ証スヘシ(11)

その上で、宗教家の活動の活発化を促す施策の必要性を強調し、特に現地仏教との親近性の強い禅宗への期待を以下のように表明している。

此際何レノ宗教タルヲ問ハス敢テ内地宗教界人士ノ活動ヲ求ムルコト急ニシテ、殊ニ本島人ハ福建人種ニシテ臨済宗ニ帰依スルモノ多ク、僧侶ハ対岸ト常ニ相離ルヘカラサルモノアリヲ見ユ、我仏教殊ニ禅宗教徒ノ奮

励ヲ切望スルモノナリ、又道教其他諸種ノ迷信ニ属スヘキ種類ノモノ又一トシテ対岸ト因縁ヲ結ハサルモノナキモ強テ之カ絶滅ヲ計ルコト労多クシテ却テ弊生セサルナキヲ保セス、之ヲ我邦仏教伝来ノ過去ニ照スモ有識ノ士ハ宜シク台地ニ於テ現ニ行ハルヽモノヲ利用善導スルノ途ヲ講究シ幸ニ其実行ヲ見ルヲ得ンカ、其感化ノ速カニ、大ニ、且ツ強キ真ニ測ルヘカラサルモノアルヘシ、教育及宗教ハ共ノ其歩ミ遅々タルモ、其一歩ハ堅実再ヒ抜クヘカラサルモノアリ、宗教ノ従来比較的閑却セラルヽカ如キ傾向アルハ、頗ル遺憾トスル所ニシテ、将来ノ政策トシテハ宗教ノ上ニ特ニ力ヲ致スコトヲ必要トス(12)

下村は、着任早々から全島を視察し、日本仏教各宗派に対しても布教実態に関する詳細な報告を求めたようである。浄土宗の基隆布教使であった入江泰禅は、一九一六年二月『浄土教報』に寄せた文章のなかで、この下村の方針にふれた上で、「内地仏教者が領むる当時の意思に反し内地人の巾着を絞るに汲々たる而已にして本島人に遠かり何等教化の実質を認むる者なきは実に遺憾至極と云ふべし(13)」と記している。また同年一月に『中外日報』は、当時帝国議会会期中の用務で東京滞在中であった下村の談話を次のように報じた。

下村台湾民政長官は台湾の宗教事情に就て左の如く語りて日本人宗教家の不振を嘆けるが如し曰く、台湾には内地から相当に宗教家は行つて居るが、夫は台湾在住の内地人教化を目的とするもので、本島民教化を企てた者は殆ど無いやうである、之に反して耶蘇教徒の熱心努力は真に敬服に堪へぬのである。(14)

このように一九一六年に入ると、下村の仏教側の奮起を期待する意向が公にされ、国内の仏教系世論でも取り沙汰されるようになった。このことは、仏教各宗派の台湾布教に取り組む姿勢にも少なからず影響を及ぼしたものと考えられる。

一方現地では、西来庵事件の直前の一九一五年春より、各宗布教代表者で組織する台北各宗教協和会と台湾総督府・地元有力者との間で、島民教化の推進に向けた非公式な会合が開かれるようになった。[15] こうした動きを踏まえて下村宏は、一九一六年一〇月に在台北の神道、仏教、キリスト教の宗教者、官民の宗教関係者四六名を総督官邸に招いて午餐会を開催した。『中外日報』は、こうした会を開いた下村の意図を以下のように報じた。

長官の本会を催されたる趣旨は何れの場所、何れの時代に於いても宗教の必要なることは云ふまでも無きことにして殊に本島の如き新領土に於いては物質上の施設に伴ひ精神界の開発を必要とすること最も急切にして宗教家の努力に待つもの極めて多きは論を待たざる所、茲に諸君と一堂に会して意見を交換することを得るは喜ぶ所なり云々と[16]

総督府の宗教施策と丸井圭治郎

総督府は、宗教諸団体に対し台湾人教化について協力を要請するのと並行して、事件直後から丸井圭治郎に命じて現地の宗教実態の調査に着手した。[17] その調査報告は一九一九（大正八）年三月に『台湾宗教調査報告書』第一巻として刊行され、さらに同年六月には内務局に社寺課が新設され、丸井圭治郎が初代課長に就任した。

丸井圭治郎は、三重県に生まれ、一八九八年に東京の帝国大学文科大学漢学科を卒業した後、真言宗新義派中学林などで教鞭をとったが、その後台湾総督府に赴任して、理蕃課・学務課などに勤務した。[18]『台湾総督府文官職員録』[19]を見る限り、丸井の総督府任官は一九一四年版に記された警察本署保安課勤務が最初のようであるが、『中外日報』の報道によれば、一九一二年一〇月に丸山は蕃人教化主任として、帰順した「生蕃人」四三名を引率して西本願寺を参拝している[20]。正式な任官以前から台湾先住民の同化政策の推進に関わり、総督府嘱託布教師であった日本人僧侶とともに活動していたと考えられる。

丸井は、台湾在来の宗教をどのように見ていたのであろうか。少し後のことになるが、一九二五年発表の論説のなかで、台湾の仏教徒について「仏教徒と云つても純正の仏教徒ではなく、六分の仏教に、二三分の道教、一二分の儒教を含んでゐる」[21]と評している。さらに丸井は、台湾人の信仰は諸宗教が混然一体化しているが、中枢をなすものは現世利益であり、その基底には道教が大きな勢力を有しているとの見解を示している。そして、道教に対しては次のようにいう。

然し何れにしても一体に道教其のものが迷信的で、立派な人格を持つた祖師と見るべきものもなく、例へば其の宗とする所の老子にしても、又、呂洞賓にしても、其の行履がすべて神仙的、超人的で、人間的、道徳的の行ひは少しも説かれてゐない。だから教徒の信仰は退嬰的、宿命的で、根拠のある力を欠いてゐる。斯の如き信仰生活を殆んど全部の台湾人が送つてゐると云ふ事は、最も注意すべき事実で、之を其の儘に委して置いたのでは、過去何千年の伝統を持つてゐる彼等の迷信はいよへ根強さを加へ、遂には如何なる力を以てしても抜去る事が出来なくなると思ふ。殊に又道教は解釈の仕方によつては非常に危険な思想を含んでゐるもので、列子の如きは、天下の為にならば毛一本抜く事もしないと公言してゐるが、之を若し、天下国家社会の為になる事は決してやらないと云ふ意味だとすれば、斯の如き思想を土台にしてゐるものが、やがて極端な社会主義

に奔るのは当然である。(22)

道教を迷信的で、反社会的な思想とも結びつきかねない危険な信仰とし、そうした危険性を未然に防ぐためには、これを日本仏教により善導して行く方策が有効であるとして、次のように主張している。

故に支那の伝統を受けてゐる台湾人を同化するに当つては、幸に今日の道教は仏教を幾分取入れてゐるのであるから、日本仏教の力を以て導くやうにしたならば、必ず効果があるであらうと思ふ。又斯くして其の効果を挙ぐるでなければ、徹底的に日本国家の為めに、同時に台湾の為めに其の福利を増進する事は出来ないと思ふ。(23)

こうした考えから丸井は、台湾宗教の日本仏教との提携策を推進していったのであるが、そのためには日本仏教をどのように利用するかが問題となったはずである。これに関して、一九一七年一月の『中外日報』は、渡台した浄土宗教学部長竹石耕善の次のような談話を報道している。

浄土宗教学部長竹石耕善氏は去月渡台帰東された其所談に「私は総督安藤貞美氏及び丸井氏にも面会し胸襟を開きて宗教に対する方針も聞き、又当方の希望も述べて来ましたが、総督としては仏教の力を要する事を思ひ付いた様子で今回の宗教視察に余程の便宜を与へられた、又丸井氏は制度制定に就て朝鮮の如く窮屈では困ると種々意見を交換したるに、左様な窮屈な制度は設けざる方針であるとの答であつたが孰れ近く具体的に現

はるゝ事であらう、尚民政長官下村宏氏も目下東上中であるから面会の上希望を述べて置く考へである」云々[24]

安藤台湾総督にも丸井にも日本仏教側に大幅な便宜を与えて利用する意向があったようであり、キリスト教対策に重点を置き日本仏教に対して冷淡であった朝鮮総督府との施政方針との相違にも言及していることが注目される。[25]

二　曹洞宗と台湾仏教中学林

曹洞宗布教の復興

総督府の宗教利用策・現地民布教奨励策に呼応して、特に積極的に現地仏教の日本化と現地民布教ための諸施策を積極的に展開したのが曹洞宗と妙心寺派を中心とする臨済宗であった。[26]まず、曹洞宗の動向から見ていこう。

曹洞宗は、一八九八（明治三一）年の寺廟末寺化禁止措置により打撃を受け一時教勢は大きく衰退した。一九〇三年一一月に長田観禅の尽力によって台中寺の庫裏が完成し、曹洞宗議会も五〇〇円の補助金を二年間に分けて交付することを決めたが、その支出をめぐって議会は紛糾している。[27]曹洞宗が教勢の本格的な挽回策に乗り出すのは、一九〇八年になってからのことであった。この年、曹洞宗議会は台湾での新寺建築費の補助を次のように決定した。

議案第四号　台北台南台中新竹新寺建築費補助支給ノ件

第一条　宗務院ハ台北台南台中新竹ニ於ケル布教ノ基礎ヲ確立スルノ旨趣ニ依リ同各地ニ一寺創立ノ挙ヲ完成セシムル為メ建築費補助トシテ左ノ金額ヲ支給ス

一　金壹万円　台北新寺建築費補助
一　金参千円　台南新寺建築費補助
一　金貳千円　台中新寺建築費補助
一　金千円　　新竹新寺建築費補助
第二条　前条ノ補助金額ノ支給ハ左ノ方法ニ依ル但シ事業遂行ノ程度ニ依リ明治四十二年以後ノ支給期限ヲ
　変更スルコトアルヘシ
台北　明治四十一年ヨリ二箇年間ニ支給シ一箇年間支給額金五千円トス
台南　明治四十一年ヨリ三箇年間ニ支給シ一箇年間支給額金千円トス
台中　明治四十一年ヨリ二箇年間ニ支給シ一箇年間支給額金千円トス
新竹　明治四十一年度ニ於テ其ノ全額ヲ支給ス[28]（以下略）

台湾寺廟を自宗布教施設に転用する方向性を漸く転換し、宗派資金を投じて一挙に台北・台南・台中・新竹に四か寺を新築することとしたのである。このほか一九〇七年基隆の僧俗から、同地霊泉寺の曹洞宗帰属が申請され総督府の認可を受けている。同時に住職の江善慧も曹洞宗僧籍へと編入した。[29]
上記の新寺の内、台北の新寺は台北別院として、約五万円の経費を投じ一九一〇年三月に竣工し五月に盛大開院式を挙行したが、七月の大暴風雨のため倒壊した。[30]新築の台北別院の倒壊という不運に見舞われたものの、曹洞宗議会は一九一二年度から別院庫裏再建費、翌一三年度から本堂再建費の計上を決めて再建事業に着手した。[31]明治末年に同宗は、朝鮮仏教を一元的に自宗の従属下に置く計画が現地仏教の反対運動により頓挫していた。[32]こうした事情から大正期に入ると、曹洞宗務当局は台湾布教に重点を置き、積極的な現地民布教の推進策を展開したようである。すでに西来庵事件の起こった頃に、曹洞宗台湾布教の教勢はかなりの広がりを見せており、一九一五年八月『中外日報』は、同宗の布教状況を次のように報じている。

△台湾人の布教　台湾土着の人民に対する布教は領台以来二十年一定の方針の下に行へる所にして各宗に先鞭を付けて相当の成績を挙げつゝあり、台湾別院には通訳として陳金福、台湾人僧侶として釋心源、沈本圓、荘信修の三名伝道に従事し別院境内に建てられし観音堂に於て毎月五の日に台湾人のみに対して布教しつゝあるが、台湾に従来行はれし仏教及び民間宗教の食菜人と曹洞禅と接近し居る関係より曹洞宗の開教に対して親善の感情を有し台湾土着の僧侶及び寺院の曹洞宗に帰属する者を生ずるにつれて曹洞宗の寺院教会所に出入する台湾人漸次増加し前記観音堂の建築は台湾人の布教を主眼として計画せられ設計構造凡べて台湾在来の仏堂の形式を模したるが一万二千円の工事費に対して一千円の本山下付金を除き残り一万一千円は台湾人の寄附に係るものにして島民の洞宗開教に対する歓迎の程度を推知し得べしと云ふ、台湾在来の寺院、廟宇の外に全島各部落に在る堂の重なるものに曹洞宗説教所の標札を掲げ洞宗布教師の出張布教あるが如き、又た△台湾寺院の帰属して洞宗の寺籍に入れるものあるが如きは洞宗開教と台湾土着僧俗との接近融和を事実の上に語れるものにして台北の龍山寺、創（剣カ）潭寺、凌雲寺、台南の開元寺、基隆の霊泉寺の如きは何れも名刹にして本山禅師の証明を得て洞宗の寺籍に編入せられしが此他の大小の寺院中には右各寺の末寺弟子法類等の関係少からざるが故に未だ洞宗の寺籍に入らざる台湾寺院と云へども曹洞宗の感化を受けつゝあるもの少なからず、基隆霊泉住職釋善恵氏は相当の学問を有し氏の弟子徳融演法氏は久しく内地に来りて曹洞宗第一中学林等に学び帰

島後師僧善恵氏に随行して南洋、緬甸、支那各地を視察したることあり、徳融氏は現に嘉義付近の荒廃せる大寺を再興せんとして斡旋しつゝあり[33]

台湾仏教中学林の設立

一九一六（大正五）年に入り台湾総督府の支援姿勢が鮮明になると、曹洞宗の活動は一層活発化したようである。同年二月に台北官民と現地有志と謀り、「台湾仏教青年会」を組織した。その趣旨は、曹洞宗義にもとづき「本島人の風俗習慣の改善、精神修養の目的を達せんとする」ことにあった。さっそく総督府が領台二十年を記念して開いた台湾勧業共進会で伝道活動を行うこととし、その従事者約二十人を曹洞宗別院指導監督のもとで養成したが、そのほとんどが台湾人僧侶であった。またその資金千円はすべて台湾人信者の寄附によるものであり、活動は賭博などの悪弊改善などで一定の成果をあげたようである。[34]

こうした成果を踏まえ台湾人僧侶の教育機関「台湾仏教中学林」が、同年一一月に総督府より認可を受け翌年開校した。当時、曹洞宗本山は現地の一九か寺、斎堂二一か所と提携関係にあり、学林設置には、台湾別院主任の大石堅董ほか、黄玉階・江善慧・沈本圓ら台湾人僧侶も参画し、開校後に霊泉寺の江善慧が学監に就任した。学科目は修身・宗乗・余乗・国語・漢文・地理・歴史・伝道講習などで、卒業年限を三か年、さらに一か年の研究科も設け、教員には曹洞宗大学卒業者らが就任した。[35] 設置に際して、台湾総督府も支援したようであり、開林式に臨席するために渡台した忽滑谷快天は次のように述べている。

次に台湾総督府は本島人の教化に力を注いで公学校を建て小学児童を教育し、又中学校を設けて本島人の同化に全力を注いでゐるが、肝要なる僧侶の養成にまで及ぶ遑がない。本島人の僧侶を内地化させることは、今日非常に必要である。されば総督府としても施政の方針上、本島僧侶を教育する中学林の設立には大賛成で、下村民政長官も開林式に臨んで其ことを公言したことである。又本島人に種々の迷信があつて、その迷信が悪漢を利用する処となつて、日本政府反対の企てをすることがあるから此方面に一大改革を行はねばならぬ。それには一般人民の教育と共に、僧侶の教育を充分にせねばならぬ。之が台湾仏教中学林の重大なる任務である(36)

一九一六年一〇月開催の曹洞宗議会は、台湾仏教中学林の創設費用として一九一七年度から三年間、毎年千円ずつの補助金の交付を決めた。議場で宗務委員久保田実宗は、学林設立に向けて総督府との相談があり、総督府側に内々に補助を交付する用意があることを説明し、「総督府ニ於テハ曹洞宗ガ早ク此ノ設備ヲスルコトヲ待ツテ居ラレル位ノ訳デアリマス(37)」と述べている。さらに台湾総督と面談した際のことを次のように話している。

此ノ程モ台湾総督ガ此方ニ来テ居ラレル時ニ、管長代理トシテ部長サンガ挨拶ニ御出デニナリマシタ時ニ、私モ伴随シテ行キマシタ、サウシテ親シク台湾ノ総督ニ会ヒマシタガ、其ノ時ノ御話シニ、各宗ノ坊サンガ行ツテ内地人ノ共食ヲシテ居ルノハ何ニモナラヌ、台湾土着ノ人間ヲ教化シテ貰ハナケレバ折角骨ヲ折ツテモ何等ノ効果モナイカラ、アナタ方ノ御宗派ニ於テモ其ノ方針デヤツテ貰ヒタイト云ハレタ様ナ訳デアリマス(38)

このように台湾仏教中学林は、総督府の強い要請のもとに開校した。その後の経費の大半は地元の寄付でまかなう計画であったが、中学林は無月謝で食事も支給していたため資金面で大幅不足が生じた。開設二年後には、一年級に二五名、二年級一五名の在学生があったが、完成年度の一九一九年度には七五名を収容定員となるため、一九一八年一二月開催の曹洞宗議会は、一九一九年度以降も曹洞宗当局からの毎年補助金の交付を決議した。[39] 趣旨説明を行った栗木智堂教学部長は、次のように述べて学林が台湾布教の教勢拡大に資する事業であることを強調している。

ソコデ台湾布教ノ根本ノ目的ガ何処ニ在ルカト云ヘバ、台湾人ヲ布教スルト云フコトガナクテハ、唯内地カラ移住シタ人ダケニ布教スルト云フノデハ、台湾布教ノ目的デハナイノデアリマス、ソコデ色々攻究ノ結果、仏教中学抔ト云フモノヲ拵ヘテ、台湾人ノ僧侶ノ子弟並ニ台湾ノ仏教信者タル食菜人ト申シマス、其ノ子弟ヲ収容シテ根本的ニ宗門ノ宗乗、必要ナ余乗其ノ他普通学ヲ加味致シマシテ養成ヲスル、其ノ者ガ又将来布教ニ従事スルト云フヤウナ事カラシテ、此ノ台湾ノ本島人ノ布教ト云フコトニ、着実ノ実効ヲ奉ズルト云フ目的デ、此ノ中学林ヲ設立シヤウト云フコトニナリマシタ[40]

その後、台湾仏教中学林は一九二二年に曹洞宗台湾中学林と改称され、さらに一九三四年に私立台北中学となって五年制が採用された。一九三七年には台北州当局より年額千円の補助金交付を受けることになり、その当時生徒数は二六〇名を超過している。[41] 日本敗戦後は、私立泰北中学に改組され現在に至っている。[42]

三　臨済宗と鎮南学林

臨済宗布教と長谷慈圓

臨済宗の台湾布教着手は他宗派よりも遅れた。教団からの経済的支援はほとんどなく、布教使も宗派から正式に派遣されたものではなかった。しかし、このため露骨に教団利害のために動くようなことがなく、かえって現地の官民からは強い支援を受けた。その布教の拠点である鎮南山臨済禅寺は、他宗派に先駆けて建立された本格的な日本寺院であり、その創建には台湾総督児玉源太郎の強い支援があった。

その後も総督府と臨済宗僧侶との密接な関係は続いていたようである。一九一〇（明治四三）年にはじまった先住民族の同化政策でも、「治蕃布教師」として採用されたのは、主に本願寺派と臨済宗の僧侶であった。蕃務総長大津麟平は、鎌倉円覚寺の釈宗演のもとで参禅していた臨済宗の信者でもあり、治蕃布教師の登用を次のように考えていたとされる。

布教師を選抜する際の氏の方針は仏教に各宗各派各々門戸を異にし居れども禅と真宗の二宗にて充分なり、他の宗旨は此の二宗の中間に在るを以て禅と真宗との二宗あれば凡ての人を網羅することを得べしとの意見にて、真宗より二十名、臨済宗より十五名の布教師派遣を交渉したる次第なりと云ふ[43]

治蕃布教師のほとんどは、一九一三年に総督府の嘱託を解かれた際に帰国したが、臨済宗僧侶の数名は巡査となって個人的に事業の継続に尽くしたようである。[44] 他宗派の布教使が教団当局の命により派遣され数年で帰国したのに対し、臨済宗僧侶は自らの意思により長く台湾に留まる傾向にあり、この点からも臨済宗僧侶は、総督府や在留官民、現地民からも他宗派より信用されていたようである。

臨済禅寺でも住職の梅山玄秀が、約十五年にわたって臨済宗の台湾布教の中心的役割を担ってきたが、師僧の引退により堺市南宗寺を後董するため帰国することになった。そして一九一四年六月、梅山の後任として赴任したのが、京都建仁寺の竹田黙雷に教えを受けた長谷慈圓であり、この長谷のもとで臨済宗の台湾布教は新たな展開を迎えることになった。[45]

鎮南学寮開設と台湾僧訪日

一九一六（大正五）年一〇月、長谷慈圓は臨済禅寺に「鎮南学寮」を付設して台湾人僧侶の教育事業に着手した。設置に先立ち、長谷が妙心寺派議会に提出した「鎮南学寮設立陳情書」では、以下の六点を挙げて学寮開設を企図するに至った趣旨を説明している。

（1）キリスト教に比べて日本仏教の台湾人布教が不振であること
（2）第一次大戦で欧米キリスト教の伝道費が削減され絶好のチャンスが到来していること
（3）迷信の多い台湾人を教化して反社会的勢力の蔓延を沈め現地の安寧に貢献すべきこと
（4）台湾仏教の福建省鼓山との関係を断ち臨済宗の管轄下に置くべきこと
（5）台湾仏教を支配しつつある曹洞宗に対抗すべきこと

（６）本山の補助を受けて国家に貢献し仏恩に報謝すべきこと[46]

上記から長谷の趣旨が総督府の意向に沿いつつ、教団の勢力拡大を図ることにあったことが知れ、長谷のこうした方針により臨済宗の布教姿勢は大きく変化していったのである。開寮式には、下村民政長官をはじめ秋沢海軍参謀長、隈本学務部長、楠地方部長、加福台北庁長ら、内地人本島人百数十名が臨席し、盛大に挙行された。席上、寮主長谷慈圓は挨拶に続いて次のように述べ、台湾仏教を指導すべき日本仏教の使命を強調した。

本寮設立に就いて感じたる三箇条として第一法には界限の無きこと即ち時と処と人とを問はず無限大に広きものなること、第二仏教の歴史が印度より起つて総ゆる東洋の各国及び南洋各地にも普及し三千年の経過を閲し而して日本に於いて最も発達したること、日本は今後布教普及の中心となるべき任務を有すること、第三には台湾の僧侶は仏教に対し二様の責任天職を有すること[47]

一九一七年に学寮は「鎮南学林」と改称したようであり、同年五月に長谷慈圓は、台湾屈指の名刹である観音山凌雲寺の住職沈本圓と開元寺の副住職鄭成圓を伴い中国南部を視察した後、来日して妙心寺を訪れた。台湾仏教界の長老である開元寺の陳傳芳も合流したが、傳芳は急きょ寺務のため帰台している[48]。その後、長谷と本圓・成圓らは上京し、在東中の下村民政長官・柴田宗教局長・田所文部次官・岡田良平文部大臣らを訪問し、貴衆議院や新聞社の観覧、帝国大学での上田・姉崎・高楠博士らとの会見を経て、乃木・児玉総督の墓参などを済ませ七月に帰台した[49]。

長谷には、本圓・成圓を日本へ帯同して協力関係を強固なものにしたいという意図があったと考えられるが、文部省側もこれを支援する意図があったようである。『中外日報』の報ずるところによれば、岡田文部大臣との会談で長谷は鎮南学林の現況等を詳しく報告し、これに対して岡田から以下のような要旨の訓示的談話があったとされる。

凡そ植民地の統治に最も必要なるものは何なりやと問はゞ其地の人民と在住の内地人民との間に思想感情の融合一致して互に相理解し互に相信頼するにあるべきは謂ふ迄もなし、而して台湾島人と内地人とは同じく是れ帝国の臣民にして其間同種同文の関係あり、其誼は即ち兄弟たるのみならず台湾に行はるゝ宗教も亦内地と同じく仏教にして殊に禅宗を最多とする由なれば宗教上に於ても亦等しく是れ釈迦牟尼仏の弟子にして即ち宗教上の兄弟たり、されば台湾島人と内地人とは其思想感情の融合一致を見ること最も易く互に相理解し互に相信頼する事を得るに至ることも亦従つて容易なるべしと思ふ、諸君は相共に和合協力して仏教の教義に依り台湾島人を教導し益々台湾教化の為めに尽瘁せられ以て直接間接に台湾の平安進歩を期せられたきものなり、此の如くならば台湾の為めには勿論、帝国の為めに最も幸福とする所にして余の切に諸君に望む所も亦正に茲に在り[50]

鎮南学林のその後

一九一八(大正七)年には、明石総督・中川小十郎台湾銀行副頭取・小倉新高銀行頭取らの協力を得て、学林経営の基本財産積立のため「台湾道友会」を設立された[51]。また鎮南学林入学に際して連絡提携するため各地の寺廟と「連絡寺廟」の関係を結び、その数は一九一九年四月段階で三〇か寺に達していた[52]。

一九一八年八月に鎮南学林を訪れた大谷派の阪埜良全の報告によれば、学林は予科一年制、本科三年制、研究科二年制であった。当時はまだ本科二年までしか在学しておらず、生徒数は三三名、その内の二〇名が先天派の斎友であった。(53)同年一二月に長谷慈圓は急逝したが、学長後任を丸山社寺課長が引き継ぐなど、総督府の支援を受けた。(54)当時発行の妙心寺派の機関誌『正法輪』によれば、鎮南学林の状況は以下のとおりであった。

△鎮南学林　経費は道友会より出金して維持し、学長も総督の内意にて総督府の社寺課長丸井圭治郎氏就任せられ、全く普通中学に仏教を加味せる特別の学校となり、基礎を確立せり、今学科及び職員を列記すれば左の如し

学科、宗乗、余乗、国語、数学、英語、漢文、地理、歴史、修身、法制、経済、博物、唱歌、体操

学長	修身、台湾宗教	文学士	丸井圭治郎
教授	宗乗	臨済寺主	山崎　大耕
同	国語、英語	臨大出	亀田　萬耕
同	仏教史、歴史、地理	臨大出	岩田　直純
同	国語、余乗、唱歌	臨大出	田村　象山
同	国語	中学出	瀬口　剛岳
同	数学、英語	高師出	坂本　喜章
同	漢文、漢詩		連　雅　堂
同	漢文		黄　金　印

同　博物　殖産局技手　林　学　周
会計　新高銀行頭取　小倉　又吉
会計　桐村　宗鐵
尚ほ他に二三嘱託講師あり、而して目下亀田教授は自坊に帰省中
学生は目下三学級に収容し予科を廃し、公学校（内地小学）卒業生のみ入学を許すこととなせり[55]

四　諸宗教の布教動向

明治・大正期の布教概況

この時期までの日本仏教の全体的動向についても概観しておこう。諸宗派の台湾布教への積極さの程度を知る上で、現地に派遣している布教使の数はその指標の一つとなるであろう。図表8は、『台湾総督府統計書』のデータをもとに作成したものである。『台湾総督府統計書』のデータは、特に初期のものに誤記と思われる箇所が多々見受けられる[56]。図表8でも一八九九（明治三二）年末の浄土宗の人数が突出しており、逆に曹洞宗の人数が極端に少なく、両方の数字が入れ替わっている可能性も考えられる。しかし、それ以降は極端な変動が少ないことから、ほぼ実数に近い数値を示しているものと推測される。

総計の推移をみるに、一九〇〇年末の激減は、一八九八年の寺廟末寺化の禁止通達の影響に加え、南清に布教使が移動したことが原因と考えられる。一九〇一年に一時回復するのは、本章冒頭で述べた総督府による渡航費用の

（図表8）　仏教各宗派派遣の台湾布教使人数の推移（1898年末～1925年末）

	真宗本派	真宗大谷派	日蓮宗	浄土宗	曹洞宗	臨済宗妙心寺派	真言宗	天台宗	本門法華宗	顕本法華宗	総計
1898年末	23	11	1	1	34	2					72
1899年末	17	11	3	27	2	2					62
1900年末	11	9	3	4	9	2	1				39
1901年末	26	3	8	18	1	2					58
1902年末	22	5	8	16	1	2					54
1903年末	8	5	4	11	19	3	2				52
1904年末	12	4	2	9	15	3	2				47
1905年末	7	6	3	12	16	3	2				49
1906年末	13	4	3	9	11	4	2				46
1907年末	12	5	3	9	13	8	2				52
1908年末	15	5	3	9	13	8	4				57
1909年末	18	5	3	10	15	6	4				61
1910年末	21	5	3	9	15	4	3				60
1911年末	22	5	5	8	17	6	6				69
1912年末	32	5	5	9	19	9	7	1			87
1913年末	32	5	5	9	20	11	8	1			91
1914年末	23	3	5	14	18	8	7	1			79
1915年末	25	5	7	14	23	9	6	1			90
1916年末	25	4	6	16	27	11	7	2			98
1917年末	14	4	5	17	16	12	7	3			78
1918年末	14	3	4	14	10	4	4	4			57
1919年末	12	4	3	14	10	6	4	3			56
1920年末	10	4	3	17	12	6	6	3	1		62
1921年末	12	2	3	16	12	6	6	3	3	1	64
1922年末	11	1	3	16	10	6	6	3	4	1	61
1923年末	35	7	6	17	21	14	9	4	4	1	118
1924年末	36	8	6	18	19	14	8	4	3	1	117
1925年末	34	7	7	20	26	18	10	4	4	1	131

①『台湾総督府統計書』第16～第29（1914年～1927年）により作成した。本資料は前掲『仏教植民地布教史資料集成〈台湾編〉』第1巻に収録。
②「臨済宗妙心寺派」は、1916年末から「臨済宗」とのみ記載されている。
③『台湾総督府統計書』第27掲載の1923年末以降の統計は、人数が「説教所所属」と「寺院所属」に分けて掲載されるようになった。図表では、その合計を記載したが、人数が急増していることから、一部で重複して算入されている可能性も考えられる。

減免措置による効果と南清布教の頓挫との影響と推察される。その後も数年間は低迷が続いたが、一九一一年末から三年間は一挙に人数が増加し、一九一四年末には再び落ち込んでいる。これは、蕃界布教師の採用と解任によるものであり、特に本願寺派の変動が大きいのはそのためと考えられる。一九一五年末から三年間ほども増加傾向がみられるが、これは西来庵事件後の総督府による日本仏教利用策への対応によるもので、特に曹洞宗と臨済宗の増加が著しい。しかし、後に減少に転じており、特に臨済宗の落ち込みは著しい。その原因については後述する。

諸宗派の大正期の布教動向

曹洞宗と臨済宗以外で、この時期に布教使派遣を大幅に増員したのが浄土宗である。浄土宗では、一九一〇（明治四三）年八月に赴任した台湾開教区開教使長花車圓瑞師のもとで、総本山知恩院への宗祖遠忌参拝団派遣、布教所の新規開設、忠魂堂の新築などの諸事業を展開して次第に教勢が隆盛に向かいつつあったようである。[57]その後も、嘉義幼稚園・明照幼稚園（台南市）・法隆寺社会教育部（嘉義市）・台南仏教婦人会・樺山日曜教園（台北）・北港報真日曜教園（台南州）などの教育・教化事業を活発に展開したが、[58]なかでも、現地人対象の事業として注目すべきは「台南学堂」であろう。

台南学堂は、公学校卒業した本島人子弟を対象とする二年制の教育機関として一九一八年七月に設置され、仏教教育も行われたようである。すでに一九一六年一〇月の時点で現地布教使から「土僧養成学校設立の建議書」が提出され、台湾人僧侶の教育事業の必要性が提唱されていたが、曹洞宗・臨済宗に遅れをとり、これらとの競合を避けるため台南に設置場所を決めたようである。同宗本島人布教の伸張への期待は大きく、台湾布教費用の三分の一を充当して経営されていた。一九二二年末時点で、教職員が七名、在校生は八二名であった。[59]ところが一九二四年には、「台湾商業学校」に改組されて三年制となり、直接的な仏教教育はなされなくなったようである。[60]

本願寺派では、一九一四年に長く台湾布教に関わってきた紫雲玄範が台北別院輪番を辞職し、後任者が短期間で変更になったため、しばらく教勢が不振に陥ったようである。[61] しかし、一九一九年頃から再び活況を呈し、感化院・免囚保護施設・釈放保護施設・授産施設・女子教育・幼稚園・保育園・日曜学校など多様な教育・社会事業を展開した。一九二一年九月には、本願寺派台北別院輪番片山賢乗が、布教者養成の方策を日本人僧侶の台湾留学制度から本島人の日本留学制度へ転換して、本島人の国内中央仏教学院への留学斡旋に着手した。[62] さらにこうした諸事業の財源を確保するため、一九二六年四月に財団法人「真宗本願寺派台湾教区教学財団」が設立された。[63] 一九二三年の皇太子訪台の後には、本島人布教や先住民教化の強化も図られたが、同派布教の中心はあくまで内地人であり、現地民布教で大きな成果をあげるには至らなかったようである。[64]

それ以外では、真言宗にやや教勢の伸張が認められる。小山祐正が初期布教から一貫して現地に留まり、同宗の台湾布教を主導してきたことで次第に成果を収めていったようである。その一方で、大谷派と日蓮宗の布教は振わず、後発の天台宗なども大きく勢力を拡大することはできなかったようである。

五　南瀛仏教会の設立

曹洞宗・臨済宗布教の実情

一九一五（大正四）年の西来庵事件後の総督府の宗教施策の転換に呼応して、曹洞宗と臨済宗とが相次いで台湾人僧侶の教育事業に着手した。しかし、教育機関の設置に際して両宗は、自宗の勢力拡大に向けて対抗意識を露骨に示す結果となった。臨済宗の長谷慈圓が前掲「鎮南学寮設立陳情書」で示した六項目の設立趣旨の五項目目には次のように記されている。

台湾の仏寺は、大抵禅宗に属し、其の僧侶は臨済曹洞両派に分たるるも、我が臨済の系統に属するもの十の六七に居る、然るに曹洞宗の台湾仏教に手を下せること、日較々久しく、既に其の臨済系に属するものにして、彼の掌中に収められんとしつゝあるもの少なからず、宗祖は決して小衲等の惰眠を貪ることを許さゞるべし、是れ小衲が鎮南学寮建設を企画する所以の第五也(65)。

一方、鎮南学寮開設の半年後には台湾仏中学林開校式が挙行されたが、式に日本から臨席した忽滑谷快天は、「近頃は臨済宗布教師が運動して本島寺院を臨済宗の末寺にする計画をして、遂に成功した所もある。この情態で抛棄して置くならば、本島寺院は他宗のものとなるであらう(66)」と述べている。台湾僧侶の側も、日本の領有が二〇年に及ぶなかで、対岸の福建省に渡って修学するよりも、日本仏教との提携の強化を望むものが増えつつあったようである。こうしたなかで両宗の活動は、台湾仏教支配の主導権をめぐる競争へと発展する傾向を示しつつあったようである。一九一七年五月に『中外日報』は、この様子を次のように報じている。

台湾に於ける仏寺は大抵禅宗に属し従来は支那福建省鼓山を本山とせしも今や内地本山に依るを得策と自覚し内地よりは曹洞宗及び臨済宗の開教師等宗旨発展の為めに奮闘し約五百の寺院中臨済系統たる三百ヶ寺は台北開元寺を中心として妙心寺派に所属し残余は曹洞宗に附属するものの如く不日公式に所属本山の決定を見る

（図表9）　日本仏教各宗派の本島人信者数の推移（1912年末～1925年末）

	真宗本派	真宗大谷派	日蓮宗	浄土宗	曹洞宗	臨済宗妙心寺派	真言宗	天台宗	本門法華宗	顕本法華宗	総計
1912年末	2,241	596	132	1,675	8,049	357	11				13,061
1913年末	2,143	623	10	1,870	8,041	376	36				13,099
1914年末	2,072	613	59	2,214	8,592	375	15				13,940
1915年末	4,001	603	8	2,296	11,937	370	40				19,255
1916年末	1,615	50		409	21,169	305	1				23,549
1917年末	884	200	11	1,693	5,636	1,020	36				9,480
1918年末	749	200	17	3,101	4,436	1,020					9,523
1919年末	1,497	200	27	4,663	4,875	1,085	56				12,403
1920年末	1,683	359	20	2,560	7,504	140					12,266
1921年末	1,631	85	336	2,679	7,287	163	18	17			12,216
1922年末	2,922	57	30	2,626	12,830	297	30	20	3	13	18,828
1923年末	4,292	362	105	2,652	27,232	6,092	43	20	4	13	40,815
1924年末	6,032	417	115	2,358	20,956	8,068	32	25	7	15	38,025
1925年末	5,424	367	171	2,402	24,219	12,170	28	35	4	23	44,843

①『台湾総督府統計書』第16～第29（1914年～1927年）により作成した。本資料は前掲『仏教植民地布教史資料集成〈台湾編〉』第1巻に収録。
②「臨済宗妙心寺派」は、1916年末から「臨済宗」とのみ記載されている。
③『台湾総督府統計書』第27掲載の1923年末以降の統計は、人数が「説教所所属」と「寺院所属」に分けて掲載されるようになった。図表では、その合計を記載したが、人数が急増していることから、一部で重複して算入されている可能性も考えられる。

に至るべしと。(67)

このように台湾仏教の取り込みをめぐって、両宗間の競争激化が再燃する兆しも見せていた。しかも、これらの教育事業は一部の台湾僧の取り込みには成功したものの、一般の台湾民衆の教化に成果を挙げるまでには至らなかった。

『台湾総督府統計書』に統計資料によれば、日本仏教の本島人信者数の推移は図表9のとおりであった。一九一五年末から一九二二年末までの日本仏教の本島人信者数は、総督府が宗教方針を転換して日本仏教の側も本島人布教に向けた新たな施策を展開しはじめたにもかかわらず、ほとんど増加していない。むしろ減少する傾向さえ見受けられ、曹洞宗・臨済宗の信徒数も低迷している。これは、曹洞宗と臨済宗の台湾仏教の取り込み競争を一般台湾民衆が冷ややかに見ていた結果と言えるかもしれない。また台湾総督府にとっても、こうした事態は決して好ましいことではなく、何らかの対策に着手する必要性に迫られたと考えられる。

台湾仏教の動向と臨済宗布教の衰退

第一次大戦後には、「民族自決」主義の国際的高まりを背景に、台湾でも民族主義的政治運動が活発化しつつあった。これに対して総督府の統治方針にも、民族運動を抑圧・懐柔しつつ、日本との結合を強化していく「漸進的内地延長主義」が採用さるようになった。すでに一九一八(大正七)年就任の明石元次郎総督により教育政策を通じた同化主義による統治方針が表明されていたが、翌一九年に初の文官総督として就任した田健治郎のもとで、現地住民へ一定の権利を付与し、地方制度や教育制度などで植民地行政を本国化していく措置が採られた。しかし、これらの措置は、決して「民族自決」を容認するものではなく、「本島民衆をして、純然たる帝国臣民として我朝廷に忠誠ならしめ国家に対する義務観念を涵養すべく教化善導(68)」することが目指されていた。こうしたなか、一九二一年に台湾議会設置請願運動がはじまり「台湾文化協会」が発足するなかで、総督府はその分断・懐柔に腐心しつつあった。

一九二〇年三月、斎教の関係者一二〇名が斗六郡南庄龍虎堂に集まり「台湾仏教龍華会」の創立総会を開いた。台湾在来の斎教による初の連合組織であり、本部を嘉義に支部を全島二八か所に置き、一九二二年には総督府から法人組織としての認可も得た(69)。結成の背景には日本仏教の布教活動に刺激を受けたことに加えて、「民族自決」への意識の高揚もあったと考えられる。仏教龍華会の開催は、台湾仏教界にも新しい動きが胎動しつつあったことを告げるとともに、日本仏教宗派の個別事業による台湾仏教懐柔策が限界を迎えていることを端的に示すものであったといえるであろう。

臨済宗妙心寺派の青木守一は、一九二三年に同派機関誌『正法輪』に寄稿した文のなかで、次のように述べている。

長谷慈圓師は一方十乗底の智識と同時に世才に長じ、内台人の信仰を良く集め良く利して連絡寺廟の締結と鎮南学林の創設とに一大奇跡を留め、移住仏教の覇権を握るに至れり。然るに師の短命なりし為めか或は当局の後援の不足からか斎教は純然たる臨済系統を帯びながら臨済宗を離れ独立本山を建設するなど、然も仏教龍華会の顧問役たる本派開教使東海宜誠師の駐在せるに何たる不始末なる事やと遺憾歎息の禁ずる能はざるなり。斯くする内世の経済界は動揺を生じ来り社会百般の階級は一大打撃を蒙り因果の定律を繰り返して或は破産し或は合併し哀れなる英雄の末路をさらするあり。此の機に際し我が鎮南学林は財政上比較的堅実なるべき基礎の上に立ちながら基本金徴集不能の名目に依りて悲惨なる廃校の宣言を告げて大正十一年度本派開教史上に一大汚点を印したり[70]

臨済宗では、台湾布教を強力に推進した長谷慈圓師が一九一八年一二月に急逝し、後任の山崎大耕も一九二〇年に辞任して指導的人物を欠く状況にあった[71]。加えて同年三月に起こった戦後恐慌が、外護者からの寄付金に依存する鎮南学林の経営を直撃し、学林は閉鎖に追い込まれたようである。一九二二年一〇月『中外日報』は、「妙心寺派唯一の蕃界教育機関として他派に誇つてゐた鎮南学校は今回財政不況により日常の経費不足の為臨済宗信徒総代会議に於て廃校することゝなつた[72]」と報じている。台湾総督府の側も、台湾民衆の懐柔にあまり効果が見込めない宗派個別事業に、それまでのような支援をしなくなっていたと考えられる。特にこの頃の臨済宗は、朝鮮でも現地の三十本山を一元的に同派支配下に置く計画を進めていたが、現地僧侶の反対運動と朝鮮総督府の指導により失敗に終わっている。(73)臨済宗の動向に、台湾総督府も警戒を抱くようになったと推測される。

こうした状況のなかで、青木守一は上記のように斎教を自派の支配下に置くことができなかった無念さを吐露した上で、さらに次のように続けている。

然して各派通じて本島人に接して開教に手を染むるは本派と曹洞宗のみに他は或る一部分に過ぎず、曹洞宗と雖も先に連絡寺廟に失敗してより教鋒の鈍るを見る、斯る時にあたつて其の第一機関とも云ふべき鎮南学林を閉鎖し是に代るに鎮南専門道場を設立して開教上革命せんとするも将して人種も性質も内地人と異れる本島人を教化訓育するに適する哉否大なる疑問なり、是れが為め本島人教化上一頓挫を招来し連絡寺廟との関係を薄らぐるに至らざらん哉唯一辺の杞憂に過ん事を切望して止まざるなり。(74)

ここで青木は台湾布教の難しさを述べて、台湾布教の将来に悲観的な心情を吐露しており、同時に曹洞宗の布教も同様に厳しい状況にあることも指摘している。

南瀛仏教会の結成

一九二一（大正一〇）年一月台湾議会設置請願運動がはじまり、翌二二年には仏教龍華会が正式に総督府から認可され、臨済宗の鎮南学林が廃校となった。台湾の民族主義運動が仏教界にも波及し、日本仏教の各宗派個別事業による台湾仏教懐柔策の限界が見えてきた段階で、台湾人僧侶・斎友を会員とする全島的仏教連合組織として結成されたのが「南瀛仏教会」であり、その結成を提唱・主導したのが、初代社寺課長の丸井圭治郎であった。

一九二一年二月初旬、丸井は基隆月眉山霊泉寺住職江善慧、観音山凌雲禅寺住職沈本圓を招致して設立計画をスタートさせた。江善慧は一九〇七年に曹洞宗に帰属し曹洞宗仏教学林の学監でもあった。一方の沈本圓は曹洞宗仏教学林の創立に関わったが、のちに臨済宗に転じ長谷慈圓と来日したこともあり、住職を務める凌雲禅寺は一九二〇年に総督府の認可を得て正式に臨済宗妙心寺派の末寺となっていた(75)。曹洞宗・臨済宗の双方に関係深い二人に働きかけることで、超宗派的結束を目指したものと考えられる。

次いで二月二三日、丸山は再び両氏を社寺課に招致して協議会を開催し、二六日には台北周辺の僧侶・斎友を艋舺倶楽部に召集して創立に関する協議会を開いた。席上丸井は、僧侶・斎友を激励して仏教振興のための団体結成を提議し、満場一致でその主旨に賛同することが決議され、江善慧、沈本圓、陳火、黄監の四名が創立委員に選出された。さらに全島各地に会員を募集する計画を立て、三月初旬に新竹、台中、台南等の各地で僧侶・斎友の会合がもたれ、同年四月に南瀛仏教会発会式が挙行された。式には下記のように有力な僧侶・斎友が参集した。

基隆月眉山霊泉寺	江　善　慧	観音山凌雲禅寺	沈　本　圓
大稲埕日新街至善堂	黄　　　監	東門外曹洞宗別院内	孫　心　源
大稲埕國興街龍雲寺	陳　　　火	新荘郡三重埔字六張	黄　金　印
基隆源斎堂	張　添　福	大稲埕建昌街	陳　普　悦
圓山剣潭寺	荘　信　修	汐止街白匏湖性善堂	蔡　普　揚

艋舺江瀕街慈雲堂　張加来　文山郡直潭庄龍潭　朱四季[76]

発会に際して発表された「南瀛仏教会趣意書」では次のように、日本仏教との提携（日本仏教化）が、台湾仏教の陋習刷新と社会的地位向上を促し、延いてはそれが台湾の思想善導（日本への同化）へと帰結するのだという展望が示されている。

惟ふに母国と本島とは共に釈尊の教法を一にす此の共通点に立脚して内地仏教と連絡を図り之が宣布者の智徳を涵養し以て布教伝道の方法を会得せしめなば啻に本島在来の宗教を改善振興せしむるのみならず社会的地位をも向上し且又思想善導上の原動力たらしむることを得べく従つて島民同化の機運を促進せしむこと期して俟つべきなり我等同志茲に鑑みる所ありて南瀛仏教会を設立して如上の目的を遂行し以て島民の福利を増進せしめむとす[77]

南瀛仏教会の諸事業

丸井圭治郎は、台湾仏教界に興りつつあった自発的な革新運動を巧みに取り込み、日本化・内地化へと誘導させるため、南瀛仏教会の結成を企図したと考えられる。初代会長には丸井が就任し、一九二四（大正一三）年一二月に内務局組織変更により社寺課が廃止となってからは内務局長木下信が二代目会長となった。その後、一九二六年に文教局が新設され宗教行政が該局に移管されて以降は、歴代文教局長が就任した[78]。

会則によれば[79]、本部は当分総督府内務局社寺課内に置くとされていたが、総督府内の組織変更の後も文教局社会課に置かれた。このように南瀛仏教会は、総督府の強い管轄下に置かれていたが、会則二条に「本会ハ本島在住ノ本島人僧侶、斎友ノ有志者及地位名望アル外護者並寺廟、斎堂及神明会其ノ他の宗教団体ヲ以テ組織ス」と規定されているように、あくまで台湾の仏教者を主体とする組織であり、日本仏教の関係者は直接的に関与していなかった。ただし、会則三条には「本会ハ会員ノ智徳ヲ涵養シ内地仏教トノ連絡ヲ通シテ仏教ノ振興ヲ図リ島民ノ心地開発ヲ助クルヲ以テ目的トス」と規定され、日本仏教との連絡を目的に掲げていた。会の取り組むべき事業としては、会則四条に「一、講習会、研究会及講演会等ヲ開催スルコト」と「二、宗教ニ関スル重要事項ヲ調査シ及機関雑誌ヲ発刊スルコト」を掲げていた。

発足式の三か月後の一九二一年七月、三週間にわたる第一回南瀛仏教会講習会が開催された。曹洞宗中学林を会場とし、内容は次の通りであり、二三名（外聴講生六名）が講習を受けた。

金剛経大意	許　林師	普門品	江　善　慧師
阿弥陀経大意	沈　本　圓師	原人論	伊藤　俊道師
十　牛　図	天田　策堂師	浄土義	吉原　元明師
法華経大意	西田　教道師	布教法	片山　賢乗師
台湾仏教	丸井社寺課長(80)		

講師には、台湾人僧侶として、江善慧・沈本圓に加えて台湾仏教龍華会の設立に関わった許林が名を列ね、日本人側からは丸山圭治郎をはじめ、曹洞宗仏教中学林校長の伊藤・臨済宗の天田・浄土宗の吉原・天台宗の西田・本

願寺派の片山が出講している。宗派に偏らず、講義内容にも台湾仏教の傾向に即した工夫が見受けられる。講習会は、その後も毎年開催された。

一九二三年七月には、機関誌『南瀛仏教会会報』が創刊された。当初は中文で隔月刊行であった[81]。朝鮮で現地仏教の懐柔のため設立された朝鮮仏教団も、翌二四年五月に機関誌『朝鮮仏教』を創刊している[82]。しかし『朝鮮仏教』が和文であったのと比べると、この点でも台湾人僧侶への配慮が感じられる。南瀛仏教会の事務所は総督府内務局社寺課に置かれ、雑誌も同課で編輯されたが、編集者は現地人がつとめたようである。一九二六年七月発行の四巻四号より中文と和文が併用されるようになり、一九二七年一月発行の五巻一号から『南瀛仏教』と改題され、一九三〇年の八巻より月刊となった。その後、一九四一年二月発行の一九巻二号「から『台湾仏教』に雑誌名が改められ、一九四三年一二月刊行の二一巻一二号まで刊行された。ところが、一九四三年一二月をもって、総督府文教局が関与する『台湾仏教』『敬慎』『皇国の道』『青年之友』『厚生事業の父』『台湾教育』『学校衛生』『科学の台湾』の八誌の廃刊方針が示され、翌年一月から『文教』一誌に統合された[83]。

おわりに

台湾総督府は、南瀛仏教会の活動を通じて台湾仏教の日本仏教化を期待したが、宗派間の競争激化の再燃を防ぐため南瀛仏教会に対して直接的に個別宗派が介入することを認めなかった。同時に総督府は、日本仏教各宗派の協調関係の構築に向けた働きかけも行っている。一九二四(大正一三)年に台北の日本人青年僧侶で結成された台湾仏教同志会には、発起人に丸井圭治郎社寺課長が名を連ね、結成後には丸井が会長に就任した。同志会は、台湾での仏教興隆を図り将来的に中国南部・南洋にも及ぼすことを目的に掲げていた[84]。また一方で総督府は、各宗派による現地仏教との提携も一部容認する姿勢も示した。一九二五年七月、総督府は次のような通達を出している。

内地人僧侶ヲシテ本島旧慣ニ依ル寺廟斎堂ノ住職又ハ堂主タラシムル件

輓近内地人僧侶ニシテ本島旧慣ニ依ル寺廟、斎堂トノ連絡ヲ図リ仏教ノ振興ヲ企画シ島民ノ精神的教化事業ニ尽瘁スル者アリ中ニハ台湾語ニ精通シ其ノ成績良好ナルモノアリテ自然信徒ノ瞻仰スル所トナリ尚進ンテハ之カ住職推薦運動ヲナス者アルニ至レリ而シテ斯カル優良ナル内地人僧侶ヲシテ従来不文律ノ内ニ閉サレタル門戸ヲ開キテ寺廟、斎堂ノ住職又ハ堂主タラシムルコトハ啻ニ在来宗教ノ向上ヲ促進セシムルンノミナラス延テハ宗教的連鎖ニヨリ内台人融和ノ源泉ヲ醸成シ行政上裨益スル所尠カラサルモノアリト思料セラルヽモ万一人物其ノ宜シキヲ得サルトキハ紛擾ノ原因トナリ民心ニ極メテ悪影響ヲ及ホスノ惧レアルニ依リ右適任者推薦方ニ関シ相談ヲ受ケタル場合ハ充分慎重ニ取扱ヒ万遺漏ナキヲ期スル様七月二十二日附総内第二〇八号ヲ以テ各州知事庁長ヘ依命通達ヲナセリ[85]

ここでは、日本人僧侶が寺廟の住職となることに関して、民心への悪影響を懸念しつつも、行政上での有意義な効果が期待できるとの見解が示されている。

こうした総督府の動きに呼応して、現地仏教との提携事業を再び活動化させたのが臨済宗であった。臨済宗の連絡寺廟は、一九一九年四月段階で三〇か寺であったが、二七年に一一一か寺となり、二九年には一二〇か寺に達している[86]。また一九二七年五月には台湾南部の連絡寺廟と有志により「台湾仏教慈済団」(のちの「財団法人仏教慈愛院」)

を組織して救療事業などの社会事業にも着手した[87]。過去の経験から、台湾仏教と提携するだけでなく、広く台湾民衆を取り込むための施策の必要性を痛感したためと考えられる。

臨済宗に限らずこの時期には、前述のように浄土宗・本願寺派なども教育・社会事業を台湾で展開した。そうした事業は布教成果にも資するところがあったと推察される。しかし、基本的には台湾総督府の漸進的内地延長主義に連動するものであり、総督府が性急な皇民化政策に転ずると、日本仏教は再び台湾仏教を支配しようとする動きを露骨化させていったのである。

［註］

(1) この点に関しては、すでに本書三章で論じた。

(2) 台湾総督府は、日本・台湾間に航路をもつ大阪商船会社・日本郵船会社に命じて、各宗管長は無賃、他の布教者には二割引とする措置を採った(「台湾布教者の無賃便乗」〔一九〇一年一〇月一八日付『明教新誌』〕、「布教者の割引券」〔一九〇一年一一月五日付『明教新誌』〕)。なお、この措置は神道。キリスト教の布教者にも適用されていたようである(「宗教布教者に対する特待」〔一九〇三年六月一四日付『読売新聞』朝刊〕)。また曹洞宗の宗報には、この措置を宗派側に関して通知した文書が掲載されている(「台湾布教便乗に関する件」〔『宗報』一五八号、一九〇三年七月一五日、曹洞宗務局文書課〕)。

(3) 『台湾総督府民政事務成績提要』第一一編(明治三八年度分)に、「内地ヨリ本島ニ渡台ニ島内ヲ旅行スル宗教家ニハ特ニ汽車無賃便乗ノ規定アルモ本島ニ駐在シテ布教ノ為島内ヲ旅行スル宗教家ニハ未タ何等ノ特典ナキヲ以テ是等ニ対シ相当便宜ヲ得セシメンカ為目下其計画中ニ属ス」とあり、『台湾総督府民政事務成績提要』第一二編(明治三九年度分)にも次のように記されている。

客年中ヨリ計画ニ係ル本島ニ駐在シテ布教ノ為定期ニ本島内ヲ旅行スル宗教家ニ汽車割引便乗ヲ許スコトハ其計画弥熟シタルニ依リ右宗教家ニシテ当府ノ証明ヲ有スルモノハ普通賃銭ノ三割引ヲ以テ汽車便乗ヲ許スコトトセリ而シテ其

証明書ヲ受ケントスル者ハ台北庁管内ノ者ニ在リテハ直接当府ニ請求シ其他ノ各庁管内ニ在ル者ハ其所轄庁ニ請求ヲ為サシメ庁ニ於テハ別ニ当府ヨリ送付セル証明書用紙ニ必要事項ヲ記入ノ上本人ニ下付シ一面当府ニ報告セシメ一月以来之ヲ実行セリ

なお、『台湾総督府民政事務成績提要』は、『中國方志叢書』臺灣地區（成文出版社、一九八五年）に収録・復刻されている。

（4）「理蕃政策」による総督府嘱託として採用された仏教布教師は、総督府の方針転換により一九一三年六月に全員が罷免され、その後も総督府は先住民布教を積極的に勧奨することはなかった。この間の経緯と事情に関しては、中西直樹編『仏教植民地布教史資料集成〈台湾編〉』第一巻（三人社、二〇一六年）所収の「解題」のなかで解説した。

（5）（6）台湾総督府法務部編『台湾匪乱小史』一〇三～一〇四頁（一九二〇年）。

（7）胎中千鶴著「日本統治期台湾の仏教勢力――一九二一年南瀛仏教会成立まで――」（『史苑』五八巻二号、一九九八年三月）。

（8）池田敏雄著「柳田国男と台湾――西来庵事件をめぐって――」（国分直一博士古稀記念論集編纂委員会編『日本民族文化とその周辺』歴史・民族篇、新日本教育図書、一九八〇年）。

（9）蔡錦堂著『日本帝国主義下台湾の宗教政策』五三～五四頁（同成社、一九九四年）。

（10）（11）（12）「台湾統治ニ関スル所見」台湾総督府民政長官下村宏（一九一五年一一月二三日稿）。

（13）入江泰禅「台湾開教の一大欠点と之を救助する要途」（一九一六年二月四日付『浄土教報』）。

（14）「台湾宗教事情　外人耶蘇教徒の努力」（一九一六年一月一三日付『中外日報』）。

（15）「台北各宗協和会△土民教化研究と共同財源」（一九一五年八月一四日付『中外日報』）。

（16）「台北民政長官主催　宗教家招待会」（一九一六年一一月一二日付『中外日報』）。この招待会のことを、臨済宗の長谷慈圓は「是れ督府が宗教家に対する希望を述べ、宗教家の活動を促さんとするものにして、かゝる会合は領台湾以来始めての催しとて、一般の注意を惹き申候」と記している（「長谷慈圓師より」〔『正法輪』三七三号、一九一六年一二月〕、この記事は、前掲『仏教植民地布教史資料集成〈台湾編〉』第三巻に収録した）。

(17) 台湾宗教調査の開始時期について、丸井圭治郎編纂の『台湾宗教調査報告書』第一巻（台湾総督府、一九一九年三月）は一九一五年一〇月と記しており、『事務成績提要』（大正八年版）によれば同年九月としている。しかし、前掲『日本帝国主義下台湾の宗教政策』で、蔡錦堂著は台南庁が同年八月三日に調査に着手していたことを明らかにし、各庁も台南庁と同時かやや遅れて着手したとの見方を示している。

(18) 中村英彦編『度会人物誌』二六五頁（度会郷友会、一九三四年）、「台湾総督府の宗教研究」（一九二〇年七月一日付『中外日報』）。なお『度会人物誌』は、丸井が教鞭をとった学校を「武山中学」としているが、真言宗新義派中学林（のちの豊山中学）の誤記と考えられる。

(19) 『台湾総督府文官職員録』は、中央研究所台湾史研究所のホームページで全冊を閲覧でき、検索をすることも可能である。

(20) 「生蕃の本願寺参拝」（一九一二年一〇月九日付『中外日報』）。『真宗本派本願寺台湾開教史』一〇九頁（宗本派本願寺台湾別院、一九三五年）にも「大正二年三月、蕃務本署丸山撫育掛より」云々と記されており、この「丸山」は丸井圭治郎のことであると推察される。なお、『真宗本派本願寺台湾開教史』は前掲『仏教植民地布教史資料集成〈台湾編〉』第四・五巻に収録した。

(21)(22)(23) 「宗教的方面より見たる台湾の民族性に就て」前会長前台湾総督府社寺課長文学士 丸井圭治郎（『南瀛仏教会会報』四巻五・六号、一九一五年九・一一月）。また丸井は、現地の宗教を「仏教の衣をきた道教」とも評している（「台湾の土人宗教に就て仏教家の猛省を促す」（一九二〇年一〇月八日付『中外日報』））。

(24) 「台湾宗教制度調査△総督府の方針」（一九一七年一月二八日付『中外日報』）。

(25) この記事が、三・一運動以前のものであることを考慮しても、キリスト教対策を重要視する朝鮮総督府と、台湾寺廟への対策を重要視し日本仏教の協力を期待する台湾総督府とでは、その宗教施政方針に相違があったと考えられる。朝鮮総督府の宗教方針に関しては、中西直樹著『植民地朝鮮と日本仏教』（三人社、二〇一三年）を参照。

(26) 曹洞宗と臨済宗妙心寺派の動向に関する先行研究に、胎中千鶴著「日本統治期台湾における臨済宗妙心寺派の活動――一九二〇年〜三〇年代を中心に――」（『台湾史研究』一六号、一九九八年一〇月）、松金公正著「曹洞宗布教師による台湾仏教調査と「台湾島布教規程」の制定――佐々木珍龍『従軍実歴夢遊談』を中心に――」（『比較文化史研究』二号、二〇〇〇年）、松金公正著「日本統治期における妙心寺派台湾布教の変遷――臨済護国禅寺建立の占める位置――」（『宇都宮大学国際学部研究論集』一二号、二〇〇一年）などがある。

(27)「台中寺の上棟式」（『宗報』一六五号、一九〇三年一一月一日、曹洞宗務局文書課）、「第七次曹洞宗議会議事速記録」（『宗報』一七一号、一九〇四年三月一日、曹洞宗務局文書課）。

(28)「第十一次曹洞宗議会議事速記録」（『宗報』二六七号、一九〇八年二月一日、曹洞宗務局文書課）。

(29)『台湾総督府民政事務成績提要』第一三編（明治四〇年度分）。『台湾社寺宗教要覧（台北州ノ部）』（台湾社寺宗教刊行会、一九三三年）巻末収録の「霊泉寺（曹洞宗月眉山霊泉寺）」、この資料は『仏教植民地布教史資料集成〈台湾編〉』第二巻に収録した。

(30)「曹洞宗の台北別院」（『教海一瀾』四七一号、一九一〇年六月一日）、曹洞宗海外開教伝道史編纂委員会編『曹洞宗海外開教伝道史』七一頁（曹洞宗宗務庁、一九八〇年）。

(31)「第十五次曹洞宗議会議事速記録」（『宗報』三六〇号、一九一一年一二月一五日、曹洞宗務局文書課）、「第十六次曹洞宗議会議事速記録」（『宗報』三八四号、一九一二年一二月一五日、曹洞宗務局文書課）。

(32)前掲『植民地朝鮮と日本仏教』一三八〜一四二頁。

(33)「土人布教二十年」（一九一五年八月一二日付『中外日報』）。

(34)「台湾仏教青年会」（一九一六年五月二日付『中外日報』）、「洞宗と台湾人」（一九一七年二月八日付『中外日報』）。

(35)「台湾の曹洞宗　仏教中学林と観音禅堂」（一九一六年一一月一二日付『中外日報』）、「洞宗と台湾人」（一九一七年二月八日付『中外日報』）、前掲『台湾社寺宗教要覧（台北州ノ部）』巻末収録の「霊泉寺（曹洞宗月眉山霊泉寺）」。

(36)「台湾仏教中学林に就て」螺蛤生（『達磨禅』一〇号、一九一七年一〇月一日）。この記事は、前掲『仏教植民地布教史資料集成〈台湾編〉』第三巻に収録した。

(37)(38)「第二十次曹洞宗議会議事速記録」（『宗報』四八〇号、曹洞宗務局文書課、一九一六年一二月一五日）。

(39)「台湾仏教中学補助費問題」（一九一八年一一月七日付『中外日報』）、「宗令第五号・曹洞宗台湾仏教中学林経費補助金支出ノ件」（『宗報』五二八号、一九一八年一二月一五日、曹洞宗務局文書課）。

(40)「第二十二次曹洞宗議会議事速記録」(『宗報』五五〇号、一九一九年一一月一五日、曹洞宗務局文書課)
(41)「台湾の仏教系唯一の中学　台北中学の発展」(一九三七年二月一七日付『中外日報』)。
(42)陳木子居士編『曹洞宗東和禪寺』(財團法人台北市東和禪寺・釋源靈、二〇〇四年)。
(43)「治蕃布教師引揚事情」(一九一三年一二月二一日付『中外日報』)。一九一〇年に総督府の「蕃界布教」がはじめられた際は、本願寺派が一〇名、臨済宗が五名だったようである(前掲『真宗本派本願寺台湾開教史』一〇〇～一〇四頁)。その後、曹洞宗や真言宗の僧侶も一時登用されたようであり、一九一二年五月二〇日付『中外日報』の「台湾総督府の蕃界布教」には「目下台湾総督府保護の下に真宗十五名、曹洞宗真言宗臨済各々五六名宛の蕃界布教師を置きて活動せしめつゝある」とある。
(44)前掲「治蕃布教師引揚事情」。前掲『真宗本派本願寺台湾開教史』(一一一～一一二頁)によれば、本願寺派でも三名の布教使が警察官吏となって事業を継続したようである。
(45)「台湾の禅風」(一九一四年五月二九日付『中外日報』)。村田何休「創業の人、守成の人――梅山老師と長谷慈圓師――」(『正法輪』三二四号、一九一四年七月一二日)、この記事は、前掲『仏教植民地布教史資料集成〈台湾編〉』第三巻に収録した。
(46)長谷慈圓師「台湾の宗教」(『正法輪』三七八号、一九一七年二月一五日)、この記事は、前掲『仏教植民地布教史資料集成〈台湾編〉』第三巻に収録した。
(47)「台湾本島人僧侶養成　鎮南学寮開寮式」(一九一六年一一月一二日付『中外日報』)。同様の報道が、註(16)掲出の「長谷慈圓師より」にも掲載されている。
(48)「台湾僧動静」(一九一七年六月八日付『中外日報』)、註(46)掲出「台湾の宗教」。
(49)「台湾僧動静」(一九一七年六月三〇日付『中外日報』)、「台湾僧帰台」(一九一七年七月六日付『中外日報』)。「台湾僧の動静」(『正法輪』三八八号、一九一七年七月)、この記事は、前掲『仏教植民地布教史資料集成〈台湾編〉』第三巻に収録した。
(50)文部大臣岡田良平「台湾僧に与ふ」(一九一七年七月三日付『中外日報』)。
(51)「台湾便り」(『正法輪』四三三号、一九一九年六月一日)、「台湾の宗教思想及び本派の教勢」岩田宜純(『正法輪』四五八

号、一九二〇年六月一五日)。これらの記事は、前掲『仏教植民地布教史資料集成〈台湾編〉』第三巻に収録した。

(52)「台湾寺院と内地布教師」(一九一九年四月八日付『中外日報』)、「台湾と妙心寺」(一九一九年四月八日付『中外日報』)。

(53)「台湾各宗事情」阪埜良全(一九一八年一〇月一二・一三・一六日付『中外日報』)。阪埜良全は、台中の第九中隊に所属していたが、大谷派寺院の出身だったようであり、現地からの報告を『中外日報』にたびたび寄稿している(「台中所見」〔一九一八年三月一三日付『中外日報』〕、「台湾士人の信仰対象」〔一九一八年一一月五日付『中外日報』〕、「台湾見聞」〔一九一八年九月一二〜一五日付『中外日報』〕など)。

(54)「鎮南学林長」(一九一九年四月八日付『中外日報』)。

(55)註(51)掲出「台湾便り」。

(56)この点については、前掲『仏教植民地布教史資料集成〈台湾編〉』第一巻収録の「解題」のなかでも指摘した。

(57)「台湾の浄土宗」(一九一二年八月七日付『中外日報』)、「台湾の浄土宗」(一九一四年一月一六日付『中外日報』)、「台湾浄宗開教」(一九一五年六月二二日付『中外日報』)など。

(58)『浄土宗社会事業年報』第一輯(浄土宗務所社会課、一九三四年)などを参照。浄土宗の社会事業に関する要覧等資料は、中西直樹・髙石史人・菊池正治編『戦前期仏教社会事業資料集成』第九巻(不二出版、二〇一二年)に収録されている。

(59)「台湾開教区の現状吐露」(上)台南学堂　鈴木正恩(一九一九年一〇月三日付『中外日報』)、「台湾教化問題」(一九一九年一〇月一〇日付『中外日報』)、「台湾開教に就て」見山望洋(一九一九年一一月七日付『中外日報』)。『浄土宗社会事業要覧』(浄土宗務所社会課、一九二三年。前掲『戦前期仏教社会事業資料集成』第九巻に収録)。

(60)柴田玄鳳著「浄土宗開教要覧」(一九二九年、当該箇所は前掲『仏教植民地布教史資料集成〈台湾編〉』第六巻に収録)、『浄土宗社会事業要覧』(浄土宗務所社会部、一九一六年。前掲『戦前期仏教社会事業資料集成』第九巻に収録)。

(61)前掲『真宗本派本願寺台湾開教史』一一五〜一一六頁。

(62)前掲『真宗本派本願寺台湾開教史』一三四〜一三五頁。本願寺派の台湾人布教者養成事業のその後については、第七章で論じた。

(63)前掲『真宗本派本願寺台湾開教史』二二〇〜二二五頁。本願寺派の社会事業に関しては、『本願寺派社会事業便覧』(本願

寺派社会事業協会発行、一九三六年。前掲『戦前期仏教社会事業資料集成』第六巻に収録）を参照。日曜学校に関しては、『日曜学校便覧』（本派本願寺教務局社会部日曜学校課発行、一九三三年）を参照。

（64）皇太子訪台以降の本願寺派の本島人布教・先住民教化に関しては、前掲『真宗本派本願寺台湾開教史』二一一～二一九頁を参照。

（65）註（46）掲出「台湾の宗教」。

（66）註（36）掲出「台湾仏教中学林に就て」。

（67）「台湾寺院の去就」（一九一七年五月二五日付『中外日報』）。

（68）矢内原忠雄箸『帝国主義下の台湾』二三六～二三七頁（岩波書店、一九二九年）。

（69）増田福太郎著「台湾の寺廟を巡歴して――嘉義郡――」（『南瀛仏教』一一巻一号、一九三三年一月）。

（70）「台湾開教の将来」青木守一（『正法輪』五二二・五二四号、一九二三年二月一五日・三月一五日）。この記事は、前掲『仏教植民地布教史資料集成〈台湾編〉』第三巻に収録した。

（71）「台湾臨済寺の変動」（『正法輪』四六六号、一九二〇年一〇月一五日）。

（72）「鎮南学林廃校」（一九二二年一〇月四日付『中外日報』）。

（73）前掲『植民地朝鮮と日本仏教』一七九頁。

（74）註（70）掲出「台湾開教の将来」。

（75）江善慧と沈本圓の経歴は、前掲『台湾社寺宗教要覧（台北州ノ部）』巻末収録の「霊泉寺（曹洞宗月眉山霊泉寺）」及び「観音山凌雲禅寺」を参照。

（76）（77）「会報・南瀛仏教会之沿革」（『南瀛仏教会会報』一巻一号、一九二三年七月）、「南瀛仏教会之沿革（一）」（『南瀛仏教』一一巻三号、一九三三年三月）。

（78）「南瀛仏教誌創刊十週年を顧て」鶴山江木生（『南瀛仏教』一一巻七号、一九三三年七月）。

（79）南瀛仏教会会則は機関誌である『南瀛仏教会会報』『南瀛仏教』等に断続的に掲載されている。

（80）註（76）（77）掲出「会報・南瀛仏教会之沿革」、「南瀛仏教講習会の開催」（『台湾時報』二六号、一九二一年九月）。

（81）この雑誌は、黄夏年編『民国仏教期刊文献集成』一〇七巻〜一一三巻、補編一三巻〜二六巻（中国書籍、二〇〇六年・二〇〇八年）に収録・復刻されている。ただし、三巻一号や八巻九号など数号の欠号がある。
（82）雑誌『朝鮮仏教』は、『韓國近現代佛教資料全集』第二五〜三六巻（民族社、一九九六年）に収録・復刻されている。
（83）註（78）掲出「南瀛仏教誌創刊十週年を顧て」、「〝台湾仏教〟二十年」江木生（『台湾仏教』二一巻一二号、一九四三年一二月）。
（84）「台北に於ける青年教家活動」（一九二四年九月一八日付『中外日報』）。
（85）『台湾総督府民政事務成績提要』第三一編（大正一四年度分）。
（86）「台湾教勢視察記（一）〜（四）」教学部長後藤棲道（『正法輪』六二四〜六二七号、一九二七年五月一五日〜七月一日）、「台湾開教だより――仏教慈済団の組織――」東海宜誠（『正法輪』六八三号、一九二九年一一月一日）。これら記事は前掲『仏教植民地布教史資料集成〈台湾編〉』第三巻に収録した。
（87）前掲「台湾開教だより――仏教慈済団の組織――」、「台湾に於ける財団法人仏教慈愛院に就いて」仏教慈愛院理事長　東海宜誠（『正法輪』七七九〜七八一号、一九三三年一一月一日〜一二月一日）。これら記事は前掲『仏教植民地布教史資料集成〈台湾編〉』第三巻に収録した。

第七章　十五年戦争下の皇民化運動と本島人布教

はじめに

一九三一（昭和六）年の満州事変勃発以後、台湾総督府の宗教施策は変化しはじめた。翌三二年、昭和恐慌後の対策として推進された日本国内の農山漁村経済更生運動に連動して、台湾でも部落振興運動が実施された。こうした始まった産業面での振興策は、やがて生活意識や思想信仰の統制へと及び、敬神崇祖の念を強要する精神教化としての傾向を濃厚にしていった(1)。

一九三六年九月には、海軍大将であった小林躋造が台湾総督に就任して「後期武官総督時代」に入り、一九一九（大正八）年就任の田健治郎以来、九代続いた「文官総督時代」は終わりを告げた。小林は、台湾を東南アジア進出の基地化することに基調を置き、そのために皇民化・工業化の施策を推進した。宗教面でも敬神思想を強要する施策が推進され、一九三七年七月の盧溝橋事件を契機に日中が全面戦争に突入すると、敵対関係にある中国の精神や伝統に依拠する旧慣宗教は激しい排除の対象となった。

こうして従来の旧慣宗教を温存しつつ漸進的な日本化を図った方針は転換され、戦争推進のため性急かつ強権的な皇民化運動が展開されるようになった。これに対して日本仏教各宗派は、皇民化運動の一翼を担う一方で、その皇民化運動の抑圧に耐えかねた現地の宗教勢力の受け皿となって傘下に収め、教勢を拡大させていったのである。
本章では、十五年戦争下での台湾を取り巻く状況の変化と総督府が実施した宗教施策の実態を明らかにするとともに、日本仏教各宗派のこれへの対応を検証する。

一　満州事変後の宗教施策と南進論

旧慣宗教温存策の転換

一九三四（昭和九）年三月、総督府と財団法人中央教化団体連合会の主催による台湾社会教化協議会が開催された。協議会には現地官民が総動員され、「台湾社会教化要綱」が決定された。その前文では「建国以来一貫せる我光輝ある皇国の大精神を宣揚し国民融合一致大に文化の進展を図り以て皇道日本の一部たる理想台湾の建築を期す」ことが謳われていた。また指導要綱五項目の最初には、「皇国精神の徹底を図り国民意識の強化に努むること」が掲げられ、さらにその実現ために挙げられた小項目の四番目には「神社崇敬の本義の体得せしむること」も要請されていた。(2)

次いで一九三六年七月二五日には、総督府諮問機関「民風作興協議会」が開催された。開催に先立ち文教局長深川繁治はその開催の意図を次のように述べている。

近来真の国防の目的が軍隊の力だけでは完成せられないという趣旨の下に広義国防と云う言葉が高潮され来ったと同様に真の教育教化の目的は所謂教育当局者の力だけでは甚だ微力であるから広義教育の観念の下に各

種の社会機構が教化的に総動員せらるる必要があると思う[3]。

民風作興協議会は、台湾総督中川健蔵、総務長官平塚広義の臨席のもと、軍官民の有力者一三〇名が出席して督府正庁で開催された[4]。

協議会では、国民精神振作・同化徹底のため教育・産業衛生・交通など社会全般にわたる改善策が宣言され答申が決議されたが、その答申のなかの「民風作興に関する運動は概ね左の事項に及ぶこと」の「(イ)教化に関する事項」には、敬神思想・皇室尊崇の念の普及徹底、国語の普及常用などのほか、「宗教並に演劇講古の改善（本来の寺廟による宗教に対し改革を為すと共に本来の演劇講古の改善を図ること）」が含まれていた。また「(ハ)弊風打破に関する事項」では「迷信打破（地理師、巫覡、術士並に死霊に関する迷信を打破すること）」「生活改善（婚姻、祭祀、葬儀其の他日常生活上に於ける弊風を打破改善すること）」「陋習改善（聘金、媳婦子、殯殮、啼哭等の陋習を打破改善すること）」が列記された。敬神思想の普及徹底に加えて、旧慣宗教の改善・打破の方針が明確にされたのである[5]。

南進論の高潮と台湾

台湾の宗教施策が変化しつつあった頃、日本国内では南進論が高調し、その拠点として台湾の重要性が改めて注目されるにようになった。矢野暢は、一九三六（昭和一一）年を「あらゆる意味で、近代日本の「南進」との関連でいえば、歴史が大きく曲がった年であった[6]」と指摘している。その上で、当時の代表的南進論として室伏高信の『南進論』を取り上げ、「文体の平易さと修辞の巧みさのために、この『南進論』は、すごぶる扇情的な効果を発揮した。そして、それは、南進ブームの復活を見る昭和十年代の幕あけを飾るにふさわしい内容をもっていた[7]」と述べた。

室伏高信の『南進論』は、一九三六年七月に日本評論社から刊行されたが、これに先立つ三月一七日に室伏は、『読売新聞』夕刊に連載するコラム「一日一題」に次のように記した。

大陸政策が高調されつゝある。大陸政策は日清、日露二大戦争の果実である。大陸政策を放棄することは、天才的大政治家の出現しない限り不可能なことの一つに属する。だが、満州を越えて北支那に、蒙古に、一歩々々進めて行かう。日本はこれによつて、あの漠々たる砂漠と曠々たる氷雪のほかに、何を夢み、何を期待することができるであらうか。よし第二の日露戦争恐るゝに足りないとしても、昔の成吉思汗と、そしてモスクワのナポレオンとが、運命の不可抗力を語つてゐるのではなかつたであらうか。北すべきか、南すべきか。北は征服を意味し、南は解放を意味する。北進は帝国主義であり、南進はアジアの被征服民族の解放である。北進か南進か。日本を愛するものにとつての今日の第一条件はその視野を南方へと拡大することでなくてはならぬ(8)

満州での大陸施策の行きづまりと限界を指摘し、南方海洋方面への進出の方がはるかに有望であり、アジア民族の解放という大義名分も立つというのであり、この論点を『南進論』でさらに詳述したのであった。同月二六日には、同じく『読売新聞』朝刊が、海軍に小林躋造を台湾総督に推す動きのあることを次のようにスクープした。

海軍の南進政策は非常時日本の躍進に必至的要件として具体化を企図されてゐたが大角海相の準備時代から永野新海相に移り愈よ実行期に入つた。永野海相はわが南洋委任統治領と内地を繫ぐ前進根拠地として又国防上重要拠点となる台湾を有効適切に利用せねばならぬ見地から台湾新総督に海軍出身者を起用し軍事上緊密なる連繋をとる必要がありとし政府に進言、廣田首相の諒承を得たので近く辞職することになつてゐる中川台湾総督の後任に海軍大将小林躋造氏を推すことに内定した。小林大将は台湾総督を受諾するとせば現役を退かねばならぬので果して総督就任を受諾するかどうか問題であるが軍事上重要地の総督であり、国家的見地から結局受諾することになるものと期待されてゐる[9]

すでに海軍は、一九三五年七月に「対南洋方策研究委員会」を発足させて南洋での情報蒐集分析活動を開始しており[10]、台湾総督のポストを抑えることは南方海洋へ進出していく上で重要な布石であった。一九三六年四月二四日には、有田外相・寺内陸相・永野海相が、陸軍の重視する大陸政策（北進論）と海軍の企図する海洋政策（南進）との有機的統一に向けて協議する三相会議が開催された[11]。その後も外務省は外交政策の調整にあたり、欧亞局に南洋課を新設することを決定した[12]。こうして八月七日に開催の五相会議で決定された「国策の基準」によって南方進出がはじめて政府の公式方針として決定をみたのである[13]。

南進論への仏教側の対応

南進論の高揚は仏教各宗派に南洋布教の活発化を促すことになった。大正期までの南洋布教は個人的活動が中心であり、教団規模で関与するケースは少なかった。

一九一八（大正七）年二月に本願寺派は海外布教に取り組む体制を整備し、朝鮮・支那・北米及英領加奈陀・布哇に開教区を置きそれぞれに開教総長を任命した。また樺太・露領西比利亜・南米・南洋には開教監督区を置いて開教監督を任命することとした。当時、本願寺派はシンガポールに布教拠点があり、フィリピンのマニラ、蘭領スマトラ島のメダンでも布教に着手していたが、南洋監督区は「教学課直轄」とされ開教監督は任命されなかった。[14]大谷派は、一九二五年に開教監督部通則を制定し、朝鮮・満蒙・北支・長江・南方（台湾及び南支）・米国に開教監督部を設置し、「南洋（サイパン、パラオ）比律賓（ダバオ）ハ本部直属トス」と規定した。[15]大谷派の南洋群島への進出は早かったが、単独で開教監督部が置かれることはなく、他の地域に比べて教団の組織的関与は希薄であった。その他の宗派では、曹洞宗がシンガポール・スレンバン・マニラ・ダバオなどに布教拠点を築いていたが、個人布教としての色彩が強かったようである。[16]

ところが、一九三三年にサイパンに進出した浄土宗は、翌三四年五月に開教区制度を更改して南洋開教区を新設した。[17]続く一九三五年八月には、本願寺派も教学部直属であった南洋開教監督区に開教監督事務所を置くことを決め、翌三六年二月に宇野本空布教部長に南洋開教監督の兼務（本山在勤）を命じ、シンガポール在勤の清水祐博を南洋開教区賛事事務取扱に任命した。[18]各宗派が南洋に進出する体制を整備するなかで特に布教競争が激化したのが、赤道以北にあるマリアナ・パラオ・カロリン・マーシャル諸島などの南洋群島であった。

これら南洋群島はかつてドイツ領であったが、日本が第一次世界大戦の際に占領し、戦後日本が委任統治していた。しかし、「同盟及連合国ト独逸国トノ平和条約」（ヴェルサイユ条約）には、キリスト教の保護条項が規定されていたため、日本側はキリスト教の保護政策を採り、昭和初期までは、南洋庁や日系企業の支援を受けた大谷派がサイパン・パラオなどで布教に着手したに過ぎなかった。ところが、一九三三年の国際連盟脱退後、南洋諸島の実質的な植民化が推進され日本人移住も増加した。南進論が高揚すると、これに呼応して浄土宗・本願寺派などが南洋群島布教に本格的に進出し、マレー半島やフィリピン諸島でも各宗派の布教活動が活発化した。[19]

各宗派の南洋布教が活発化するなかで、その中継地としての台湾の重要性も改めて認識されるようになった。例えば、大谷光瑞は本願寺派法主職を引退した直後から、マレー半島でゴム園経営を手始めに南洋で諸事業を展開していたが、一九三四年以降、数度にわたって台湾を訪れ翌三五年一〇月に『台湾島之現在』を大乗社から上梓し台湾への強い関心を示していた[20]。そして、同年一二月末から翌年二月にかけて南洋群島を視察し、その出発にあたって朝日新聞社記者に次のように語っている。

（前略）二十九日築地本願寺に氏を訪ねるとあの大きな体を半ばソファから乗出しながら相変らずの元気次のやうに語つた
日本は今日南に眼を転じなければならなくなつて来てゐる、自分は台湾を調べて「台湾島の現在」を出版したが今度は南洋を調べて南洋で何を栽培し何を生産するか、その近海で何が採れるかを見て来ようと思ふ。（中略）今後の日本の発展地は台湾だと思ひます。台湾の港湾が完成し島内産業が発達すれば台湾の物資を満州なり日本なり南洋諸島なり支那、桑港等に出し又満州、台湾、南洋、内地等の物資交換の基点が出来、将来日本の目覚しい発展を見るものと考へるのでこの点からも今度南洋を十分見て来ようと思ふ、二月末には帰る予定だ[21]

台湾島内でも、一九三五年一一月には台北仏教各宗連合会・南瀛仏教会の主催により台湾仏教徒大会が開催され、各宗派の布教活動が活発化するのであるが、これに関しては後述する。

二　日中開戦後の公葬問題と神仏対立

小林躋造総督と日中開戦の影響

一九三六(昭和一一)年九月に台湾総督に就任した小林躋造は、「皇民化・工業化・南進基地化」の三大政策を掲げて台湾統治を推し進め、宗教施策についても台湾の旧慣宗教の改善・打破の傾向をさらに強めた。

同年一一月に総督府で神宮大麻頒布式が行われ、小林躋造総督は島内官民の各家で神座を設けて適正な奉斎が実施されることを希望する旨の告辞を述べた。[22] これを機に地方庁主導のもと、各家庭の正庁に祀られた中国式先祖位牌や神仏像を撤去・焼却して神棚を安置する「正庁改善」運動がはじまり、翌三七年五月頃からは「寺廟整理」の実施も議論されるようになった。[23] 台湾の旧慣宗教排除の風潮が強まりつつあるなか、これに拍車をかけたのが同年七月七日に勃発した盧溝橋事件に端を発する日中戦争であった。

開戦後の九月一日に台湾軍司令部のまとめた『北支事変ヲ通シテ観タル本島人ノ皇民化ノ程度』では、本島人の戦争への協力的姿勢に対して、「一般本島人ノ皇民的自覚並時局認識ノ表発ナリト断定スルハ頗ル早計ニシテ一部ヲ除キ自己保身並大勢順応的観念ニ支配セラレアルモノト観察セラル」[24]と疑いの眼を向けている。そして「尚支那側ノ実力ヲ過信シ依然民族的観念ヨリ支那ヲ祖国視シ我国ヲ誹謗シ支那ノ勝利乃至台湾ノ支那復帰ヲ希求スル者過半ヲ占メ且又時局ニ有害ナル悪質ノ流言猶絶エサル状況ナリ」[25]といい、台湾での抗日的傾向の顕在化への脅威を指摘している。

こうした意識が、性急な皇民化施策の推進と敬神思想の強要、旧慣宗教の改善・打破へと、台湾総督府を駆りたていったと考えられる。

戦没者の公葬問題

日中開戦後の台湾総督府の宗教施策の特異性を顕著に示すのが、戦没者の公葬に関する対応であろう。元来神官は、一八八二（明治一五）年一月二四日内務省達丁第一号によって「葬儀ニ関係セサルモノ」とされており、例外的に府県社以下の神官の葬儀関与が「当分」認められていた。ところが、戦争拡大によって多数の戦没者が生じてくることが予想されるようになると、神道関係者は葬儀に関与することで国民への影響力を強めることを目論んだ。

一九三七（昭和一二）年九月一一日、全国神職会と皇典講究所とは共同の理事会を開き対応を協議した。理事会では、官国弊社の神官が葬儀に関与できるよう、ただちに内務省達を改廃させることは難しいとの結論に達したものの、神葬慰霊祭の形式等を統一化し、神式での公葬執行を全国市町村会等に働きかける方針を決めた。また地方に公葬を執行できる神官のいない場合は、退役軍人などを祭主に登用する方法なども考案された。[26] 同月一七日に開催された皇典講究所特殊祭式調査会で正式な原案が決定され、その内容は全国神職会と皇典講究所の共同声明の形式で以下のように発せられた。

地方長官その他関係当局へ声明

陳者今次の支那事変は逐次拡大し皇軍将兵の戦歿者多数に上り候事痛恨至極に御座候、併しながら我殉国の英霊は畏くも優渥なる聖旨に依りやがて神格に進められ靖国神社の御祭神として永久に祭祀せらるべき最高至上の栄誉を担ふべきものに有之随つて此等神格に列せらるべき英霊を弔慰する公葬並びに慰霊等の祭儀は我が国体の由つて来るところに鑑み皇室葬儀令の定め給ふ処に倣ひ皇国古来の国礼国式たる神式に依つて厳修せらるべきを適当なりと思料致候、然るに地方にありては往往是等の祭儀に精通するものなく又斎主斎員其人を得ること困難なる場良いも有之やに承知致し候が、一般神職は日夕神明に奉仕し這般の凶礼には携はらざる立前に候へ共、現今の制度にては府県社以下の神職に限り当分の間従前の例に依り葬儀に干与するを妨げざる儀にも候へば、所在府県郷村神職の協力により適宜（或は神職に於いて祭儀を担当し或ひは軍人又はこれに然るべき仁、斎主の任に当り神職之を補佐する事）葬祭を執行候様相成候はば国民をして国礼国式によりて人生最終の大礼を全うせしむるを得べしと存候　敬具

皇典講究所長侯爵　佐々木行忠
全国神職会長　水野錬太郎[27]

この声明に対して仏教側からは、非常時を利用しての勢力拡大を図る「家事泥式」の行為であるとか、遺族の心情や信教の自由を無視している、皇室喪儀令を持ち出すことは不敬に当る、神葬は明治に定められたもので皇国古来の国礼国式とはいえない、などの批判が提示された[28]。葬儀への関与は神道界にとって、神社の本質そのものを問い直す大きな問題であったろうが[29]、実際に国内で神式公葬を採用する地方はほとんどなく[30]、当初仏教側が大きな反応を示すこともなかった[31]。

台湾での神仏対立

日本国内で神道側の神式公葬の推奨は大した問題とならなかったが、台湾では神仏の対立問題へと発展し大きな

論議を呼ぶ結果となった。台湾総督府は、一九三七（昭和一二）年一〇月一日、総督府総務長官名をもって各州知事、庁長宛に通達を発し、公葬に神式を採用することを正式に指示したのである。その通達とは以下のとおりであった。

公的葬祭執行方に関する件

従来戦歿者等の市街庄葬、慰霊祭、其他公的葬祭の執行方往々区々に渉ること有之候処、事変戦歿者の英霊を弔慰する公葬並びに慰霊等の祭儀は我国体の由て来るところに鑑み皇国古来の国礼国式たる神式に依り厳修すべきものと思料致候に就ては爾今斯種の公葬慰霊其他公的祭儀に当りては万止むを得ざる場合の外総べて神式を以て執行せられ度、右依命通牒す。

追て参考の為め別冊葬場祭並びに慰霊祭次第、部並びに市街庄葬斎員編成の参考として別冊祭式講習修了者名簿〇部送付候条関係の向き御配付相成り度、なほ遺族の熱望ある場合は式後読経其の他を奉仕せしむるは差支なき儀と御了知相成り度申し添候(32)

台湾総督府が神式公葬の採用にふみきった背景には、中国本土と同質の台湾民衆の精神的土壌を早期に日本式に改め皇民化運動を強力に推進する意図があったと考えられる。加えて後述するように、絶えず宗派間の対立をくり返す日本仏教への不満もあったようである。寺檀制度の残滓のもと所属宗派が自動的に決定する国内に比べ、台湾では現地寺廟の支配をめぐる競争が激化し、それまでに何度も問題とされてきた。総力戦をひかえて宗派間の競争・対立が激化することは、総督府にとって大きな懸念材料であり、その兆しも見えはじめていた。

一方、この措置を遺憾とした台北仏教各宗連合会は、数次にわたって対策を協議した結果、意見書を作成し、総務長官、各州知事をはじめ全島各市街、庄、長、民間有力者、東京仏教連合会本部、拓務・文部・内務各大臣などに発送した。その意見書では、前述の総務長官通達について次のように述べている。

（前略）右通達書の主文を通読するに文意に於て前の神職会の為せる声明書と一脈通ずる処も可有之哉に被存候、此の通達に依れば「爾今斯種の公葬慰霊其の他公的祭儀に当りては万已むを得ざる場合の外総べて神式を以つて執行せしめられ度」とありて総督府は宮内諸官衙に対し之に依準して公葬を執行する際其の実行を指導せられたるものと存じ候、茲に府当局の措置は信教の自由を顧みざる処あり、全く信仰を度外視せられたるの感に有之候、内地に依ては新聞紙上の報道に依れば公葬の大半以上は必ずしも神式に拠らざる所にして家庭の信仰を中心として行はれるつつある事実に徴して本島に於ける措置の遺憾を痛感する次第に御座候、今や国家は精神総動員、国民を挙げて明朗闊達なる気風に任せしむるべき秋にあり更に堅忍以つて久しきに堪へ持久の精神に、培ふべきの時なり、此の時局の重大性を鑑み聊か我等意のある所を開陳し以つて甚深なる考慮を煩はし敢へて善処方切望の次第に御座候、茲に全島仏教徒を代表して謹て敬意を表し重て得貴意候也

昭和十二年十月十四日

古義真言宗台湾開教監督　藤生　裕俊

真宗大谷派本願寺台湾開教監督　古川　徳信

臨済宗妙心寺派台湾監督　高林　玄宝

浄土宗台湾開教監督　田村　智学

日蓮宗台湾開教司監　岡田　栄源

真宗本願寺派本願寺開教総長　小笠原彰真
曹洞宗台湾布教総監　高田　良三[33]

この意見書に対して全国神職会の機関誌『皇国時報』のコラムは、台湾の仏教各宗派が神式公葬への反対運動を試みていることを取り上げ、靖国神社に祀るべき戦没者の公葬を神式で行うことが信教の自由に違反するはずもなく、むしろ仏式合同葬なる儀礼をもって非仏教徒に強要する方が問題であると反論した[34]。

問題解決に向けた動き

台湾総督府に働きかけても事態の打開は難しいと考えられたのであろう。曹洞宗議会に出席のため東京を向かった高田良三は、一一月七日に仏教連合会本部を訪れて中央の主務省庁である内務・文部・拓務の各省への陳情の必要性を訴えた。翌八日には里見達雄（浄土宗庶務部長）が高田を帯同して文部省に出向いて陳情を行い、他方で藤音得忍（本願寺派築地別院輪番）が大谷尊由（拓務大臣・本願寺派連枝）を介して森岡二朗（総督府総務長官）に緩和策の陳情を行うこととなった[35]。

こうしたなか、一一月一二日に上海戦線での戦歿者六五名の連隊主催告別式が原隊営庭において神仏両式で執行された。式では、まず神式により供饌、祝詞、弔辞・弔電、玉串奉奠の順にて進められ、続いて仏式に移り各宗開教監督と随員らが雅楽中に出仕して焼香の後、東本願寺別院古川輪番の調声にて阿弥陀経の読経あり、続いて斎主原隊隊長、遺族代表、軍司令官、小林台湾総督、文官代表森岡総務長官、武官代表などの焼香があり、葬儀委員長の挨拶にて終了した[36]。さらに一六日には台北市主催の市葬が同市新公園で行われたが、このときも連隊葬と同様に神仏両式で執行された[37]。

その後、一一月二四日に大谷尊由と木辺孝慈（真宗木辺派管長・大谷尊由の実兄）の間で問題解決に向けた折衝がもたれ、席上、東上中であった森岡総務長官からも意見を徴したことが報告された。その森岡二朗の意向は、次のようなものであった。

仏教に拠るには、一、経費の過大を免れず（人員多く従つて布施の額を増す）二、不統一を来し易し（服装、経文、儀式等）三、導師の決定に困難を伴ふ場合多し（時に醜き争ひすら惹起するを聞く）以上の如き欠点あるも、之に比して神道に於ては斯る難点なしとの報告であった[38]

ここで森岡二朗は、台湾で競争・対立をくり返す日本仏教各宗派への不満を口にしている。一方、これに対し木辺光慈は次のような要望を大谷尊由拓務大臣に伝えたという。

一応尤ものやうにも取れるが併し本来自由である可き信仰に関する問題を命令を以つて律するが如きは甚だ不法である、固より以上の如き非難に対しては将来仏教各宗派団体に於ても充分戒飾するも大臣に於ても然るべく公平に之が解決を計つて戴き度い[39]

大谷拓務大臣も「よく諒解したから御希望に添ふやう何等かの緩和策を講ずるが、併し長官の言ふ仏式の欠点に就いては仏連を通じて注意を喚起して置いて貰ひたい」との希望を述べた。これを受けて仏教連合会は、台北仏教各宗連合会に経過顚末を詳細報告し、あわせて総務長官の指摘する欠点の改善を強く求める通牒を発した(40)。

公葬問題については、一九四〇年五月に全国神職会評議会で「戦病死軍人の葬儀令を制定し国式に依らるる様其の筋に建議の件」が提出されて以降、国内を舞台に神仏間の対立が再燃することになるのであるが(41)、上記の経過を経て、ひとまず台湾での問題は神式仏式を併用することで決着をみたようである。

三　総督府宗教施策の展開

社寺係主任加村政治の動向

公葬問題を通じて、総督府総務長官から宗派間対立の問題を指摘され、仏教連合会を介して拓務大臣の注意喚起を要望する意向が伝えられると、台湾における日本仏教各宗派はこれにすばやく反応した。

一九三七（昭和一二）年一二月一〇日、全島各地の代表者二〇名に各宗派の布教責任者を加え、台北市浄土宗別院に「台湾仏教連合会」の発起人会が開催された。会では曹洞宗高田布教監督より公葬問題に関する経緯が報告され、続いて各地代表より地方宗教情勢の報告があり、台湾仏教連合会の発会式が挙行された(42)。当然のことながら、仏教連合会は各宗派一致協力して総督府の皇民化政策に迎合する姿勢を示した。台湾仏教連合会の設立に尽力した臨済宗妙心寺派の布教監督高林玄宝は、「我々は台湾仏教連合会を組織して日本仏教の真髄を彼等に吹きこんでゐる。要するに日本仏教化することが、真に皇民化さすことであると思ふ(43)」と述べている。それにもかかわらず、台湾総督府の神道偏重・仏教軽視の方針が変更されることはなかった。その過程については、すでに蔡錦堂により詳細に論じられており、筆者も主要な関係資料を『仏教植民地布教史資料集成〈台湾編〉』のなかに収録し解説を加えた[44]。ここでは、総督府文教局社会課社寺係主任であった加村政治の動向を中心に、その施策を整理しておこう。

一九三八年に入ると、日本国内の仏教系世論が台湾での正庁改善運動を「台湾の廃仏毀釈運動」と報道して問題化しはじめた[45]。そうしたなかで加村は、同年三月発行の台湾神職会の機関誌『敬慎』に「本島人家庭の所謂正庁改善に就て」を発表した。そのなかでは、一九三六年一一月に行われた神宮大麻頒布式での小林躋造総督の告辞や翌三七年一二月台湾神職会作成の「本島民屋正庁改善実施要項」を引用した上で、これらの影響によって正庁改善が全正庁の半数にも達し、紀元二千六百年までには全島のすべての正庁が改善されて本島人の皇民意識が確立され、同化徹底が実現するであろうとの見込みを述べている。同時に「中世以降歪められたる所謂内地式を与へることは指導者としては厳に慎しまなければならぬ」と述べて暗に仏教祭式の影響を批判した[46]。

また同年五月発行『敬慎』の投稿評論では、「非皇民的信仰たる、旧慣の信仰や、基督教、仏教、道教などの信仰を後に廻はし、先づ以て皇民的信仰の本道たる（中略）神代精神を充分に且つ徹底的にタヽキ込むことが、真に本島人を愛するものゝ態度である」[47]と、神道至上主義ともいうべき意見を主張している。さらに同年六・七月の発行『敬慎』では、「今日の日本仏教なるものの正体を正視するときは、皇民として奉じ得べき地上の教理にあらざることを明かに知り得るであらう」[48]といい、日本仏教を皇民化運動に利用することを批判した。

加村政治の仏教批判の波紋

一九三八（昭和一三）年にはじまった寺廟整理運動は[49]、一九四一年四月に総督府が明確な中止指示を出すまで、混乱のうちに地方官主導で実施された。宮本延人によれば、一九三六年末に全島で三、六四九を数えた寺廟は、一九四二年の段階で二、五五一まで減少し、全体の三割以上が整理された[50]。総督府は寺廟整理に傍観の態度をとったとされ、その実施の程度は地方官により差があったが、社寺係主任である加村は明確な神道至上主義を打ち出し、仏教やキリスト教を排撃する姿勢を鮮明にしていた。加村のこうした主張は、寺廟整理の推進にも大きな影響を与えたことは間違いないであろう。

同年九月に加村は『南瀛仏教』に「皇民化運動と聖徳太子憲法」という論説を発表した。この論説で加村は、十七条憲法の第二条にある「篤敬三宝」の文言に疑義を呈し、仏法僧の「三宝」ではなく、儒神仏の「三法」が正しいとする持論を展開した。これに対して、一〇月一日台湾仏教連合会は、十七憲法を歪曲するものとして伺書を総督府に提出して是正を求めた[51]。

また加村は、同月発行の『敬慎』の巻頭言で「全島の教化指導者たちは、皇民化の完成の為に必要なる真正の信仰は、仏教若は基督教等の既成宗教に頼つて之を島民に賦与することは不可能であるといふことを反省自覚しなければならぬ」と記した。そして、キリスト教の神社不参問題、真宗の大麻不受問題、台湾旧慣に内包する「王侯諸相豈有種乎」という思想を取り上げ、これらは日本の国体に合致するものではなく、「皇民化運動の進展を妨害し若は微弱化せしむる」との見解を示した[52]。同誌には、こうした見解に沿って書かれた「皇民化の完成を目標とする寺廟整理の指導方策」と題する加村の評論も掲載された[53]。

台湾仏教連合会が台湾神職会の機関誌である『敬慎』掲載の加村の評論に表立って反論した事実は確認できなかったが、『南瀛仏教』掲載評論に対しては前述のように強く抗議した。加村の言動への仏教界への不満は蓄積しており、一一月二七日付『中外日報』に掲載された紫水生の投書も次のように記している。

最近聖徳太子の三宝は三法であるとか、十七条憲法の内容について発表された台湾総督府文教局の社寺主任加村某の説はおそらく台湾の宗教状況の代表意見としてよからうし、当局の中心思想の表示と考へらるる次第である。かかる立場からして在台する内地人移入の宗教特に仏家の存在は極めて不愉快な事であらうが此れもいづれは時代が解決してくれる。此度の聖徳太子問題の結果は台湾としては宗教上大きな問題である。今にはじまらぬ話であるが加村某の仏教を仇敵視せる事は台湾としてかなり有名な話でおそらく知らぬ者はない程である。一面かかる程度、多年の潜勢力を有して各種方面に先端が従来表面化して起きたものだ、公葬問題の如きも同人の立案の由である、相当心臓の強い人である。まあ幸に常進労力を望む次第である。(54)

加村政治更迭とその後

一九三八(昭和一三)年一二月、加村は突如として社寺係主任を更迭され、社寺文教局編集課に転任した。蔡錦堂は、加村更迭の理由として何らかの圧力が掛けられた可能性を指摘している。(55) 加村更迭の背景には、公葬問題の際と同様に国内仏教勢力から拓務大臣などを介して政治的圧力が加えられた可能性も考えられよう。しかし、前述の紫水生の投書も指摘しているように、神道偏重・仏教軽視の傾向は、加村政治ひとりの考えではなく、台湾総督府の「代表意見」と言うべきものであった。

神道至上主義への仏教側の反発に一定の配慮を示すために、総督府は加村を更迭したと考えられ、同時に寺廟整理への対応もみせた。すなわち、一九三八年一二月八日開催の全島内務部長・庁庶務課長会議において、「慎重適正にその処置を執る」、「単に旧来の信仰なる故を以て、之を斥くる事なく、その正しきは益々助長し、迷信邪教に堕したるものは漸次之を是正すべし」などの寺廟整理の方針が示された。翌三九年一月三〇日には総務長官より、民意を尊重し地方の実情を考慮して「斬進的慎重方針」を採るよう各州知事庁長宛に通達された[56]。しかし、仏教軽視・旧慣宗教排除の方針が明確に撤回されたわけではなかった。このため地方官によっては、その後も寺廟整理を敢行し[57]、日本仏教への帰属が確定している寺院の財産の没収を企図する場合もあった[58]。前掲の紫水生は、加村更迭後の寺廟整理について次のように報告している。

即ち予而紙上を通じて報道せる文教局社寺主任〇〇が聖徳太子事件によれるものか十二月末頃突如として〇〇になつて失職してから、寺廟整理に対する従来各州共に全国の前には何者も論ぜざるの意気と〇〇なやり方で、台南州、高雄州其他に於て宗教改革に対するおそらく脱線的な処置のために種々の問題惹起しつつも〇〇によりてすべては沈黙は賛意となすやり方で進んだものだ、全く信仰の自由を無視せるものである（本島人の寺廟信仰を中心としての観察[59]）

上記の文章中の「〇〇」は伏字であり、このため文意を把握しにくいが、総督府が適正な処置を地方官の判断に委ねたため寺廟整理にともなう混乱と宗教弾圧がなお横行している実情を伝えていると考えられる。

寺廟整理の中止決定

一九三九（昭和一四）年に入ると、日本国内でも寺廟整理を台湾民心の離反を招く危険性がある措置としての問題点が指摘されるようになった。例えば、同年二月二三日に衆議院の朝鮮事業公債法中改正法律案委員会に質問に立った長野高一委員は、次のように発言している最近皇民化運動ハ、拍車ニ拍車ヲ掛ケテ居ル有様デアルト承ツテ居ルノデアリマス、其ノ為ニ長キ彼等ノ文化ノ伝統デアル漢文ノ廃止ノ断行、信仰ノ中心デアル寺廟ノ整理取壊シ、位牌ノ焼却、台湾服著用ノ禁止等ヲヤツテ一日モ早ク台湾本島人ヲシテ皇民化セシムルコトニ努力致シテ居ルノデアリマス、（中略）唯モノニハ限ガアリ、限度ガアリマス、所謂過ギタルハ及バザルニ尚ホ劣ルモノデアリマス、台湾ニ於テハ此ノ運動ノ行過ギニ対シテ、非常ノ怨嗟ヲシテ居ルノデアリマス、心アル者ハ何時カハ反動ガ起リハセンカト云フコトヲ、内心非常ニ憂慮致シテ居リマス(60)

こうした台湾民心の離反への懸念の背景には、当時国内の不作による台湾米穀の移出問題があったことも否定できない(61)。日本国内で戦争推進の悪影響が問題視されるようになると、台湾総督府も何らかの対応を迫られたと考えられる。

結局、一九四一年に至って台湾総督府は寺廟整理の中止を決定するに至り、同年四月二二日の地方長官会議の席上において、各州庁係に対し口頭にて一時一切の寺廟整理に関する手続を中止する指示が伝えられた(62)。しかし、寺廟整理運動の中止は、台湾の旧慣宗教を尊重する立場から決定されたのではなかった。かつて後藤新平民政長官が台湾民衆の根強い抵抗を前にして、その懐柔のため旧慣宗教の温存策を選択したのと同様、あくまで戦争推進という情況に直面して決定されたのである。その後、太平洋戦争がはじまると、南方進出を進めていくにあたって原住民の人心収攬のため旧慣宗教をどう扱うかという問題とも関わって、寺廟整理の措置が改めて批判を浴びた(63)。そこでは、神道の包容性・寛容性に力点を置いて多民族の同化につとめるべきであるという指摘もなされた(64)。しかし、日中開戦後の台湾での諸宗教排除運動は、他宗教と共存し得ない国家神道の排他的本質をもっとも端的に露呈した一事例と言えるだろう。そして、それは首脳部黙認のもと一部官僚によって主導され、仏教の国家神道への従属化を促進した点で、明治維新期の廃仏毀釈と同様の役割を果たしたのであった。

四　各宗派本島人布教の活発化

昭和初年台湾仏教界の状況

次に昭和に入ってからの仏教側の動向を確認していこう。一九二一（大正一〇）年に発足した南瀛仏教会は、総督府の強い管轄下に置かれ、日本仏教と提携して台湾仏教の日本仏教化を図ることを目的としていた。しかし、台湾仏教支配の主導権をめぐる宗派間の競争に手を焼いてきた総督府は、南瀛仏教会に日本仏教の宗派関係者が直接的に関与することを認めなかった(65)。これに対して、日本仏教各宗派は、絶えず現地仏教勢力を支配下に置くチャンスをうかがい、総督府の規制が緩むと、直ちに行動に移した。昭和に入ると、台湾でも次第にこうした各宗派の動きが活発化しはじめた。前述の公葬問題の際に森岡二朗総務長官がもらした仏教への不満には、こうした背景があったのである。

昭和初年は、台湾仏教への影響力を強めようとする日本仏教各宗派と、自立的振興を望む台湾仏教側のせめぎ合いの時期であったと言えるだろう。一九二九年一月発行の『南瀛仏教』に、曹洞宗台北別院主であった水上興基の「南瀛仏教会に望む」という論説が掲載された。そこで水上は、台湾仏教は儒・道の三教混同で純粋仏教ではなく、僧侶も無知無教育で信者の徳望・信頼がないという問題点を指摘している。その上で日本仏教の指導の必要性を強調し、「内地渡来の開教師も南瀛仏教会員たらしめよ」と主張している。[66]

これに対し本島人僧侶の李添春は、同年八月に『南瀛仏教』に寄稿した「台湾仏教の将来に対する私見」のなかで、台湾仏教が多くの迷信的要素を含有しており啓蒙運動の必要なことを認めている。その上で、「この際内地の純粋なる禅（特に忽滑谷一派の曹洞禅）を輸入し、以て正信に誘導、以て正信に誘導せば同化問題を声高く叫ばなくとも、自然に同化の実を挙げるものと信ずる」といい、日本仏教を手本とすることの有効性も容認している。[67] ただし李添春は、そのための努力はあくまで台湾仏教の自主性に委ねられるべきであるといい、翌月の『南瀛仏教』に寄稿した「日本仏教に対する一考察」のなかで次のように述べている。

先つ内台の仏教を握手させるには禅宗を以て最初になさねばならぬ、併し乍ら、言語風俗の相違があるたけに、これも余り美果を収めることは出来ない、此れは現在にも知る事実である。結果する処、本島人の仏教は本島人仏教徒の自覚を待つ外はない。南瀛仏教の一月号か、曹洞宗別院水上興基老師の台湾仏教の整理に関する御意見を拝聴致しましたが、吾人は多少の疑問を懐くものである。所詮、政府も信教自由を精神とする限り、台湾人仏教徒の自覚を直接、間接に補導助成するは必要であるけれども、その組織や信仰の内容に深く干渉することは問題である。（中略）最後には内台仏教の握手は必要であるけれども本島人仏教徒の自覚に俟つべきことを信じ而して政府の積極的補導助成を希望して擱筆することに致します。[68]

台湾仏教を傘下に収めようとする底意を持って近づいてくる日本仏教側への反発も強かったようである。一九三三年七月発行『南瀛仏教』掲載にされた「十年来的台湾仏教的幻影」には、日本仏教の不誠実なあり様が厳しく批判されている。[69]

本願寺派布教者養成の挫折

昭和初年に特に本島人布教者の養成に取り組んだのが本願寺派であった。元来、本願寺派は在留邦人に強い布教基盤を有していたが、台湾仏教との交流が盛んな曹洞宗や臨済宗に比べると、本島人布教は不振であった。本願寺派では、日清戦争後に本願寺門前に設置された清韓語学研究所の卒業生である紫雲玄範らが初期台湾布教で大きな役割を果たし、以来断続的に若手日本人僧侶に現地語を習熟させる事業を行ってきた。しかし、台湾に永住する覚悟で現地語を学ぶような適任者が現れず、大きな成果をあげることはできなかった。一九一九（大正八）年三月に台北別院輪番として赴任した片山賢乗は、こうした事情を踏まえ方針を転換し、現地人を国内の中央仏教学院などに留学させて布教者を養成することとした。[70]

一九二七年二月、芝原玄超が台北別院輪番として現地に赴任すると、本願寺派の布教は活況を呈しはじめた。翌二八年四月に別院新築の地鎮式が盛大に挙行された。別院は翌年に台湾別院に改組され、台湾布教を統括する機関に改められた。別院工事は実に満六年をかけて一九三二年一月九日入仏式を経て、三四年四月に庫裏と山門が竣工した。本堂は当時台北市内で、台湾総督府庁舎に次ぐと言われた大建造物であった。[71]芝原玄超は就任早々から本島人布教者の養成にも力を注ぎ、一九二八年秋に台湾仏教学院を設置した。全島三八か所の布教所より一名ずつの本島人を選抜して別院の台湾仏教学院で一年間教育し、その後に京都での一年間の修学を経て本願寺派僧侶に養成しようという計画であった。[72]

しかし、翌年には費用出資を申し出た篤志家が突然死去したため台湾仏教学院の事業は早くも暗礁に乗り上げたようである。『中外日報』は当初予定していた養成定員を一三名から三名に減員したが、その三名の日本留学の財源確保にも芝原が苦慮していると報じている。(73) こうして苦労の末に布教者養成した後にも新たな課題が待ち受けていた。芝原玄超輪番の下で編纂された『真宗本派本願寺台湾開教史』は、本島人布教使養成の重要性を指摘しつつも、次のように記している。

　但し本島人僧侶は内地人僧侶と違ひ、読経の布施、葬式の謝儀等は全然皆無であるから、たとへ地方に駐在させても、恒産なき限り独立生活の見込立たず、常に教務所より適当の補助を要するので、現在としては本島人僧侶が殖えれば殖えるだけ補助が嵩まり、貧弱なる開教費では到底やつて行けぬ事になった(74)

　芝原玄超自身も、一九三二年に『南瀛仏教』に寄せた「台湾仏教改革に対する愚見」のなかで、台湾仏教学院の失敗を認め次のように述べている。

　不肖本島に就任以来本島人の間に親鸞教義を宣伝すべく、その方法に付て相当苦心せしも、如何せん土語不能の為め直接の布教は到底意の如くならず、止を得ず間接的に自己の所見を弘通せしむべく過去六年に亘つて本島人出身の僧侶を養成し、内地専門学校に留学せしめた後、各地に散在せしめ専ら教化に尽瘁させて見たが、その結果は予期に反し釈放者保護等の社会事業を除くの外、肝心の教義宣伝に就ては一向不振の状態にある事を頗る遺憾に思ふ(75)

芝原は、その原因として台湾での僧侶の社会的地位が低いことを挙げている。そして、現地人への国語の普及に期待して次のようにいう。

　茲に於て不肖は従来執り来つた本島人僧侶を通じての間接的布教より更に進んで積極的に自身第一線に立ち、国語を以て堂々と布教に当らねば到底実践の上らぬ事を痛感してゐるが、幸に先般組織された教化連合会の目的が、国語の布教と習俗の改善にある事を知つて非常に力強く感じ、関係者一同力を協せ此の二大理想に努力したならば、遠からずして国語布教の下に迷信的形式的の仏教界を革新する事が出来うるものと信ずるのである(76)

　のちに芝原は、「本島人僧が本島人を布教するは全く望みなしであつて根本的に本島人に国語で布教して行かねば日本国体の有難さも遂に徹底せぬので此方針を総督府とも相談し賛成された」とも述べている(77)。本島人布教者養成の断念にあたって総督府と相談がなされたようである。南瀛仏教会講習会が定期的に開催されている以上、台湾総督府は宗派個別の本島人布教者養成を積極的に支援しなかった(78)。台湾総督府としては、日本仏教に対して本島人布教者養成よりも、直接的に台湾民衆の皇民化に資するような事業に期待したと考えられる。

　いずれにせよ、現地人の布教者養成は経費と手間の要する難事業であったろう。まして養成後の布教者の待遇面などの問題も考慮するならば、その事業推進の困難さは察するにあまりある。しかし、その道を放棄せずに少しずつでも継続すれば自宗派の教えの一定の浸透は図れたかもしれない。少なくとも、総督府の推進する皇民化運動に便乗した国語布教によって、真の信者の獲得が望むべくもなかったことは言うまでもないであろう。

台湾仏教徒大会の開催

芝原玄超は、台湾民衆への国語の普及によって直接的布教が可能であるとの展望を示したが、国語の習熟は台湾人僧侶にも強く求められたことであった。一九三一（昭和六）年に総督府は「国語普及十カ年計画」を打出し、前述の一九三四年三月の台湾社会教化要綱や、一九三六年七月の民風作興協議会宣言・答申でも国語普及は重要項目の一つにあげられていた。これにより、一九三〇年段階で八・四七パーセントであった国語普及率は、翌三一年に二〇パーセントを超え、三六年に三二・九パーセントに、三八年に四一・九パーセントに達していた(79)。

こうしたなかで、台湾人僧侶に対しても国語修得への要求が強まり、一九三四年四月に開催された第一四回南瀛仏教講習会において、安武直夫会長（同時に総督府文教局長でもある）は訓示の最後に次のように述べた。

尚ほ最後に特に注意を喚起したいことがあります。云ふまでもなく、諸子は将来民衆に対して、教化的立場に立つのであるから、色々の方面に於て、民衆の師範乃至先覚者とならねばならぬのでありますが、とりわけ善良なる国民、忠良なる臣民となる為めに、国語の習得に力めて、その国語の力によつて国体に対する理解を深め、国民的感情、国民的信念を一日も早く体認することが極めて肝要であると存ずるのであります。従つて又神社に対する正しき見解を持し、神社と宗教との異同を弁へて、苟且にも、自己の信奉する宗教の為めに神社崇敬の本義を踏み迷ふが如きことがあつてはならぬのであります(80)

日本への同化要求が神道至上主義での強要にまで至るとき、前述のように神仏間の対立へと発展することになるのである。しかし、日本仏教側は皇民化運動の一翼を担うべき役割を自認しており、総督府の側も台湾仏教の日本化に日本仏教が果たす役割に少なからず期待を有していた。

総督府の台湾仏教への同化要求が強まるなか、日本仏教側は南瀛仏教会に介入して台湾仏教に影響力を行使する絶好チャンスが到来したと考えたようである。こうして一九三五年一一月に開催されたのが、台湾仏教徒大会であった。

台湾仏教徒大会は、台湾始政四十周年記念を記念して台北仏教各宗連合会・南瀛仏教会の主催により開催された。大会には、全島から「本島人」約五百五十名、「内地人」約四百五十名の合計約一千名の僧俗が集まり、日本仏教と台湾仏教の仏教関係者が一堂に会した大規模な会合となった。(81) そこで決議された「宣言」や『答申』では、国民精神の徹底発揚を目的に掲げ、そのために「内台仏教の堅き団結」や「仏教各宗派に隷属せざる全島的一大的教団」の組織化が謳われていた。また大会の決議事項には「吾人仏教徒は国語普及、習俗改善等に努め以て内台一元の理想を実現せん事を期す」などがあげられていた。(82) しかし、実際に大会を開催した最大のねらいは、寺廟・斎堂を日本仏教各宗派へと帰属させて統制することにあり、そのための方策が提案・協議された。例えば、協議事項「第一条台湾在来の仏教系統の寺廟斉堂に対する統制方策確立をその筋へ建議の件」では次のように説明されている。

最も妥当なる方策としては各寺廟斎堂が各自にその意志に基き内地仏教各宗本山の何れかに属して其所属を明にし（亦各宗本山に於ては特にその所轄となしうる可能性を認めたる上之を黙許するは勿論）所属寺廟斎堂に対してはそれ〴〵本島仏教の実情に即したる適当なる規定を設けて之を施行し以て在来の寺廟斎堂のよく完全なる発達向上を期す可きなり。之を約言せば在来仏教が漸時内地各宗本山に帰属して統制ある力強き宗団に拠り寺廟斎堂の向上発達を期し延いて国家社会の上に貢献するところあらば茲に始めて台湾仏教の真価を打出するに至るべ

し[83]

各宗派が個別に寺廟を帰属させる方策が提案されており、それを強力に推進したのは、臨済宗妙心寺派の東海宜誠であった。これには台湾人僧侶からも批判の声が上がっており[84]、総督府の側も警戒心を募らせていたと考えられる。しかし、その後の寺廟整理と皇民化運動の混乱のなかで台湾人僧侶からの批判はかき消され、日本仏教各宗派への帰属を申し出る寺廟が増大した。さらに総督府も寺廟整理運動が失敗していくなかで、次善の策として日本仏教各宗派による現地宗教の支配化を追認していくことになったのである。

寺廟整理と各宗派の動向

一九三八（昭和一三）年から全島各地で盛んに実施された寺廟整理運動では、前述のように神社神道が強要され、キリスト教や仏教も排除の対象となった。こうしたなかで日本仏教各宗派は、存続を願う寺廟関係者側の受け皿となり、ときに地方官とも対立しつつ自宗派布教所に寺廟を転換することで布教拠点を増やしていった。

なかでも、大正期から各地の寺廟と「連絡寺廟」の関係を結んできた臨済宗妙心寺派は、昭和初年の段階でその数が一一一か寺にも達しており積極的な対応を見せた。すでに一九二七年に台湾教勢を視察した同派の教学部長後藤棲道は、宗教法案が成立して同法が台湾にも適応されれば、この連絡寺廟を本山の末寺とすることも可能になるとの展望を述べ、連絡寺廟のさらなる獲得に意欲を示した[85]。

一九三八年入ると、妙心寺派は寺廟整理に対応して寺廟の実質的末寺化策を推進するに至った。同年三月同派の東海宜誠は、寺廟整理運動が活発化した結果、妙心寺派への傘下に入ること要望する請願が各寺廟より提出されているとの談話を、同派機関誌の『正法輪』に寄せている。[86] こうした寺廟側の要求に妙心寺側も積極的に対応した。例えば、九月に新竹州奉天宮の関係者からの帰属申出を受けた妙心寺派は、地方官の寺廟整理へも強硬な態度で臨み、同宮に「臨済宗布教所護国寺」の門標を掲げた。[87] 翌三九年に高雄州潮州郡では、東海宜誠の指導のもと、寺廟廃止後に新築竣功したばかりの媽祖廟の内装外観を日本寺院式に改めて天霊寺とし、廃止となった他の寺廟の所属財産全部も天霊寺に施入した。[88]

一九四〇年七月九日、台湾総督府は一八九八年五月一八日付内訓第一八号「本島在来ノ廟宇等ヲ内地寺院ノ末寺ト為スヲ禁ズル件」を廃止し、同時に文教局長より各州知事庁長宛に次の点が通牒された。

近来寺廟ノ廃止後残存セル建物ヲ寺院、教務所説教所等ニ充テントスル願出多数有之哉ニ及聞候処当該建物ハ其ノ構造及設備ニ付寺院、教務所、説教所等トシテ相応シカラザルモノ尠カラザルニ依リ右願出ヲ受理シタル場合ハ特ニ建物ノ内部ニ適当ナル改造ヲ加ヘシムル様御取計相成度候　右依命通達ス[89]

この通牒は、寺廟廃止後の施設を日本式寺院に改めることを追認し、神道至上主義による寺廟整理運動を大きく転換させるものであった。前後して、七月三日に台北州知事より、台北市大龍峒町覚修宮を臨済宗大龍峒町布教所として公認された。八月八日には、台湾総督より台北州七星郡士林街の寺廟を臨済宗妙心寺派霊鷲山昭明寺として建立することが許可された。[90]

このように次々に寺廟を傘下に収めていく妙心寺派の動向は他宗派にも波及し、浄土宗では一九三八年一一月に羅東の昭霊宮を傘下に置いたのを手はじめに、翌年一月までに六か所の連絡寺廟を獲得した。[91] 浄土宗西山深草派は一九三九年までに四〇名の台湾人僧侶を得度させ各寺廟で布教に従事させ、一五か所の寺廟を深草派教会所とした。[92]同年三月本願寺派は台湾本島人布教使総会を開き、寺廟整理による関係者の混乱への対応策を協議し、五月に龍華派子弟一〇名の集団得度させ、[93]さらに六月に寺廟を自宗派に誘引するための実動団体「台湾真宗教会」を発足させた。[94]大谷派でも、台南州新豊郡の全寺廟を支配下に置くなどし、[95]古義真言宗は一九四一年の段階で関係寺廟が五七か所に達していた。[96]

一九四〇年七月の寺廟末寺化の解禁を経て、翌四一年四月の寺廟整理の一時中止が指示されたが、仏教各宗派は寺廟整理の余勢をかり教勢を伸張し続けた。本願寺派の竹寿寺住職の安藤霊巌は、同年一〇月に中外日報社の記者に次のように述べ、寺廟整理後の施設を日本仏教側が教化に活動することで、皇民化運動の推進に資することができるとの見解を示している。

皇民化の内容をなす三要素のうち改姓名と国語普及は順調に行つてゐるが最後の寺廟廃止の件は事信仰に関することとて寺廟に代るに直ちに神社を以つてすることは仲々困難が伴ふので文教局の苦心も並々ではないらしい、そこでこの信仰問題に関して各宗がいま一層島民教化に乗り出すならば皇民化運動を促進するに大いに役立つものと考えられる[97]

日本仏教側はときに地方官と対立することはあったものの、決して真に寺廟存続を願っていたわけでなく、寺廟を支配下に置くことを皇道化運動の一環と考えていた。また総督府から宗派間競争の問題点を指摘されたこともあって、台南嘉義地方は真言宗、新豊郡は大谷派というように、宗派間での勢力地域の分割もある程度行われたよう

である。(98)

皇民化運動下での各種事業展開

各宗派にとって獲得した連絡寺廟等での布教者養成も大きな課題となった。妙心寺派では、台南南部教務所が一九三七（昭和一二）年四月から約二か月間、傘下に収めた寺廟斎堂の僧侶・斎友を対象に教師養成所が開元寺に開設された。養成所では、禅の要関・安心三綱領・布教法（社会教化応用）・国民精神要義・仏教概要・唯識論・般若心経・維摩経などについての講義があり、市内社会事業の見学も行われた。(99)その後、法式梵唄練習会に限定して、第一回が高雄の龍泉寺で、第二回が屏東の東山寺で開催された。妙心寺派の機関誌『正法輪』は、こうした練習会によって、「国精神総動員下の台湾では在来支那式で行はれ来つた一般島民の諸行事を生活革新の見地から我が国情に即応せしむる一大方針を以て強調されつゝある」時局に鑑み、「今や台湾仏教も愈々支那系統の陋穀から脱却して日本仏教に融合すべき一大転機に到来しつゝあり」と記している。(100)ひとまず帰属させた台湾人僧侶に日本風の法式梵唄を教授することが、台湾皇民化に資する事業と考えられていたのである。その後も、法式梵唄練習会は継続して開催され、(101)一九三九年には全島に拡大して実施された。(102)

一九四〇年には、紀元二千六百年記念事業として本願寺派と大谷派が「本島人僧侶養成所」を開設した。その目的には「国体ノ本義ニ基キ在来ノ思想信仰ヲ粛正シ皇道仏教ニヨル皇民化ノ促進ヲ期スルタメ之ガ指導ニ当ル僧侶ヲ養成スル」ことが掲げられていた。大谷派には三年間にわたって大谷大学で修学する本格的留学のコースもあったが、ほとんどのコースは数か月間の講習会であった。(103)こうした速成の養成所は、昭和初年に芝原玄超が本格的な布教者養成を構想した台湾仏教学院とはやや異なり、皇民化運動への貢献とうわべの教勢拡大を求めるものであった。朝鮮でも旧慣宗教を支配下に置くようになると同様の機関が設けられている。[104] 台湾総督府の側も昭和初年の段階とは異なり、戦争完遂に向けた総動員体制構築のため、その成果に期待をもつようになった。[105] 一九四一年には浄土宗も台北別院に本島人僧侶養成所を開設し、全島教会所より三〇名を入所させている。[106]

この時期、各宗派の教育・社会事業も活発化したが、これらも皇民化運動に資することを目的としていた。妙心寺派は一九二七年五月に台湾南部の連絡寺廟と有志により「台湾仏教慈済団」(のちの「財団法人仏教慈愛院」)を組織して救療事業などを手がけていたが、[107] この頃になると、教育・教化事業にも積極的に参画した。高雄の財団法人仏教慈愛院では、島人子女の未就学者中一五歳より二五歳までの女子を対象に国語講習所を設置し、国語普及と国民性涵養に尽した。また大乗仏教会を組織し毎月例会に会員を集め修養講習会も開催した。[108] 台北臨済禅寺でも、公学校に就学できない島人婦女子に国語作法を教え、国民精神と信仰心を涵養して智徳の向上を計ることを目的として国語講習所を開設した。[109] さらに一九三六年頃から台北に稲江幼稚園を設置して保育・教育事業に着手し、[110] 翌年以降に高雄市元亨寺に妙心寺保育園、屏東市東山寺に東山幼稚園などが設置された。また一九三八年には高雄市内在来廟を利用して内帷妙心保育園が開園した。[111]

本願寺派の場合は、従来から免囚保護などの更生保護事業で大きな役割を果してきたが、大正期以降には教育事業も盛んとなった。一九三六年に当時の台湾開教総長槇藤哲蔵は、『中外日報』の取材に対し、国語学校と日曜学校の増設の必要性を次のように語っている。

台湾の開発は種々な観点から研究実施されて居るが之が最中心の本島人の日本化問題は総督府がすすめて居る国語講習所開設に賛して本派の寺院や布教所では寺族の事業として最近台北、新営、苗栗の三ヶ所に開設し

たが来年は更に五ヶ所開設する予定をしてゐる[112]

国語講習所や教育事業を通じて皇民化運動への貢献しようというのであり、同年発行の『本願寺派社会事業便覧』によれば、同派はすでに以下の教育事業に着手していた。

彰化本願寺国語講習所、真宗本願寺派樹心幼稚園（台北）、光玄寺保育園（澎湖庁）、台南保育幼児園、蘇澳幼稚園（台北州）、羅東第一幼稚園、羅東第二幼稚園、私立台南家政女学校、私立苗栗中学園（新竹州）、高雄女子裁縫講習所[113]

この内、私立苗栗中学園は一九二三年に本島人対象の夜間中等教育機関として設立され、のちに三年制の昼間開校の苗栗中学院となり、一九四二年五月に認可を受けて苗栗中学校に改組された。苗栗中学院長（苗栗寺住職兼務）の大黒寛導は次のように述べ、戦争完遂と皇民化運動への貢献意義を強調している。

新竹州には州立中学校が唯一で私立の私共の中学と二つキリですから今年生徒募集をしたら百人のところへ三百人も押しかけて来る有様です。台湾に於ける本島人教化は重要な問題ですが大東亜戦と共に画期的に飛躍しました、今年入学志望者にただしてみたら彼等は中学を出たら絶対に軍人になるのだと希望をのべてゐます、（中略）子弟たちにそのやうな反映を見せてゐるのです、この大東亜建設と共に本島人の皇民意識を取り戻すことは大きな意義のあることです[114]

また本願寺派発行の『日曜学校便覧』によれば、一九三一年の時点で同派が台湾で開設した日曜学校はすでに三七校に及んでおり、[115]その数はさらに増加していったと考えられる。このほか、大谷派・浄土宗・曹洞宗などでも一九三三年頃から教育・社会事業への参画が活発した。[116]

おわりに

皇民化運動の推進下にあって、日本仏教各宗派は現地寺廟を次々に末寺化して傘下に収め、教育事業を通じて台湾民衆の皇民化に向けて邁進した。そして、戦時下を通じて教勢を拡大し、一九三五（昭和一〇）年に五万人あまりであった日本仏教の本島人信者は、一九四二年には八万近くまで増加した。また説教所の数も一九三六年に百を超えて以降急増し、一九四二年には一四八を数えた。[117]

この時期の皇民化布教は、占領地布教のあり方によく似ている。しかし、宗派単位での台湾仏教への介入が規制された植民地布教の時期を経て、皇民化布教では総督府から宗派間対立の問題性が強く指摘された。それは台湾を拠点として、南方に進出して上でも愁眉の課題とされた。一九四二年四月陸軍省軍務課員加藤中佐は、南方進出する際の宗教施策について、旧慣宗教への不介入と宗派間の対立抑止が課題であるとして次のように述べている。

原住民の宗教を尊重する。宗教自体に手を加へ、あるひは他の宗教を強要するがごときは厳にこれを戒め、わが統治に反せぬ限り在来の宗教を保護する。しかも、現在宣撫のために現地に進出してゐる日本僧侶が、自

己の宗派の宣伝のみに努めることなきやう留意する[118]

台湾総督府は、一九四一年四月台湾での大政翼賛体制の構築を目指して「皇民奉公会」を組織し、その成立直後に寺廟整理の実施の凍結を指示した。台湾の日本仏教もこの皇民奉公会の結成に呼応して、各宗派が大同団結して「台湾仏教奉仕団」を組織している。[119]台湾仏教奉公団の結成に際して、理事長の深奥九十九（大谷派台湾開教監督）は、奉公団の意義を次のように語っている。

これまでの各宗連合的なものが形式的で実行力がなかつたのは各宗にそれぞれ特殊性があり完全な理念と構想に基く調和がなかつたからで此点充分考慮してポイントをしつかり摑んでやつて行きたい、日本仏教徒として現下の時局に如何に対向すべきかについては国家が要望してゐる普遍的な実践目標を確認して行けば各宗の特殊性は自らその中に認めて行くことが出来ると信じます、この場合一宗一派の先陣争ひの如きは厳に慎まねばならぬ[120]

こうした点を踏まえて南洋布教では宗派的活動は強く規制されたが、台湾の日本仏教各宗派は、占領地布教の際のような競争・対立を抑制しつつ現地寺廟の末寺化を推進し総督府側もこれを追認した。しかし、日本仏教側は、国家権威に依拠する布教によって真の信者を獲得できなかった占領地布教の際の反省をついになすことはなかった。むしろ、占領地布教以上に国家の皇民化運動に協調する姿勢を示すことと引き換えに、うわべの教勢拡大を得ることに邁進していったのである。

［註］

（1）こうした過程は、すでに蔡錦堂著『日本帝国主義下台湾の宗教政策』（同成社、一九九四年）に詳しく論じられている。

（2）慶谷隆夫著「台湾の民風作興運動」（『台湾時報』二〇六号、一九三七年一月）、「民風の作興と台湾の実情」（一九三六年三月一八日付『台湾日日新報』）。

（3）「皇民化を目標とする教化の重要性を知れ　民風作興協議会の開催に際して　文教局長深川繁治（談）」（一九三六年七月二三日付『台湾日日新報』）。

（4）「民風作興を目指し大協議会開かる　中川総督臨場の下に熱烈な意見吐露」（一九三六年七月二六日付『台湾日日新報』）。

（5）「民風作興の答申並に宣言　いずれも可決さる　予定より遅れて散会」（一九三六年七月二六日付『台湾日日新報』）。

（6）（7）　矢野暢著『日本の南洋史観』（中公新書、一九七九年）。

（8）室伏高信著「一日一題・南進か北進か」（一九三六年三月一七日付『読売新聞』夕刊）。

（9）「先づ台湾を拠点に海軍南進政策へ　中川総督後任に小林（躋造）大将内定」（一九三六年三月二六日付『読売新聞』朝刊）。

（10）当時の海軍の対南洋方策研究委員会に関する資料は、大久保達正ほか編『昭和社会経済史料集成』第一・二巻（大東文化大学東洋研究所、一九七八・一九八〇年）に収録されている。第二巻には、「昭和一一年三月」の日付のある「我対外国策ニ関スル若干ノ考察」（五七〜七〇頁）が収められている。この文書は、当時呉海軍人事部長兼呉鎮守府人事長（のちに海軍中将）であった奥信一が執筆したようであり、南洋方面への進出を強く要望している。奥は対南洋方策研究委員会のメンバーではなかったようだが、すでに海軍内部では、室伏高信の「南進論」に呼応した主張がかなり広がりを見ていたと考えられる。

（11）「我対外工作の重点！陸軍は大陸政策堅持　三相会議に期待す」（一九三六年四月二四日付『東京朝日新聞』朝刊）。

（12）「対支対露方針と南洋政策を調整　外務省斡旋に乗出す」（一九三六年八月二日付『東京朝日新聞』朝刊）。

（13）「国策の基準」（昭和一一年八月七日　五相会議決定）（『現代史資料（八）日中戦争（一）』三六一～三六二頁〔みすず書房、一九六四年〕）。
（14）『本山録事』一九一八年二月一九日発行。
（15）『真宗』二八六号（一九二五年八月、大谷派本願寺宣伝課）。
（16）曹洞宗海外開教伝道史編纂委員会編『曹洞宗海外開教伝道史』一一七～一二五頁（曹洞宗宗務庁、一九八〇年）。
（17）「浄土宗海外開教のあゆみ」編纂委員会編『浄土宗海外開教のあゆみ』四〇三頁（浄土宗開教振興協会、一九九〇年）。
（18）「南洋開教区独立と本派開教監督区の統制法規発令さる」（一九三五年八月六日付『中外日報』）、『本山録事』一九三五年八月二五日・一九三六年三月五日発行、『海外開教要覧（海外寺院開教使名簿）』（浄土真宗本願寺派、一九七四年）。
（19）日本仏教の南洋布教の概要に関しては、本書附章を参照。
（20）『台湾島之現在』は『大乗』誌に一九三五年五月から連載がはじまり、連載途上の同年一〇月に単行本として刊行された。大谷光瑞の南洋での事業については、加藤斗規著「大谷光瑞と南洋」（柴田幹夫編『大谷光瑞とアジア――知られざるアジア主義者の軌跡――』勉誠出版、二〇一〇年）を参照。また光瑞と台湾の関係については、柴田幹夫著『大谷光瑞の研究――アジア広域における諸活動――』第一部第五章　大谷光瑞と台湾（勉誠出版、二〇一四年）を参照。光瑞の側近の原田和布によれば、光瑞は若い頃に台湾でマラリアに罹ってから台湾に行かなかったが、一九三四年に時の拓務大臣の児玉秀雄から要請を受けて以降、台湾を頻繁に訪問したようである（原田和布著「台湾島御視察随行旅行記」〔倉田整治編『大谷光瑞上人生誕百年記念文集』瑞門会、一九七八年〕）。『鏡如上人年譜』（七回忌法要寺務所編、一九五四年）によれば、一九一六年に台湾全島を巡視した際に大腸カタルに罹り、その後二〇年近く台湾に行くことはなかったようである。
（21）「日本南進論」光瑞師・けふ南洋へ」（一九三五年一二月三〇日付『東京朝日新聞』朝刊）。前掲『鏡如上人年譜』によれば、光瑞は一九三五年一二月二九日に南洋諸島視察のため横浜出港し、翌三六年二月二三日視察を終えてパラオ島より横浜帰港している。
（22）加村政治著「本島人家庭の所謂正庁改善に就て」（『敬慎』一一巻一号、台湾神職会、一九三八年三月）。この記事は中西直樹編『仏教植民地布教史資料集成〈台湾編〉』第二巻（三人社、二〇一六年）に収録した。

（23）宮本延人著『日本統治時代台湾における寺廟整理問題』（天理教道友社、一九八八年）の記述による。本書は、総督府の委託により台北帝国大学講師であった宮本延人が執筆した『台湾寺廟問題――旧慣信仰改善に関する調査報告――』（一九四三年六月）が収録されている。これには、当時の新聞報道など関係資料が多く収録されているが、前掲の蔡錦堂著『日本帝国主義下台湾の宗教政策』によれば、誤記や出典不明の資料も多く含まれているようである。

（24）（25）『北支事変ヲ通シテ観タル本島人ノ皇民化ノ程度（昭和一二年九月一日　台湾軍司令部）』（春山明哲編・解説『台湾島内情報・本島人の動向（十五年戦争極秘資料集一九）』収録、不二出版、一九九〇年）。

（26）「戦歿者の公的追悼祭は全国、神式に統一を画策」（一九三七年九月九日付『中外日報』）、「公葬の様式問題再燃」（一九三七年九月一五日付『中外日報』）、「皇室葬儀令に準拠し戦歿者葬儀令制定」（一九三七年九月一六日付『中外日報』）。

（27）「国礼国式に準拠する葬場祭並に慰霊祭標準」（一九三八七年九月一九日付『中外日報』）。「台湾に於ける公葬問題」（村田鉄三郎編『宗教年鑑（昭和一四年版）』時事篇五二～五三頁、有光社）にも一部が引用されている。

（28）仏教側の主な批判の論点は、中澤見明の論説「神式公葬の建議に就いて」（一九三七年九月二六・三〇日、一〇月一日付『中外日報』）に尽きている。

（29）註（26）掲出「皇室葬儀令に準拠し戦歿者葬儀令制定」。

（30）例えば、名古屋市の公葬は仏式に決定し（註（26）掲出「戦歿者の公的追悼祭は全国、神式に統一を画策」）、埼玉県大宮区の公葬も仏式に決定した（前掲「公葬の様式問題再燃」）。兵庫県では遺族の意志を尊重することとし（「兵庫県下の戦死者公葬」（一九三七年九月一四日付『中外日報』））、岐阜県大垣市では仏式での公葬執行を要望する陳情もなされた（「戦死者遺族連署で公葬仏式陳情」（一九三七年一〇月三〇日付『中外日報』））。一方、東京浅草区遺外将士後援会では戦死者遺骨一基の場合はその遺族の遺志により仏式又は神式とするが数基の場合は神式とする」（一九三七年一一月一四日付『読売新聞』夕刊）と決定したケースもあったが、神葬が一般に普及していない情況で、積極的に神葬の公葬を採用する事例はほとんどなかったと考えられる。

（31）全国神職会と皇典講究所の声明の直後に、京都府下仏教団会議がこの問題を取り上げて協議し、大谷派の高山教区が岐阜県知事と各市町村に意見書を提出した（「戦死者公葬問題」（一九三七年一〇月一七日付『中外日報』））、「神式公葬執行強制は信教の自由束縛だ」(一九三七年一〇月七日付『中外日報』)。しかし、国内では大きな問題にはならなかったようである。

(32)(33)「総督府の皇民化運動　公葬慰霊祭の神式執行命令」(一九三七年一〇月二三日付『中外日報』)。註(27)掲出「台湾に於ける公葬問題」にも一部が引用されている。

(34)「春風秋雨」(『皇国時報』六五二号、一九三七年一一月一日)。このコラムの内容は、同年一一月三日付『中外日報』掲載の「台湾仏教団の神式公葬反対に全国神職会より一矢」でも紹介されている。また、『皇国時報』六五三号(同年一一月一一日)掲載の杉本政七(惟神大道宣揚会理事)著「思想戦線上より見たる公葬祭の執行について」にも、「公式の国礼国式に依る葬祭を挙行することは、曩に皇典講究所、全国神職会より発表提示せられたる方法に依るを最も至当と考へるのである。然るに宗教家や其信徒が反つて対立的感情を誘発せんとするが如き態度は時局に鑑み倶に慎むべきである」と述べられている。

(35)「台湾の公葬神式問題 高田曹洞総監の陳情 仏連に於て善処す」(一九三七年一一月一〇日付『中外日報』)。

(36)「問題の台湾で神仏両式葬執行　軍公葬の範示す」(一九三七年一一月一九日付『中外日報』)。

(37)「波瀾万畳の公葬問題　台北市神仏両式採用」(一九三七年一一月二〇日付『中外日報』)。

(38)(39)(40)「木辺管長の奔走で台湾公葬問題好転せん」(一九三七年一一月三〇日付『中外日報』)。宗派間競争の問題については、当時の仏教者も自覚しており、例えば曹洞宗の村井孝顕は、「各宗あえぎへの布教競争謂はゞ自宗尊しの信徒の争奪に過ぎない。一種の進化過程ではあらうが民心の統合を最必須とする殖民地にあつてはこの各宗各派といふ混戦状態の布教競争は決して民心統一から見ても面白い現象とはいはれない」と述べている(「台湾仏教を語る」〔『南瀛仏教』一三巻七号、一九三五年七月〕)。

(41)この問題に関しては、中西直樹著「戦時体制下の「神仏対立」――「英霊」の公葬をめぐって――」(『戦時教学と真宗』第一巻、永田文昌堂、一九八八年)を参照。

(42)「時局下に台湾仏連誕生　布教監督高林師大に奔走」(『正法輪』八七二号、一九三八年一月一日)。これに先立ち地方では、台北仏教各宗連合会がすでに存在し、一九三六年四月には台中でも各宗連合会が組織されている(「台中市仏教連合会発会」〔一九三六年三月三一日付『中外日報』〕、「台中に仏連　去月四日に魁の発会式」〔『正法輪』八三九号、一九三六年五月八日」)。

(43)「本島人の真の仏教化は皇民化運動にある」(『正法輪』八七六号、一九三八年三月一日。前掲『仏教植民地布教史資料集成〈台湾編〉』第三巻に収録)。

(44)前掲『日本帝国主義下台湾の宗教政策』第三章、前掲『仏教植民地布教史資料集成〈台湾編〉』第一巻収録「解題」及び第二巻を参照。

(45)「台湾の廃仏毀釈　議会の問題化せん　釈迦観音等信仰すべからず　本島人への信教弾圧」(一九三八年一月六日付『中外日報』)、「台湾の土俗神焼却問題　廃仏毀釈と同視は根本的にいけない　皇民化運動は当然」(一九三八年一月一九日付『中外日報』)、「台湾本島人への信教弾圧　仏像・位牌を焼却」(一九三八年一月二三日付『浄土教報』)など。

(46)「本島人家庭の正庁改善に就て」加村政治(『敬慎』一一巻一号、一九三八年三月)。のち『南瀛仏教』一六巻五号(一九三八年五月)に転載。前掲『仏教植民地布教史資料集成〈台湾編〉』第二巻にも収録した。

(47)「台湾皇民化の最終目標と神代精神」加村政治(『敬慎』一二巻二号、一九三八年五月)。のち『南瀛仏教』一六巻六・七号(一九三八年六・七月)に転載。前掲『仏教植民地布教史資料集成〈台湾編〉』第二巻にも収録した。

(48)「皇民化と信仰」加村政治(『敬慎』一二巻三・四号、一九三八年六・七月)。のち『南瀛仏教』一六巻八号(一九三八年八月)に転載。前掲『仏教植民地布教史資料集成〈台湾編〉』第二巻にも収録した。

(49)加村政治は、寺廟整理運動が一九三八年初頭に高雄州岡山郡ではじまったとしている(加村政治「現下の寺廟整理問題に就いて」〔『台湾地方行政』四巻一一号、一九三八年一一月〕)。しかし、蔡錦堂はこの記事以外に岡山郡の寺廟整理に関する資料を見いだせていないと述べている(前掲『日本帝国主義下台湾の宗教政策』二九九頁)。

(50)前掲『日本統治時代台湾における寺廟整理問題』五九〜六一頁。

(51)「台湾皇民化運動と聖徳太子憲法問題」(村田鉄三郎編『宗教年鑑』昭和一四年版、有光社、時事篇六七頁)、「仏教徒として是非是正せよ　台湾代表仏連を歴訪　太子十七憲法問題」(一九三八年一一月一三日付『中外日報』)。

(52)「巻頭言」加村政治(『敬慎』一二巻六号、一九三八年九月)。

(53)「皇民化の完成を目標とする寺廟整理の指導方策」加村政治(『敬慎』一二巻六号、一九三八年九月)。この評論は前掲『仏教植民地布教史資料集成〈台湾編〉』第二巻にも収録した。なお、この評論には続編があったが、『敬慎』での連載は中止となった。連載中止となった原稿は、「現下の寺廟整理問題に就て」と題して『台湾地方行政』四巻一一・一二号（一九三八年一一・一二月）に掲載された。筆者はこの評論を未見であるが、前掲の 蔡錦堂著『日本帝国主義下台湾の宗教政策』（二五三～二五七頁）に主要な部分が引用されている。

(54)「台湾に於ける皇民化について」紫水生（一九三八年一一月二七日付『中外日報』）。

(55) 前掲『日本帝国主義下台湾の宗教政策』二五二頁。妙心寺派の高林玄宝が加村の発言の是正を文部省などに陳情したようであり、これが奏功したのかもしれない。註（51）参照。

(56) 前掲『日本統治時代台湾における寺廟整理問題』四三～四四頁、「寺廟整理は無理のないやう　特に民意を尊重　督府から指導方につき通牒」（一九三九年二月一日付『台湾日日新報』）。寺廟整理が、あくまで儒仏道のいずれにも属さない邪教淫祠を優先的に行うべきという方針は、同年一月発行の『南瀛仏教』（一七巻一号）にも記されている。

(57) 前掲『日本帝国主義下台湾の宗教政策』第三章を参照。寺廟整理を断行した地方官として、新竹州中壢郡守宮崎直勝がおり、宮崎はその記録を『寺廟神の昇天』（東都書籍、一九四二年）にまとめ出版している。本書も前掲『仏教植民地布教史資料集成〈台湾編〉』第二巻に収録した。

(58)「台湾に於ける　寺廟整理一端」紫水生（一九三九年四月二三日付『中外日報』）。

(59)「台湾に於ける皇民化運動　本島人寺廟整理の実情」紫水生（一九三九年三月一九日付『中外日報』）。

(60)「第七十四回帝国議会衆議院　朝鮮事業公債法中改正法律案委員会議録（速記）第十回」。

(61) 前掲『日本帝国主義下台湾の宗教政策』第三章参照。

(62) 前掲『日本統治時代台湾における寺廟整理問題』四四～四五頁。

(63) 前掲『日本帝国主義下台湾の宗教政策』第三章を参照。この点に関しては、筆者も、前掲『仏教植民地布教史資料集成〈台湾編〉』第一巻所収「解題」でふれた。

(64) 例えば、淡野安太郎著「書評・宮崎直勝『寺廟神の昇天』」（『民俗台湾』三巻二号、一九四三年二月）。前掲『仏教植民地布教史資料集成〈台湾編〉』第一巻所収「解題」を参照。

(65) 南瀛仏教会に関しては、本書第六章で論じた。
(66) 「南瀛仏教会に望む」曹洞宗台北別院主　水上興基（『南瀛仏教』七巻一号、一九二九年一月）。
(67) 「台湾仏教の将来に対する私見」李添春（『南瀛仏教』七巻四号、一九二九年八月）。李添春は、駒澤大学に留学し、のちに三代目の『南瀛仏教』の編集担当者もつとめた（「南瀛仏教誌創刊十週年を顧て」鶴山江木生、『南瀛仏教』一一巻七号、一九三三年七月）。
(68) 「日本仏教に対する一考察」李添春（『南瀛仏教』七巻五号、一九二九年九月）。
(69) 「十年来的台湾仏教的幻影」台南好笑僧（『南瀛仏教』一一巻七号、一九三三年七月）。原文は中文であるが、胎中千鶴が前掲「日本統治期台湾における臨済宗妙心寺派の活動――一九二〇年～三〇年代を中心に――」（『台湾史研究』一六号、一九九八年一〇月）のなかで日本語訳している。この論文では妙心寺派の動向を詳細に明らかにしている。
(70) 『真宗本派本願寺台湾開教史』一三一～一三五、二二二頁（台湾開教教務所臨時編集部編、一九三五年。前掲『仏教植民地布教史資料集成〈台湾編〉』第四・五巻収録）。のちには、先住民の布教者養成のための留学事業も手がけた（「台湾高砂族学生が　真宗僧侶となる志望　三名共西本留学生として平中に」（一九二六年一〇月一〇日付『中外日報』））。
(71) 「台北別院の地鎮式」（『教海一瀾』七四〇号、一九二八年五月七日）、「台北別院の改称」（『教海一瀾』七四九号、一九二九年二月二五日）、「台湾別院の起工式」（『教海一瀾』七六五号、一九三〇年八月三〇日）、「台湾別院の工事」（『教海一瀾』七六六号、一九三〇年九月三〇日）、「本派台湾別院上棟式」（『教海一瀾』七七三号、一九三一年五月二〇日）、「台湾別院の入仏式」（『教海一瀾』七八二号、一九三二年二月五日）。
(72) 「本願寺派の台湾仏教学院　島人三十八名を入所」（一九二八年一〇月二一日付『中外日報』）、「本願寺派開設　台湾仏教学院」（『南瀛仏教』六巻六号、一九二八年一一月）。
(73) 「台湾人の本派教師養成打撃」（一九二九年一〇月二五日付『中外日報』）。
(74) 前掲『真宗本派本願寺台湾開教史』二一二～二一三頁。
(75)(76) 「台湾仏教改革に対する愚見」本派本願寺輪番芝原玄超（『南瀛仏教』一〇巻八号、一九三二年八月）。一九一七年に朝鮮を巡教した大谷光演（彰如、句仏）も、朝鮮語を話す布教者を養成するよりも、日本語を普及させる方が「捷径である」

と述べている。総督府の意向によって現地での布教者養成を簡単に放棄する姿勢は日本仏教に間々見られた傾向であった（中西直樹著『植民地朝鮮と日本仏教』一四五頁〔三人社、二〇一三年〕）。
(77)「生蕃・熟蕃と　本島人の布教　本派台湾別院落成で　総督府まで動かして運動」（一九三四年二月四日付『中外日報』）。
(78)前掲『真宗本派本願寺台湾開教史』二一二頁には、本島人僧侶の留学事業に「台湾総督府に於ける援助の多からんことを望む」と記されている。この記述は、暗に台湾総督府の援助がなかったことを示していると推察される。
(79)前掲『日本統治時代台湾における寺廟整理問題』九二～九三頁。
(80)「第十四回南瀛仏教講習会に於ける訓示」会長安武直夫（『南瀛仏教』一二巻四号、一九三四年四月）。
(81)「全島の代表者　一千余名参集　各種大会中の異色　台湾仏教大会開かる」（一九三五年一一月一二日付『中外日報』）。「全島代表者一千余名参集し　台湾仏教徒大会開かる――東京の全国仏教大会に呼応して――」（『正法輪』八二八号、一九三五年一一月一五日）。
(82)「会報雑報」（『南瀛仏教』一三巻一二号、一九三五年一二月）、「台湾仏教徒大会に於ける諮問に対する答申書並に協議事項」（『南瀛仏教』一四巻一号、一九三六年一月）。
(83)前掲「台湾仏教徒大会に於ける諮問に対する答申書並に協議事項」。
(84)註（69）掲出「日本統治期台湾における臨済宗妙心寺派の活動――一九二〇年～三〇年代を中心に――」。
(85)「台湾教勢視察記（一）～（四）」教学部長後藤棲道（『正法輪』六二四～六二七号、一九二七年五月一五日～七月一日）。この記事は前掲『仏教植民地布教史資料集成〈台湾編〉』第三巻に収録した。
(86)「台湾在来宗教の革新運動と本派教線の伸展」（『正法輪』八七六号、一九三八年三月）。この記事は前掲『仏教植民地布教史資料集成〈台湾編〉』第二巻に収録した。また『中外日報』も日本仏教との提携を希望する寺廟が続出していると報じている（「本島人の皇民化運動を協議　調査会を設置して研究　台北州仏教総会」〔一九三八年八月二三日付『中外日報』〕）。
(87)前掲『寺廟神の昇天』。
(88)「雑報・寺廟を廃して寺院天霊寺を建立」（『南瀛仏教』一八巻二号、一九四〇年二月）。
(89)(90)「台湾教信」（『正法輪』九五二号、一九四〇年一〇月）。この記事は前掲『仏教植民地布教史資料集成〈台湾編〉』第三巻に収録した。

(91)「台湾羅東の昭霊宮が本宗連絡廟に転向」(一九三八年一一月二七日付『浄土教報』)、「三ケ所の連絡廟成る　台湾竹東教会所」(一九三九年一月一五日付『浄土教報』)。

(92)「皇民化運動への一翼　本島人僧侶を集め　西山深草派の講習会」(一九三九年三月三一日付『中外日報』)、「寺廟の連絡なり　本島人僧侶活動」(一九四〇年一月九日付『中外日報』)。

(93)「今事変を背景に西本願寺本島人僧侶起つ」(一九三九年四月一二日付『中外日報』)、「台湾寺廟の龍華派　西本願寺に帰入　道士十名得度を受ける」(一九三九年五月六日付『中外日報』)、「本島人が得度」(『教海一瀾』八六七号、一九三九年五月)。

(94)「本島人教化に大運動を起す　西本台湾本島僧」(一九三九年七月一三日付『中外日報』)。

(95)「台南州の新豊郡がお東に全部帰依」(一九四一年一〇月二六日付『中外日報』)。

(96)藤生祐俊編『古義真言宗台湾開教計画案』(古義真言宗開教々務所、一九四一年)。この資料は前掲『仏教植民地布教史資料集成〈台湾編〉』第六巻に収録した。

(97)「台湾の寺廟廃止と仏教」(一九四一年一〇月一二日付『中外日報』)。

(98)前掲『日本統治時代台湾における寺廟整理問題』一九七~一九九頁。ただし、浄土宗の石橋慧空は、官庁より公平なる地域分割指示があるものと期待していたため出遅れたと不満を表明している。

(99)「台南南部教務所が　臨済宗教師養成所を開設　台南市開元寺で四月十二日から六月十七日まで」(『正法輪』八六〇号、一九三七年五月一日)。この記事は前掲『仏教植民地布教史資料集成〈台湾編〉』第三巻に収録した。

(100)「皇民化を目指して──本派法式梵唄第二回練習会　主催　台湾南部教務所」(『正法輪』八八五号、一九三八年一〇月五日)。

(101)「皇民化で法式改善　妙心の台湾開教」(一九三九年一月七日付『中外日報』)。

(102)「在来宗教革新を目指して　梵唄法式練習会　台湾全土に開催」(『正法輪』九〇一号、一九四〇年一月)。この記事は前掲『仏教植民地布教史資料集成〈台湾編〉』第三巻に収録した。

(103)「雑報・本島人僧侶養成所」(『南瀛仏教』一八巻四号、一九四〇年四月)、「雑報・僧侶養成ニ関スル要項」(『南瀛仏教』一

八巻四号、一九四年九月)、「雑報・東本願寺僧侶養成所」「雑報・西本願寺僧侶養成所」(『南瀛仏教』一八巻一一号、一九四〇年一一月)、「台北と京都の二ヶ所に本島人僧養成機関設置　東本願寺の開教新体制」(一九四〇年九月六日付『中外日報』)。このほか、一九四一年には大谷派でも一八名が得度した(「本島人一八名お東で得度」(一九四一年四月六日付『中外日報』))。東本願寺僧侶養成所の関係記事を大谷派台北別院の機関誌『光』にも散見する。

(104) 前掲『植民地朝鮮と日本仏教』第五章を参照。

(105) 「総督府文教局も　興味をもつて期待　台湾本島人僧侶養成所　津田西本願寺録事談」(一九四〇年一二月一四日付『中外日報』)。

(106) 「台湾本島人僧侶養成所　浄宗台北に開設」(一九四一年八月二七日付『中外日報』)。

(107) 本書第七章を参照。

(108) 「台湾に異彩を放つ妙心派の社会事業　仏教慈愛院の活躍」(一九三六年五月三〇日付『中外日報』)。この記事は、『正法輪』三四四号(一九三六年七月一日)にも転載されている。

(109) 「台北臨済寺の手で国語講習所　本島人へ智徳涵養」(『正法輪』八三八号、一九三六年四月一五日)。

(110) 『台湾事情(昭和一二年版)』による(前掲『仏教植民地布教史資料集成〈台湾編〉』第一巻収録「解題」参照)。

(111) 「南台湾に於ける　本派社会事業の躍進　教化工作へも前進」(『正法輪』八八三号、一九三八年八月一日)。この記事は前掲『仏教植民地布教史資料集成〈台湾編〉』第三巻に収録した。

(112) 「国語学校、日校の　増設が望ましい　台湾布教に関し　西本槇藤開教総長談話」(一九三六年八月八日付『中外日報』)。

(113) 『本願寺派社会事業便覧』(本願寺派社会事業協会発行、一九三六年)。この資料は、中西直樹・高石史人・菊池正治編『戦前期仏教社会事業資料集成』第六巻(不二出版、二〇一一年)に復刻載録した。

(114) 「台湾本島人子弟の中学校　西本願寺が苗栗に創設」(一九四二年一〇月七日付『中外日報』)。

(115) 『日曜学校便覧』(本派本願寺教務局社会部日曜学校課発行、一九三三年)。

(116) 前掲『仏教植民地布教史資料集成〈台湾編〉』第一巻収録「解題」参照。

(117) 各年度の『台湾総督府統計書』による。本書掲載の日本仏教関係の統計は、前掲『仏教植民地布教史資料集成〈台湾編〉』

第一巻に収録した。

(118) 企画院研究会編『大東亞建設の基本綱領』(同盟通信社、一九四三年)。

(119) 「全島の各宗を一丸に「台湾仏教奉公団」を結成」(一九四一年八月二六日付『中外日報』)、「皇民奉公に挺身 台湾仏教奉公団」(一九四一年九月九日付『中外日報』)。

(120) 「台湾仏教奉公団に各宗派の支援を要望 連合として先例無き成功 深奥奉公団理事長語る」(一九四一年一〇月二六日付『中外日報』)。

附章　南洋布教の概要

太平洋戦争下で日本仏教の南方進出は活発化した。その活動の実態についいては、すでに大澤広嗣の先駆的研究がある。(1)しかし、それ以前の南方布教については、仏教教団の組織的かつ積極的関与があまりなく、関係資料が少ないこともあって布教実態に不明な点が多い。そこで本章では、日中戦争の勃発前後にようやく教団が関与しはじめる頃までの南洋布教の状況を整理しておきたい。

日本仏教の南洋方面での布教は、明治期にインド仏蹟参拝を目指した日本人僧侶が、その途上に立ち寄ったマレー半島やフィリピン諸島で、在留邦人に日本人共同墓地の管理や葬儀・法要執行を請われてはじまった。なかには、シンガポールでの本願寺派のように、在留邦人以外も布教対象とし教団組織を挙げた布教事業に取り組むケースもあったが、日露戦争を前に日本の国策が「南進」から「北方」へと転換されると、一挙に教勢は衰退していった。

大正期には、第一次世界大戦に参戦した日本軍がドイツ領であった南洋群島を占領し、戦後のベルサイユ条約により日本が委任統治することとなった。これをうけて南洋への関心も高まり、南洋群島や在留邦人の増加したダバオなどで布教が開始されたが、ハワイ・朝鮮・中国などの地域に比べると、教団の姿勢には低調なものがあった。

一九三三（昭和八）年の国際連盟脱退後、南洋諸島の実質的な植民化が推進され日本人移住も増加した。また日本が国際的に孤立するなかで、「南進」はその後の国策の有力な選択肢の一つとして浮上した。こうしたなか、日本仏教各派は、南洋を海外布教の重要拠点の一つと位置づけ積極的な布教に着手した。

日中が全面戦争に突入した一九三七年以降、さらに日本の南方進出は進展した。以下に日中開戦直後までの日本仏教各宗派の南洋布教の動向を①マレー半島、②フィリピン諸島、③日本委任統治下の南洋群島、④その他の地域に分けて、その布教状況を概観する。

一 マレー半島の布教概況

シンガポール西有寺（曹洞宗）

シンガポール（新嘉坡）は、邦人の南洋進出の中継地であり、ここを中心としてマレー半島ではすでに一九世紀末から日本人僧侶による布教活動が行われていた。なかでも最も早いのが、曹洞宗の釈種楳仙のシンガポール布教だった。一八九三（明治二六）年、長崎市晧台寺安居衆であった釈種楳仙・北野得珠・好城道法の三名は、晧台寺住職霖玉仙の賛同を得てインド仏遺巡拝と海外布教の実施を発起した。シンガポールで商業取引の実績を有する人物の助言もあり、現地で布教に着手することになり、インドに向けて出発した。[2]シンガポールでは、すでに一八八八年一一月に二木多賀治郎によって日本人共同墓地が設置されていた。その当時在留邦の男性はわずかに一七人であり、売春を業とする日本人女性の死者が牛馬や囚人とともに埋葬されていることを不憫に思い、政庁の許可を得て日本人墓地を創設し、邦人二七名の遺骨を掘り出し改葬したという。[3]
釈種らが渡航した頃には、日本からの移住者が二〇〇余名に達していたが、葬儀を執行する僧侶がいなかった。釈種らが共同墓地で法要を営むと、住民らは仏像安置所を建設して寺院建立を懇願し、これを受けた釈種は晧台寺に仏像仏具の手配を依頼し、同寺の末寺となることを願い出た。[4] 釈種らは資金不足のためインド行きを断念し日本に引き返したが、翌年に釈種だけが再びシンガポールを訪れ、住職として現地に留まることになった。[5] 寺院も建築されたが、当初は檀家が少ないため境内地にゴムを植えて運営資金としたようである。[6] しかし、一八九九年に布教使として現地に赴任した本願寺派の佐々木千重は釈種の状行《ママ》の不品行さを「昼夜酒徳利を枕にして醜業婦の明巣《ママ》を狙ふ、厄介腥坊主」[7] と激しく批判している。また大谷派の本庄豊二も現地から、釈種について「共同墓地に小庵を結び椰楡樹《ママ》を栽培しつゝ、直接に布教的態度を取られざる由」[8] と報告している。このことから、当初在留邦人の葬儀・法事以外に積極的な布教は行われなかったようである。

その後、一九一一年一〇月に本堂が新築され、日置黙仙らが暹羅皇帝戴冠式に参列する途上に立ち寄って開堂式が挙行され、釈教山西有寺という寺号が付与された。この頃にベンクレーン街に出張所も設置されたが、翌年二月に釈種は病に没し、後を大塚智般が引き継いだ。大塚は一九二〇年に西有寺出張所を市内ツイン街に移し、その後任に北川単伝が赴任した。[9] 一九三四年に堀江大給が第四世住職として赴任し、帯同した弟子の晴行が出張所を担当した。[10]

シンガポール本願寺派布教所

日清戦争後に本願寺派は積極的な海外布教策に転じ、一八九八（明治三一）年に海外視察員を派遣した。前年の定期集会に宮本恵順らが提出した「海外開教視察案」には次のように記されている。

其視察の方法は東西両方に各一人の視察員を派遣し西方に於ける視察は香港木曜島よりして南洋諸州十数ヶ

所の我移民地を訪ひ厦門台湾を経て帰朝せしめ東方に於ける視察は直に北亜米利加に渡航して其西海岸一帯に在る移民地を尋ねしめメキシコより帰朝せしめらるゝことゝなし其費五千円を議決し　御允可を仰がんと欲するなり(11)

この視察案は集会の可決を経て実行に移され、宮本恵順と本多恵隆が北米方面に赴き、土岐寂静と朝倉明宣が南洋方面に向けて出発した。土岐らは、香港・シンガポール・コロンボ・アルバニー・キングジョージスサンド・アデレート・メルボルン・シドニー・ブリスベン・タウンスビール・木曜島の各地を視察する予定で(12)、一八九八月六月初旬に日本を出発し、同月二七日にシンガポールに上陸した。当時シンガボールに在留する日本人は約六百名で、その四分の三は売春婦であったという(13)。また当地には一八九七年四月から本願寺派の僧侶である佐々木芳照が私費留学しており、マライ語学校で語学研究のかたわら、在留邦人の教育に従事していた。シンガポール視察には佐々木芳照の協力も得たようである。土岐らはその後にコロンボへと向かったが、この地で土岐が病気となり没した。このため、朝倉は南洋視察を中止して土岐の遺骨を携え帰国したが、その前後も大谷光瑞の命により南洋視察は行われた(14)。

こうした南洋視察を経て、一八九九年八月に教団の命を受けた佐々木千重がシンガポールに布教使として赴任した。佐々木千重は、大谷光瑞の援助を受けて南洋に渡航し、一八九七年二月から一年半にわたり木曜島で布教した経験があった(15)。また現地にはマライ語に精通した佐々木芳照がおり、両名は、ヴィクトリア街に本願寺派布教所を開設し、翌一九〇〇年一月に挙行した開場式には大菩提会長ダンマパーラも出席して演説した(16)。

布教活動としては、毎月三回の定期布教のほか、マライ半島各地での出張布教も行った。布教所には教育部が付設され、日々六時間ずつ在留邦人四十余名に英語を、中国人に日本語を教授し、佐々木夫人が裁縫教授を担当し、夜学も開設していた。また佐々木は、現地の最大新聞である『ザ・ストレーツ・タイムズ』に自らの布教活動について時折投書し、このことが在留邦人以外にも反響を呼び、コーランボー(クアラルンプール)市英政庁属官など、外人で仏教徒になることを申し出る者もあった。さらにコーランボーの日本人設立の厚徳会の要請で現地に支所を設立する計画もあった。一九〇〇年六月二八日に各宗派代理仏骨奉迎使が来着すると、大講演会を開き南條文雄・日置黙仙・藤島了穏・佐々木千重らが数百の聴衆の前で熱弁を振ったという(17)。

一九〇三年には、バンクーバへの転任を命ぜられた佐々木千重に代って太田周教が現地に赴任した。当時シンガポールの在留邦人は千名を超えていたが、相変わらず日本人売春婦が多く、太田は現地からの報告のなかで、彼女らの生活改善に尽力したいとの意気込みを語っている(18)。しかし、間もなく太田は現地を去り、本願寺派の布教は衰退していったようである。現地を訪れた仏光寺派の有馬文譲は一九〇九年に『中外日報』への寄書のなかで「新嘉坡は今や三千人余一定の区域にありて散在せず、為に各種の事業も経営すべし、されど往年本派本願寺の経営に着手したる布教も今や全く水泡に帰して其跡を見ず(19)」と報告している。

一九二六年に現地を訪れた浄土宗の尼僧村上妙清も「市内ベンクーレン街に西本願寺がある。大正四年桑野淳城師が来新して、真宗教会を創立せられ、同六年八月二十六日に大谷光瑞氏を迎へて入仏式を行ひ、改めて京都西本願寺の出張所と定められ」と記しており、桑野が来る以前にいったん本願寺のシンガポール布教は途絶えたようである(20)。また『南洋の五十年』にも次のように記されている。

明治卅《ママ》八年本願寺から太田周教が派遣され、布教の傍ら熱心に児童教育等に力を尽して居られたが機縁熟せざりしものと見へ布教所を開設するに至らず間もなく帰朝され暫く其儘となつてゐたのか、大正四年桑野淳城師来星してベンクレーン街に真宗教会創立六年愈々本願寺出張所となり婦人会も出来て何事にも奔走してゐたのであるが、同師帰朝後中村順三師時代、経谷某別に布教所の看板を掲げ信徒も亦分裂して見憎い宗門の恥を曝してゐたのであるが、渡邊師統一融和の任を帯びて来星し、再び両派を併せて布教所を拡張し現在のところに移転し、同師帰朝後井上師一時主任を代理し現在の清水師に及んで居るのである[21]

戦後になって本願寺派が編集した『海外開教要覧（海外寺院開教使名簿）』のなかに、太田周教と桑野淳城の名前は見いだせないが、中村順三（一九二一年六月就任・一九三二年一二月離任）、経谷孝道（一九三七年九月就任・一九三二年離任）、渡邊智修（一九三二年二月就任・一九三五年一〇月離任）については記されている。[22]中村と経谷の対立を解決するために渡邊が赴任した経緯は、すでに柴田幹夫も論究しているが、[23]一九二八年に経谷孝道は、現地から中外日報社へあてた寄書のなかで「現在中村順三師、在南七年有余、剛毅の気風をもつて活躍して居られる。師は単身殆ど無銭旅行の如くにして印度に渡り種々な努力の下に仏蹟各地も巡拝せられた[24]」と記している。当初から両者の関係は険悪でなかったようである。

本願寺派は、シンガポール布教と前後して、ハワイ・北米・朝鮮などでも組織的布教に着手した。そして、これら地域ではその後に教勢が伸張していったのに対し、シンガポール布教だけは衰退していった。一九〇〇年の厦門事件、一九〇二年の日英同盟を経て日露戦争へと向かい、日本の国策が「南進」から「北方」へと転換された。[25]こうした状況のなかで、一九〇三年に語学に堪能で有能な佐々木千重をシンガポールから引き揚げさせたことが、シンガポール布教の衰退に大きく影響したと考えられる。[26]

シンガポール日蓮宗布教所

一九一七（大正六）年四月には、前田豊良がシンガポールショート街に日蓮宗仮布教所を開設し、その後漸次信徒も増加してカークタレスに移転した。前田の後任に岡野潮淳が赴任したが、岡野の帰国後に後任開教使が対立して混乱に陥ったようである。その混乱のなかでも一九三四年にはウイルキータレスに土地を購入し、師子王山妙法寺の建設用地とした。一九三六年頃五月に岡野が再度赴任すると、混乱も収まって同年六月に本堂が落成し、盛大な移転落成式が行われた(27)。

シンガポールでの大谷派の布教

一九二四（大正一三）年にインド仏蹟へ向かう途中で現地を訪れた原宜賢は、シンガポールに東西本願寺があると記している(28)。二年後に来訪した村上妙清は、この記述をうけて「東本願寺の僧岡本春岳師は既に此地を去って印度に赴かれた(29)」と書いている。大正期に大谷派の岡本もしばらくシンガポールに留まって布教活動に従事したようである。

ペナンでの大谷派布教

シンガポールの西方、マラッカ海峡に位置するペナン（彼南）は古くから交易船の寄港地として栄えた。この地では大谷派の本庄という僧侶が早くから布教活動を行っていたようであるが、関係資料の記述に齟齬が見られる。まず一九〇四（明治三七）年及び一九〇九年の『中外日報』には、本庄凌雲（または本庄豊二）という大谷派僧侶によるペナン布教の記事が掲載されている。それによれば、本庄はマレー半島での在留邦人の布教を企図し、一九〇一年にペナン島に渡って住宅を借り本尊を安置して布教に着手したが、一人も参詣するものがなった。やむを得ず、邦人子弟の教育に従事するかたわら布教に努めた結果、ある程度見込みもついたため、一九〇三年に帰国して本山に報告し、大谷派布教所を設立し公称する許可を得た。翌〇四年七月に布教所を開設し、毎月二回の法話と毎週一回の修身講話を行い、その他毎日邦人子弟の小学教育に従事していた。一九〇六年に仏具新調のために一時帰国したが、在留邦人の参詣者は少なく布教活動が困難であると、『中外日報』の記者に語っている[30]。一九〇九年に現地を訪れた仏光寺派の有馬文譲は、大谷派の本庄某が資金難のため引き揚げたと報告している[31]。

次に大谷派『宗門開教年表』の一九一七年五月一日の条には、「本庄智幢（長崎）英領彼南島布教所在勤となる」[32]とある。また『南洋の五十年』の「在南邦人々録」にも本願寺布教師「本庄智童」の名があり、一九一〇年に渡来したと記されているが、布教所に関する記述はない。本庄凌雲・本庄豊二・本庄智幢・本庄智童は、おそらく同一人物であり、断続的に現地で布教を行ったと考えられるが、大きな成果を挙げるまでには至らなかったようである。なお、本庄は自分が来る前に、禅宗の某僧侶がインドに赴く途上に現地で布教を行ったと述べている。在留邦人の寄付により小教会堂も建てられたが、病気により帰国したという[33]。

ペナン極楽寺と日本曹洞宗

ペナンには、一八八八（明治二一）年頃に福州出身の妙蓮という中国曹洞宗の僧侶によって極楽寺が建立された。現地住民の八割が中国人であり[34]、その支援もあって広大な護謨林を寺有財産としていた。一九〇一年には、シンガポール日本領事の斡旋もあって、極楽寺の僧侶三名が日本に留学することとなった。一名は将来ペナンに仏教主義慈善病院を建設するため医学を学ぶ予定であり、残る二名は曹洞宗大学に入学することとなった[35]。その後の極楽寺と日本曹洞宗の交流は不明であるが、『南洋の五十年』によれば、一九三八年頃には日本曹洞宗に帰依した台湾基隆市霊泉寺住職の江善慧がペナン極楽寺の住職代理を務めている[36]。

クアラルンプールでの仏光寺派布教

一九〇八（明治四一）年、仏光寺派の有馬文譲はインドを経て入蔵する予定で日本を出立した。しかし、翌年にマレー連合州の首都コーランボ市（吉隆坡・クアラルンプール）に立ち寄った際に、入蔵を断念して現地に留まり邦人布教に従事する決心を固めた。当時の在留邦人は五百人ほどで男性が百人内外、残りの四百人が売春婦やマレー人・中国人に嫁した女性であったが、病気に罹っても治療は受けられず、死ねば山中に遺棄されるという悲惨な状況にあったという。有馬には、布教所や日本人小学校を開設計画もあったが、その後のことは詳らかではない[37]。

クアラルンプール吉隆寺

クアラルンプールでは、一八九九（明治三二）年に厚徳会（のち日本人会と改称）により共同墓地が創設された。一九二七年に関実明が現地に渡来し、その後共同の墓地内に吉隆寺が建立されたようである。寺院では児童に初等教育を授けていたが、一九三二年九月から日本人会が小学校を経営することになり、関は引き続いて教鞭を執った。一九三四年には仏教婦人会が無縁塔を建て、一九三八年頃に墓石は一一四基を数えたという[38]。

スレンバン光徳院（曹洞宗）

クアラルンプールの南方ヌグリ・スンビラン州のスレンバン（芙蓉）では、一八九五（明治二八）年五月にスレバレン近郊でコーヒー園を経営していた笠田直吉らの主唱で邦人共同墓地が創設された。当時の在留邦人は二十余名に過ぎなかったが、なれない風土と過労のため若くして病死する売春宿の邦人女性が多く、笠田はそのたびに彼女らの遺体を引き取り、盛大な葬儀を執行して共同墓地に埋葬したという。この地には、本願寺派の佐々木千重や太田周教らも出張布教に訪れたようである[39]。一九〇八年一〇月には真言宗の広田言証も現地の日本人墓地で施餓鬼を営んでいる。広田は一九〇六年一二月にインド仏遺参拝のため自坊の島原理性院大師堂を出発した。ベトナム・シャム・シンガポール・ペナン・ビルマ・ラングーンなどを経てインドに入ったが、訪れた各地の日本人墓地で施餓鬼を営んで死者供養を行った。ほとんど無一文で出発したが、約二年半後には各地の在留邦人女性「からゆき」から多額の寄進を集めて帰国したという[40]。

その後、スレンバンでは、笠田らのゴム園経営の成功もあって、一九一七年頃に在留邦人も増加して七百余名に達し、曹洞宗の斎藤法光が同地に渡来して本堂庫裏が建設された。一九二八年には曹洞宗当局より寺院として公認され光徳院と称した[41]。

バトパハ本願寺派布教所

マレー半島最南端のジョホール州のバトパハには、一九三五（昭和一〇）年に本願寺派の井上教圓が布教使として赴任し本願寺派布教所が開設された。『南洋の五十年』によれば、当時の在留邦人は四六四名で、本願寺護持会員が約百名いた。毎月一四日の定例布教が行われ、一五、六人が参詣したという。布教所の近隣に小学校があり、生徒は三〇名で井上夫妻は本校の教員も兼務していた。[42]

イポー日蓮宗布教所

マレー半島西海岸北部ペラ州のイポー（一保）には早くから邦人共同墓地があり、一九〇二（明治三六）年に大谷派の本庄も死亡者追悼のために訪れている。本庄は現地邦人が僧侶の在住を望んでいると述べている。[43]『南洋の五十年』によれば、共同墓地には真言宗の寺院があり、現在は無住と記されている。[44] 前述の広田言証はイポーにも訪れたようであり、寺院は広田が建立したものかもしれない。[45] 一九一三年には、馬場禎誠という日蓮宗僧侶と在留邦人が温泉の湧出する洞窟に日蓮宗の寺院を創建し、私に巌龍山法華寺と称した。一九一五年一一月に原智耀が同寺主任となり、一九二二年四月に温泉を邦人の共有遊園地とすることと寺院の許可を、英国海峡殖民地政庁に出願して公認された。[46] 一九三四年夏に原は死去したが、立正大学を出たばかりの須賀勝玄が後任と決まり、翌三五年二月現地に赴任した。[47]

二　フィリピン諸島の布教概況

マニラ南天寺（曹洞宗）

日清戦争直後、領有した台湾と「指呼の間に在り」、邦人移民地としても有望なフィリピンに布教を促す意見があった。[48] しかし明治期に現地で日本仏教が築いた布教拠点は、曹洞宗の南天寺だけであった。一九〇三（明治三六）年二月、インド・シャムの帰路マニラ（馬尼剌）に立ち寄った遠藤龍眠は、現地での布教を決意し、一九〇五年五月に殿堂を新築し徳光山南天寺と称した[49]。同年一二月開催の曹洞宗議会も、本堂建築補助金として一九〇四年度から三年間一〇〇円ずつ、計三〇〇円の支給を決めた[50]。昭和一二年版の『比律賓年鑑』によれば、その当時、信徒の数は約三百名で、観音講員九六名、大師講員一六八名を有し、託児所ルンビニ学園を経営し地方信徒の子女を預かり小学校に通学させていた[51]。

マニラ本願寺（本願寺派）

大正期に入ると、アメリカ本土に在留邦人への排斥運動が強まるなかで、マニラへの移民が増加し、現地での布教を有望視する意見も提起されるようになった[52]。一九一八（大正七）年六月、原田慶満がマニラに出稼者として渡航し、そのかたわら布教に着手した。原田は、本願寺派連枝で前管長代理であった六雄沢慶（奈良県本善寺）の役僧であった。原田が現地で布教に着手すると、間もなく在留邦人の後援により仮布教所が開設され、宗門側も原田に教師の資格を付与して開教使補に任命するとともに布教所を公認した[53]。その後、教勢は順調に拡張したようであり、昭和一二年版の『比律賓年鑑』によれば、仏教日曜学校・仏教婦人会・仏教青年会・日本語学校・本願寺寮（託児及寄宿施設）などの付帯事業も手掛けていた[54]。

マニラでの本願寺派の活動として注目すべきものに、一九三五年にはじまったフィリピン学生訪日視察団がある。この年の四月中旬から五月下旬にかけて、六三名の視察団員が本願寺派布教使であった山之内秀雄に引率されてフィリピンを出発し、台湾・日本各地を訪問した。前年の三月にアメリカ議会でフィリピン独立法が成立し、一〇年後の独立に向けて三五年一一月には独立準備政府も発足していた。訪日視察団は、こうした状況を受けたものであり、昭和一二年版の『比律賓年鑑』は、視察団結成の経緯と意義について次のように記している。

過渡期に臨める比島民の日本を訪ふもの最近著しく増加し、一度日本を訪れしものは皆好印象を以て帰国し両国親善上また正しく日本を認識する上に非常に効果的なる事実に鑑み、次の時代を担ふべき若き国民を多く日本に送り親善関係百年の大計を樹立せんとして本団は帝国総領事館木原副領事の計画後援の下に組織さる[55]

引率者した山之内も、当時現地で仏教への関心が高まっている状況を指摘した上で、「ヒリッピン人は独立後に米国と提携するか日本と握手するかなどの議論がウンと湧いて居るがそれに就いては僕は説かぬこととするがヒリッピンの日本ビイキは事実である[56]」と述べている。視察団は、一九四〇年の第六回まで継続された[57]。山之内秀雄には、民間の国際的交流を促進したいという意図があり、視察団派遣を機にジャパン・インフォーメーション・ビューロ（日本案内所）、マニラ日本語学校、比島学生旅行協会などを設立して日比の文化交流に力を尽した[58]。しかし、その活動は基本的に南進国策に沿って現地総領事館と提携した事業であったと言えるであろう。

ダバオ開南禅寺（曹洞宗）

ダバオはフィリピン群島ミンダナオ島の南部にあり、一九〇四（明治三七）年に太田興業株式会社が麻耕地を開拓して好成績を収めて以来、マニラヘンプの主産地として数多くの日比人労働者が移入した。一九二〇年八月に調査によれば、邦人経営の麻耕地は五十を数え、その他椰子栽培・牧畜業に従事する者があり、在留邦人数は約六千人に達していた。東南アジア最大の日本人街が形成されつつあり、同年三月にはマニラ総領事ダバオ分館も開設されていた[59]。

こうしたなか一九一八年五月には、曹洞宗の東賢隆がダバオ市マガリネス街に布教所を創設し、開南善寺と称した。一九二三年に東賢隆がマニラ南天寺に転出した後は十時大圓が住職を継いた。十時はダバオ日本人会のダバオ支部長をつとめるなど、日本人コミュニティでも中心的役割を果したようであり、本堂・庫裏などの新築を実現させた[60]。曹洞宗はバギオにも一時日本寺を開設したようである[61]。

ダバオ・ミンタル・ダリアオン大谷派布教所

曹洞宗の東賢隆にやや遅れ、一九一八（大正七）年九月に大谷派の御瀧智海がダバオに渡来した[62]。御瀧は、太田興業株式会社の耕作地やカタルナン耕作地で殖民布教に従事し[63]、三年ほどの苦心の末、大城孝蔵の住宅の一部を借り受け、ミンタル布教所を建設した。大谷派のダバオ布教の発展には、現地の日本人移民招致に大きな役割を果した大城孝蔵の強い支援があったとされる[64]。この布教所はのちにダバオ市リサール街に移転しダバオ布教所と改称された。一九二五年に御瀧はダバオ市内のクラベリア街に比人の土地を借り一宇を建築した後に帰国し、代わって今井香巌が赴任した。今井は信徒の寄付を募り、同市内アンダ街に土地を購入し堂舎を新築した[65]。

一九三四（昭和九）年以降、ダバオでの大谷派の布教活動はさらに活発化し、同年にミンタル布教所が開設されて保木俊雄・富城文雄が赴任し、一九三六年にはダリアオン布教所（仏教会館）が新設されて広幡里見が赴任した[66]。またダバオでは法話例会や日本人病院訪問が実施されたほか、幼稚園・日本語学校を併設し、ミンタル・ダリアオンでも日曜学校開設に着手した[67]。

一九三五年当時、ダバオ在留邦人は一三、五二五人で、邦人によるマニラ麻生産量はダバオ全体の八割ほどに達し、関連事業も、椰子栽培・森林伐採及製材・漁業・商業・海運業・製氷及冷凍業等に広がっていた。こうして日本資本の進出が拡大するなかで、邦人入耕地の取消問題（ダバオ土地問題）が起こった[68]。大谷派の布教は、拡大を続ける日系コミュニティの中核的役割を果たし、一九三八年五月には外務省の後援の下、二世女子の中等機関である大谷派ダバオ女学院が開設された(69)。

ダバオ・バギオ本願寺派布教所

急速に発展したダバオ日系コミュニティで、排日状況下での土地問題や二世教育問題などが浮上するなか、一九三六(昭和一一)年には本願寺派もダバオ進出を果した。現地派遣の布教使である重藤廓亮は、一九三五年一二月までマニラ布教所で山之内秀雄とともに布教活動を行った後、翌三六年五月にダバオに上陸した。重藤は、同市レガスピー街にダバオ日本人会の発起人のひとり柳原隆人氏の住宅を借り受けて布教所を開設し、七月に入仏式を挙行した。また同年三月にはルソン島にバギオ布教所が開設され、立花政美が赴任した(70)。

三　南洋群島の布教概況

日本委任統治までの情況

南洋群島とは、太平洋西部の赤道以北にあるマリアナ・パラオ・カロリン・マーシャル諸島を指し、その大部分は一九一九(大正八)年のベルサイユ条約で日本の委任統治下に置かれた。まずは、日本統治下に置かれるまでの情況を概観しよう。

明治期に南洋群島への布教が行われた事実は確認できなかったが、布教に向けた動きはあった。一八九二(明治二五)年に仏像を南洋群島に送り仏教布教を行う計画があった。この計画を呼びかけた鈴木経勲は、元外務省官吏で一八八四年にマーシャル諸島ラエ島に漂着した日本船の船員が原住民に虐殺された事件の真相究明のため現地に渡航した経験があった。その後、鈴木は『南洋探検実記』『南島巡航記』を著し、南洋群島の日本領有化を政府に献策したが受け入れられず、当時原住民の間でキリスト教への反発が高まっていたことに着目して仏教の進出を促したものと考えられる。この事業には一部の仏教者が賛同し協力したようである。[71] 日清戦争直後には、マリアナ諸島への布教に着手すべしとの意見もあった。当時本願寺派の松本順乗による小笠原群島布教が軌道に乗り、その延長としてマリアナ諸島布教を提案するものであった。[72] しかし、日露戦争前にはシンガポールを含む南洋布教が衰退していった。

一九一四(大正三)年七月に第一次世界大戦が勃発すると、日本軍は一〇月に赤道以北のドイツ領の各諸島を占領した。一九一八年にドイツは降伏して第一次世界大戦は終結し、戦後日本は赤道以北の旧ドイツ領の南洋群島を委任統治することとなった。委任統治にあたり、日本側はドイツ人宣教師に退去を命じたが、日本組合協会と天主教の布教を保護した。「同盟及連合国ト独逸国トノ平和条約」(ヴェルサイユ条約)には、キリスト教を保護する規定があったためと、すでにキリスト教布教が浸透していたなかで現地の民心の安定を図るねらいがあったようである。[73] このため、委任統治下で、仏教各宗派はあまり積極的に布教事業を展開せず、教団規模での布教参画は日本が国際連盟から脱退して以降のことであった。

パラオでの藤本周憲(本願寺派)布教計画

一九一七(大正六)年、本願寺派の藤本周憲がパラオ布教に着手した。きっかけは、南洋貿易株式会社社長田中丸善蔵からの要請であった。田中丸は商用のためカロリン諸島を往来するうちに、海軍司令官がパラオ島に駐屯する水兵二百余名の精神修養のため仏教布教を希望していることを聞きつけた。西本願寺に赴いた田中丸は、執行長の利井明朗に対し多額の布教費用の負担を申し出るとともに、開教使の人選を依頼した。こうして藤本周憲が赴任することになり、藤本は同年六月にパラオに向けて出発した。八月パラオ島に入港し直ちに布教所建築に着手したが、教団側は藤本が営利事業に着手したとして布教の中止を決定した。一方、藤本は布教費用に充てるため真珠養殖業を手がけた。当初は順調であったようだが、間もなく戦後不況により支援者の田中丸の事業が行き詰まり、藤本の事業も頓挫したと考えられる。(74)

サイパン大谷派布教所

一九一九（大正八）年一二月、大谷派の小林信隆は海軍省の嘱託としてサイパン島に渡って布教を開始し、民政庁より布教所用地の寄付を受けた。本山に対して布教所設置願を提出し、一九二一年にサイパン布教所開設係に任命され、間もなく布教所を開設したようである。(75) 翌二二年に南洋庁が補助金を交付して製糖業の奨励策を開始することとなり、南洋興発株式会社が設立された。サイパンに製糖工場が建設されて砂糖生産が本格化し、沖縄からの移住者が増加した。これにより大谷派の布教活動も軌道に乗ったようである。(76)

一九三七（昭和一二）年以降は現地民対象布教も展開され、二月にサイパン布教所の服部一雄開教員の努力により、ガラバン街の布教所に隣接して大谷学院が創設された。入学資格は公学校卒業の島民子弟で五、六十名の志願者があったという。五月にはカナカ族の少年の葬儀を初めて仏式で行い、現地民にも信者を獲得しはじめたようである。またガラバン街の芸娼妓四百余名の教化のため白蓮会を組織し、本堂の改築にも取り組んでいた。大谷派の日野律の調査によると、当時のマリアナ諸島の信徒数は、真宗一四、三〇六人　浄土宗九、〇〇〇人　日蓮及曹洞宗九四四人、カトリック四、五五〇人であった。邦人移住民の内、沖縄出身者に真宗、八丈島出身に浄土宗信者が多く、沖縄出身者が全体の六七パーセントを占めているため真宗が優勢であったとされる。[77]

パラオ大谷派布教所

一九一五(大正一四)年五月に大谷派はパラオにも布教所を設置した。布教所設置を強力に支援したのが南洋庁長官の横田郷助であった。横田は、キリスト教が日本統治方針に従わず、神社不参拝問題が生じたため、仏教を支援することでキリスト教に対抗すること企図し、サイパンの小林信隆に一万円の資金を供与した。小林はこの資金でパラオ布教所を建設し、その後も南洋庁より年々三、〇〇〇円の営繕費と一、五〇〇〇円の生活費の補助を受けた。[78]

一九二六年一〇月に武村義昌がパラオ布教所在勤開教使として赴任した。武村は南洋庁の慈善会評議員を兼務して庁内官吏に人脈を築き、一九二七年には夫人とともに幼稚園経営に着手した。また現地人布教でも成果を収め、アルコロン村・ガラスコオ村では島民三分の一を信徒として帰依させたという。[79]しかし、武村の後任の岡田証圓は、現地人教化は非常に困難であり、まず児童教化からはじめることが最適であるとし、一九三四年三月に島民対象の日曜学校を開設したと述べている。[80]

テニアン大谷派布教所

サイパンから約八キロメートル離れたテニアンでも、南洋興発株式会社が一九二九(昭和四)年一二月に製糖工場を建設し、翌三〇年一月に操業した。同年九月に大谷派は紫津憲丸をテニアン布教所開設係に任命し、間もなく布教所が開設されたようである。[81]

テニアン春海寺（曹洞宗）

大谷派に続いて一九三一（昭和六）年には曹洞宗の乙部春海により春海寺が創建された。乙部は、二九年宗命をおびて中国南部の祖蹟を巡拝し、同年一〇月朝鮮、満州、蒙古の宗教事情視察した後、翌三〇年に再度南支訪問し、三一年南洋開教師としてテニアン島に赴任した。乙部は同年四月に花祭りを盛大に行い、参禅会を開くなどして布教に努め、春海寺を創建した(82)。

テニアン・チューロー本願寺派布教所

一九三二（昭和七）年三月、本願寺派はテニアン市街地に七二〇坪の土地を無償提供され、岩佐昭雄が主任となり布教所開設準備に着手した。同年一二月に布教所が創立された。岩佐は数回にわたって詳細な報告書を本山当局に送り、南洋布教の重要性を説いたようである。一九三五年一一月には、テニアンの奥地チューローにも進出し、南洋興発株式会社社長松江春治らの寄付により布教所を建設し、一九三九年一月に前田正栄が赴任した(83)。

サイパン南洋寺（浄土宗）

昭和初期まで南洋群島は大谷派が圧倒的勢力を占めていたが、まずテニアンで各宗派が相次いで布教に着手し、さらにサイパンでも浄土宗が新たに進出して布教競争が激化した。一九三二（昭和七）年に浄土宗の青柳貫孝が個人的にサイパンを視察して布教を計画し、翌三三年一二月教団側が青柳・加藤照山を南洋布教使に任命し、サイパンでの布教が正式な浄土宗の事業としてスタートした。三四年一月青柳らはチャムロ人の住宅を借りて仮布教所を設置し、同年五月に浄土宗は開教区制度を更改して南洋開教区を新設した(84)。

青柳の布教は現地人にも早くから浸透したようである。青柳は六名の現地島民を帯同して、一九三四年七月一八日から六日間にわたって東京で開催された第二回汎太平洋仏教青年会大会に参加している。[85] また青柳は、島民少年を東京の自坊湖泉寺に下宿させて深川工業学校・京北中学に通学させるなど、島民の教育事業にも意欲をもっていた。三四年七月下旬には、増上寺法主代理として佐山学順（大正大学教授）が来島し、八月に帰島した青柳とともに大施餓鬼を施行した。一五〇名以上が参集し、その大部分は現地の島民であった。[86] これより先、七月一八月付をもってサイパン島ポンタムチヨウに、後に南洋寺を建設することになる土地の使用許可を得ている。[87]

こうした浄土宗の急速な教勢拡大に対し、先行する大谷派側は脅威を感じ、青柳の側も対抗意識を持っていたようである。青柳は、現地から『浄土教報』に寄稿した報告書のなかで次のように記している。

開教三年にして書出し、八千、実は一万以上の信徒を得たるも、ちと自慢も出やうと云ふものだ、余が群島に頑張る以上東本願寺も曹洞宗も仏立講も天理も大本も手も足も出ぬ位である。東本願寺住僧の如きはサイパン支庁に信徒が減じて困ると願ひ出たが、支庁では笑つておられたそうである。余も開教使なら彼等も開教師だ、お互に遊びに来てるのではない。負けてたまるものか。（これは内密）先づ成績を挙げねば宗務所に相すまぬ。[88]

一〇月には布教所資金を集めるため南洋開教区後援会が組織され、さっそく三二二円の支援金を青柳に贈り、その活動をバックアップした。[89] 日本人移民の布教に関しては、日本を出航する前から増上寺と青柳との間で連携して対応した。南洋諸島に移民を送致していた南洋興発株式会社の社長松江春治が浄土宗信徒であった関係から、その協力を得て横浜での出航船に増上寺使僧が乗り込み、移民に記念品を寄贈し、法話をした後に激励の言葉を贈った。[90]

一九三五年に愛国婦人会は南洋支部を開設し、南洋庁と交渉して女学校を創設する計画を立てた。そして、その女学校の経営一切を浄土宗に委託する交渉がまとまった。青柳と浄土宗の南洋布教への積極的対応が奏功したものと考えられる。翌三六年には、井上恵薫尼・中村屋相馬愛蔵の寄付と宗門の補助を受けて多宝山南洋寺の新築工事が落成し、境内地に女学校も建築され三七年四月に開校した。女学校は島民対象の南洋技芸学校（修業年限一年）と邦人女子対象の南洋家政学校（修業年限三年）とがあり、のちに南洋技芸学校は南洋寮という島民対象の教化施設に改められたようである。(91)

浄土宗は、一九三六年の南洋寺新築を機会にさらなる教勢拡大のプランを立案した。邦人開拓者の慰霊塔を中心とする公園墓地を南洋寺に附設して整備し、南洋興発株式会社の社長松江春治の支援を受け、南洋庁から無償貸与された二十町歩余の耕作を南洋興発株式会社に委託し資金の獲得を目指した。(92)

ロタ・テニアン浄土宗布教所

一九三四（昭和九）年一二月、青柳貫孝は三百名の移民団とともにロタ島に渡った。当時ロタ島は人口五千人あまりであったが、南洋興発株式会社が製糖工場を建設中であり、サイパン支庁も移民を奨励したため活気を呈しつつあった。(93) 青柳は翌年にロタ島タタアチヨ・ソンソン街に出張所を設け、同時期にテニアン島にも出張所を設置したようである。(94)

ロタでは一九三五年一二月に製糖工場が完成し、里見嘉隆が赴任して一九三七年に布教所が新設された。ここでも島人対象の女学校設置計画されていた。(95) しかし、三年あまりで製糖工場が操業停止となり、実現しなかったようである。このほかにも浄土宗は、カロリン諸島のポナペ島（ポンペイ島）でも布教所設置の準備を進めていた。(96)

ロタ大谷派布教所

一九三六（昭和一一）年四月、大谷派は浄土宗よりもやや早くロタ布教所を設置し、畑佐俊雄が赴任した。[97] 浄土宗と激しい布教競争が展開されたようであり、サイパン布教所の日野律は、「僅か八方里人口四千のロタ島に、最近浄土宗が驥足を伸ばしすでに開教をみてゐる大谷派布教所と卍にくんでの教線争奪」[98]と述べている。

パラオ・ヤップ本願寺派布教所

一九三四（昭和九）年五月に浄土宗が南洋開教区を新設して以降、サイパン・ロタで大谷派と激しい布教競争を繰り広げたが、翌三五年八月に本願寺派も南洋開教教区を独立させ、南洋諸島に本格的に進出した。三六年二月には宇野本空が初代南洋開教監督に就任し、同月フィリピンにダバオ布教所が創設された。さらに同年九月にはパラオ布教所が創立され、高島芳信が開教使として赴任した。[99] その後も、一九三七年七月に南洋庁長官に特別依頼状を発し本願寺派が教線拡大を計画中であると、『中外日報』に報じられており、翌三八年二月にはヤップ布教所を新設した。[100] 大谷派の日野律は、同年『中外日報』に寄せた文章のなかで「今、パラオ島は鋭角的法戦の真最中である」と記している。[101]

ポナペでの日蓮宗布教

南洋諸島での布教に後れをとった日蓮宗は、一九三七（昭和一二）年四月に至り、立正大学を卒業したばかりの深澤前奎をポナペ島に派遣して布教に着手した。現地には約二千五百人の在留邦人がいて布教要請があったようだが、すでにこの地には浄土宗が進出しており、六月には撤退に追い込まれたようである。[102]

日本の植民地化が進行するにともない各宗派の布教競争が激化する現象は、南洋群島だけでなく、朝鮮や台湾でも同様に見られた傾向であった。(103)

四　その他の地域の布教概況

木曜島布教（本願寺派）

木曜島は、オーストラリア北東部、ヨーク岬半島の沖にある小島である。真珠貝の生息地として有名であり、一八七八（明治一一）年頃から日本人が真珠貝の採取のため渡航したようであり、八三年には英人ジョン・ミラーが日本政府の許可のもと三七名の邦人を木曜島に送り、真珠貝採取に従事させた。九一年以降二年間で四四一名が渡り、従来から在留していた邦人を加えると、九三年一〇月の時点で五五六名の邦人が在留していた。(104)

一八九六年に林某が『時事新報』に寄せた書信によると、当時在留邦人は六百名にも上ったが、飲酒に耽るものが多く仏教による感化が必要であると記している。(105)また同年『明教新誌』掲載の現地通信では、百名近い売春婦がいてオーストラリアでの日本人排斥熱が高まっていると伝えている。(106)入江寅次著『邦人海外発展史』によれば、木曜島での邦人の採貝技術は他を圧倒し、一八九七年頃に同地で採貝労働に従事する邦人は九百余名、同島採貝労働者六割にも達していた。採貝事業を独立経営する者も十指を数え、翌九八年六月頃には邦人所有船が三二艘もあったとされる。(107)

こうした状況を受けて、前述のように佐々木千重が一八九七年二月から布教に従事した。(108)その後も上原芳太郎らが、木曜島・ニューギニア・ジャワなどを視察している。(109)しかし、一八九七年六月日本政府は、現地での排日状況を受けて木曜島への邦人渡航を差し止め、翌九八年には邦人の真珠貝採取の独立事業が禁止され、佐々木千重も帰国したようである。その後も一九〇一年に成立したオーストラリア連邦政府が、移民制限法を制定して日本人移民を制限したことで[110]、木曜島を含むオーストラリア方面への日本仏教の布教が行われることはなかったようである。

ニューカレドニア島布教計画（真言宗）

一九一四（大正三）年一〇月『中外日報』には、真言宗高野山布教師の小島昌憲が数年間オーストラリア東方の仏領ニューカレドニア島に滞在して帰国したことが報じられている[111]。同島への日本人移民は、パリのニッケル会社からの誘致を受け、一八九二年一月に鉱山労働のため六百名が送出されたのが最初である。しかし、当時のニューカレドニアはフランス囚人の輸送地のひとつで日本人労働者の待遇も過酷であった。このため外務省は一時日本人の移民を中断したが、一九〇〇年に再開してから断続的に日本人移民が同島に送出されたようである[112]。小島は布教目的で同島に渡った。小島の報告によれば、当時現地の邦人は三千五百人であり、商業や農業で成功する見込みがあることを確認したが、西洋人との勢力の差は歴然であり布教を断念したという[113]。

メダン本願寺派布教所

一九一八（大正七）年、本願寺派の山達北陸は仏教大学（現龍谷大学）を卒業後、自費で南洋視察に渡航した。翌年春に帰朝して本山に視察報告書を提出した後に蘭領スマトラ島メダンに渡り現地に布教所を設置した。一九二〇年に本山は集会の決議を経て一、五〇〇円の布教所建築補助を交付し、山達に布教使手当も支給することとした。一九二八年にはメダンに日本領事館が開設されており、相当数の邦人が在留していたようである。一九三二年に山達の私有関係であったメダン布教所は教団名義に改められ、その後も教団から開教使が派遣された[114]。

シャム布教計画

一八九〇（明治二三）年に大谷派の生田得能は、留学中のシャム（暹羅）から帰国したが、『明教新誌』の報道によれば、その頃大谷派は盤谷府（バンコク）に事務所を設けており、堂舎を建設する計画があった[115]。

遠藤龍眠は一八九八年にシャム布教を思い立ち現地にわたった。ワットサケート（サケート寺）で留学のかたわら、曹洞宗本山当局に対し度々建白書を提出し、シャム留学制度の創設や中国香港布教の着手を求めている[116]。一九〇〇年に仏骨奉迎使が現地に来た際は通訳をつとめ、その後インド仏遺巡拝に向かった。渡印に先だって護暹山日本寺の創立を企図し、その後一九〇二年に曹洞宗の『宗報』に「護暹日本寺創立の主旨」を発表した[117]。仏骨奉迎による日本仏教側の暹羅への関心の高まりを好機と考えたのであろう。しかし実現はせず、帰国の途中に立寄ったマニラで、前述のように翌〇三年にマニラ南天寺を創建した。遠藤龍眠が日本寺の創立を断念した理由は明らかではない。しかし、一九〇二年に日英同盟が成立し、英領に近い南方での活動は困難になりつつあったことが考えられる。また遠藤は「護暹日本寺創立の主旨」を発表した後に、知人への書簡で次のように記している。

今日迄で能く暹人は日本人を慕へりとか東方の君子国先輩国として大に依頼せりとか伝へ来れり然し今日迄でに於ける日本人の行為は暹人より徳を受くる事は事実の上で明かなるも日本人の暹人に恩を与へしことは事実として見出すに苦む次第なり其の日本の自国より賠れたたるのは自覚し居るも其故を以て愛慕敬信するとは妄誕の甚だしき者なり要するに其愛慕を受く可きの徳を施さゞればなり[118]

日本側の暹羅に対する姿勢と現地での受け止め方のギャップが日本寺建立断念の一因であったと考えられる。一九〇三年には本願寺派がシンガポールから佐々木千重を引上げさせており、遠藤龍眠と曹洞宗当局とは、シンガポール布教の存続とマニラに拠点を新設することで、将来的な南方進出への備えとしたのかもしれない。

一九〇二年には、天台宗の村田寂順も日本大菩提会に「暹羅国布教の建議」を提出した。[119] また一八九八年に浄土宗海外留学生として渡暹した概旭乗は、一九〇五年に一時帰国した後、翌年再渡航して農業に従事するかたわら現地布教を目指した。[120] しかし、いずれのシャム布教計画も成果を収めることはできず、日露戦争後に日本仏教者の南洋布教への関心は著しく後退していった。

カルカッタ日本山妙法寺

明治以降にインドに渡った僧侶は相当数に上り、大菩薩会ダルマパーラからも日本僧侶によるインド布教実施の要請もあった。[121] しかし、インド布教は容易に実現しなかったようである。一九三〇（昭和五）年九月、藤井日達（行勝）は日本を出発し、満州・天津・上海・シンガポールを経て翌年にインドに到着した。一九三三年一〇月にマハトマ・ガンジーとワラダで会見し、その非暴力・無抵抗主義に共鳴した。ビルマでの布教活動を経て、一九三五年二月に現地の富豪ジエー・ケー・ビルラの資金援助を受けカルカッタ日本山妙法寺を開創した。その後もラージギルでも布教活動に従事したが、一九三八年三月に日中戦争後の日本の将来を憂え帰国した。[122] ビルマでは藤井の弟子である永井行慈も現地布教に従事した。[123]

［註］

（1）日中戦争移行の日本仏教の南方進出に関しては、大澤広嗣著『戦時下の日本仏教と南方地域』（法藏館、二〇一五年）に詳しい。
（2）「海外布教」（一八九三年五月八日付『明教新誌』）。
（3）南洋及日本人社編『南洋の五十年』五一〇頁（章華社、一九三八年）、村上妙清著『入竺比丘尼』一九～二二頁（善念寺、一九四四年）。
（4）「新嘉坡に日本の寺院を建つ」（一八九四年一月六日付『明教新誌』）。この記事は、同年一月九日付『京都新報』や『反省雑誌』九年一号（同年一月）などにも転載されている。
（5）宮岡謙二著『異国遍路　旅芸人始末書』二一二頁（修道社、一九五九年）。
（6）前掲『南洋の五十年』五一一頁。
（7）佐々木千重「新嘉坡通信」（『教海一瀾』九六号、一九〇一年五月一五日）。
（8）「ペナンの開教事情（続）」（一九〇六年一二月二二日付『中外日報』）。
（9）前掲『南洋の五十年』五一一頁、前掲『入竺比丘尼』一六～一八頁。
（10）前掲『南洋の五十年』六九三頁、「昭南島の士と化した同胞苦闘の数々　西有寺開創の縁起に見る」（一九四二年九月三日付『中外日報』）。
（11）「真宗本派集会議事」（『教海一瀾』九号、一八九七年一一月二六日）、『明治三十年十一月　定期集会筆記』。
（12）「宮本土岐等四氏の海外行」（『教海一瀾』二二号、一八九八年五月二六日）。
（13）「土岐巡教使最後の行」（『教海一瀾』二七号、一八九八年八月二六日）。当時の日本領事館が把握していた在留邦人数も、一八九七年末の時点で男一五八名、女四五六名であった（入江寅次著『明治南進史稿』一六七頁、井田書店、一九四三年）。しかし、当時の領事藤田敏郎は「明治廿九、卅年頃の新嘉坡在留日本人は約千人にして、内九百余人は女子にして其九割九分は醜業婦なり、其多くは誘拐された者に係る。彼等姓名を偽称するが故に、外務省より取調べ帰国せしむべく命ぜらるゝ毎に多大の困難を感じたり」と回想している（藤田敏郎著『海外在勤四。半世紀の回顧』七一頁、教文館、一九三一年）。このことから、領事館が把握できていない売春婦が相当いたと考えられる。
(14) 前掲「土岐巡教使最後の行」。土岐らの視察が布教目的であったのに対し、上原芳太郎は開拓地の探査を目的に二度にわたり南洋視察を実施している。一回目は一八九七年一二月から翌九八年三月までで、上原・阿部一毛・龍江義信がニューギニア・オーストラリア（木曜島）に赴いている。二回目は九八年九月から九九年二月までで、上原らがジャワ・ニューギニアを視察した。一回目は英領、二回目は蘭領を中心に探査し、いずれの開拓に着手するかを目的としていた（上原芳太郎著『行雲流水』三一～七八頁〔有光社、一九四〇年〕、上原芳太郎著『明如上人略年表』七七頁〔真宗本願寺派護持会財団、一九三五年〕）。その後も龍江義信による調査は継続されており、この点に関しては、和田秀寿著「大谷探検隊の一側面――南洋諸島を調査した龍江義信の事績を中心として――」（『佛教学研究』七〇号、龍谷大学佛教学会、二〇一四年三月）に詳しい。
(15) 『明如上人伝』八三八頁（明如上人伝記編纂所、一九二七年）、前掲「大谷探検隊の一側面――南洋諸島を調査した龍江義信の事績を中心として――」を参照。
(16)(17) 佐々木千重報「新嘉坡教報」（『教海一瀾』六四号、一九〇〇年三月一一日）、前掲「新嘉坡通信」、註（7）掲出『明如上人伝』八三八～八四〇頁。
(18) 「新嘉坡の開教」（一九〇三年一一月一五日付『中外日報』）、「殖民伝道」（一九〇三年一一月二七・二八日付『中外日報』）。
(19) 「馬来半島の仏教」（一九〇九年八月一五日付『中外日報』）。
(20) 前掲『入竺比丘尼』一八頁。
(21) 前掲『南洋の五十年』五一二頁。
(22) 『海外開教要覧（海外寺院開教使名簿）』二四二頁（浄土真宗本願寺派、一九七四年）。
(23) 柴田幹夫著『大谷光瑞の研究――アジア広域における諸活動――』第一部第六章（勉誠出版、二〇一四年）。「新嘉坡本願寺本堂建立運動」（一九三五年二月一四日付『中外日報』）にも、「南国シンガポールの西本願寺は往年の紛擾を一掃し新たに渡邊智修氏が任命されて以来全ての歩調が正しく行き出した」と報じられている。
(24) 新嘉坡　経谷孝道「南洋雑記（六）」（一九二八年一月二一日付『中外日報』）。また経谷には在留邦人信徒を糾合した「南洋仏教協会」を設立する計画があり、この計画をめぐって中村との信徒の奪い合いに至ったのかもしれない（「シンガポールで南洋仏教協会創設」〔一九二八年六月二三日付『中外日報』〕）。

(25) 当時英国は日本の「南進」を警戒し、日本仏教にも圧力をかけたようである。厦門事件で大谷派布教所が焼失した際にいち早く現場検証を行ったのは英国領事であり、一九〇二年に在印中であった岡倉天心らの提唱により大谷派の主催で開催計画のあった東亞仏教大会に、強硬に抗議して中止させたのも英国であった（菅原恵慶著『なつめ樹は生きている』一八〜一九頁〔中外出版社、一九五八年〕）。

(26) もっとも当初から、物価の高い米国とシンガポールの布教を経費的な面から危ぶむ意見はあり、布教着手を決めた一八九八年の集会で、会衆の一人・金谷速水は「新嘉坡米国ニ布教ナスハ実ニ愉快ナリ然シナカラ限アル経費ヲ以テ限ナキ開教ヲ為スハ至難ト云フヘシ」と発言している（『明治三十一年定期集会筆記』一八二頁）。

(27)「シンガポール日蓮宗妙法寺の発展」（『日蓮宗教報』四五号、一九三九年三月）、前掲『南洋の五十年』五一二頁、『復刻版日蓮宗事典』七五五頁（日蓮宗宗務院、一九九九年）、『日蓮主義』一二巻七号（一九三八年七月）。

(28) 原宜賢著『印度仏蹟緬甸暹羅視察写真録』三七頁（東光堂、一九二六年）。

(29) 前掲『入竺比丘尼』一八頁。

(30)「馬来半島教信」（一九〇四年二月一五・一七日付『中外日報』）、「ペナン開教事情」（一九〇八年一二月二〇・二二日付『中外日報』）。前者の記事では「本庄凌雲」、後者の記事では「本庄豊二」と記されている。

(31)「馬来半島の仏僧」（一九〇九年五月三日付『中外日報』）。

(32) 真宗大谷派宗務所組織部編『宗門開教年表』五五頁（一九六九年）。

(33)(34) 註(30)掲出「ペナン開教事情」。

(35)「南洋人の日本留学」（一九一一年一一月一九日付『中外日報』）。

(36) 前掲『南洋の五十年』五六七・七〇五頁。江善慧の経歴に関しては、『台湾社寺宗教要覧（台北州ノ部）』巻末収録の「霊泉寺（曹洞宗月眉山霊泉寺）」を参照（台湾社寺宗教刊行会、一九三三年）。本書は中西直樹編『仏教植民地布教史資料集成〈台湾編〉』第二巻に収録（三人社、二〇一六年）。しかし、大正期末に同寺を訪れた村上妙清は「支那人の寺」と記すのみで日本仏教との関係に言及していない（前掲『入竺比丘尼』三三頁）。また原宜賢も二代目の住職を本忠と記しているが、やはり日本仏教との関係には言及していない（前掲『印度仏蹟緬甸暹羅視察写真録』三四頁）。一九一七年刊行の岩橋美蔵著『馬来半島縦断記』（一七〜一九頁）にも極楽寺の記述があるが同様である。

（37）註（31）掲出「馬来半島の仏教」。

（38）前掲『南洋の五十年』五七四〜五七六・七一七頁、註（19）掲出「馬来半島の仏僧」、

（39）前掲『南洋の五十年』五七九頁。

（40）倉橋正直著『島原のからゆきさん——奇僧・広田言証と大師堂——』（共栄書房、一九九三年）、倉田正直著「広田言証師のインド仏跡旅行——彼の「手記」の紹介——」（『愛知県立大学文学部論集一般教育編』四一号、一九九二年）。

（41）前掲『南洋の五十年』五七八〜五八〇・七一四頁。笠田直吉の経歴に関しては、北野典夫著『天草海外発展史』上巻、三二一〜三三一頁（葦書房、一九八五年）。

（42）「バー市布教所設立」（『教海一瀾』八二五号、一九三五年九月二五日）、前掲『南洋の五十年』五八六・七一〇頁、前掲『海外開教要覧（海外寺院開教使名簿）』二四二頁。

（43）前掲「馬来半島教信」。

（44）前掲『南洋の五十年』五四四頁。

（45）註（40）参照。

（46）「馬来半島の本宗教会所」（『日宗新報』一三三一号、一九一五年五月二日）、「南進!!!南進!!!南国の原智耀師へ加藤文雄より」（『日宗新報』一四一二号、一九一七年九月一五日）、「南洋馬来半島本宗寺院の公認」（『月刊宗報』六七号、一九二二年六月、日蓮宗宗務院）、「馬来半島に於る最初法華道場」（一九二二年七月二一日付『中外日報』）、前掲『日蓮宗事典』七五五頁。この寺院に関する論文として、安中尚史著「大正期マレー半島における日蓮宗の開教活動」（大澤広嗣編『仏教をめぐる日本と東南アジア地域』（アジア遊学一九六）所収（勉誠出版、二〇一六年）がある。

（47）「須賀布教師馬来半島赴任」（『月刊宗報』二一八号、一九三五年二月、日蓮宗宗務院）、「馬来半島イッポー市駐在布教師赴任」（『法華』二二巻二号、一九三五年二月）、「マレー半島へ赴任した須賀勝玄氏」（『法華』二二巻三号、一九三五年三月）、

前掲『南洋の五十年』七二三頁。
(48)「フヒリッピン群島」（一九八五年六月二日付『明教新誌』）。
(49) 大谷純一編『比律賓年鑑（昭和一二年版）』三八一〜三八二頁（一九三六年）、「マニラ市の仏教寺院」（一九〇六年一月二八日付『中外日報』）。
(50)「第七次曹洞宗議会議事速記録」（『宗報』一七一号、曹洞宗務局文書課、一九〇四年三月）。
(51) 前掲『比律賓年鑑（昭和一二年版）』三八一〜三八二頁。
(52)「マニラ開教」（一九一七年一〇月二七日付『中外日報』）。
(53)「西本願寺の南洋開教の近状」（一九二〇年一二月一七日付『中外日報』）。
(54) 前掲『比律賓年鑑（昭和一二年版）』三七八〜三八〇、三八二頁。
(55) 前掲『比律賓年鑑（昭和一二年版）』二四一〜二四三頁。
(56)「ヒリッピン独立の気分を漲らして学生視察団入洛」（一九三五年五月三日付『中外日報』）。
(57) 視察団に関しては、小島勝著「東南アジア・南太平洋諸島における開教」（浄土真宗本願寺派国際部・浄土真宗本願寺派アジア開教史編纂委員会編『浄土真宗本願寺派アジア開教史』所収、本願寺出版社、二〇〇八年）を参照。
(58) 大谷純一編『比律賓年鑑（昭和一四年版）』四七一〜四八〇頁（一九三八年）。
(59)『南洋比律賓群島ミンダナオ島ダバオ州に於ける邦人発展最近事情』（大正九年八月調）。
(60) 前掲『曹洞宗海外開教伝道史』一二一頁（曹洞宗宗務庁、一九八〇年）、「南洋ダバオに建つ曹洞の南海禅寺」（一九三六年六月二日付『中外日報』）、大谷純一編『比律賓年鑑（昭和一六年版）』四八四頁（一九四〇年）。
(61) 前掲『比律賓年鑑（昭和一二年版）』三八一〜三八二頁。
(62) 御瀧智海は、一九一八年九月にダバオに来たと回想している（「ダバオ開教苦心談」『真宗』二八七号、一九一五年）が、前掲『宗門開教年表』五八頁には、同年七月二三日に「ヒリピン開教のため渡比」と記されている。
(63)「南洋に於ける単独布教」（一九二〇年二月二七日付『中外日報』）、「南洋カラバン島に大谷派布教場設置」（一九二〇年一〇月一六日付『中外日報』）。

(64)「移民招致に尽した大城孝蔵氏の追弔　ダバオ本願寺で」(一九三六年七月二四日付『中外日報』)。
(65)「大派御瀧智海翁の思出話」及び「東本願寺のダバオ開教」(一九三六年四月二八日付『中外日報』)、前掲『比律賓年鑑(昭和一四年版)』五三九頁。
(66)「大派比律賓に布教所増設」(一九三四年一一月一四日付『中外日報』)、前掲「大派御瀧智海翁の思出話」及び「東本願寺のダバオ開教」、前掲『宗門開教年表』一一八頁の記述による。
(67)「最悪の結果に至るもダバオを確守せん　大派保木氏の近況」(一九三六年五月二〇日付『中外日報』)。
(68)前掲『比律賓年鑑(昭和一二年版)』四〇三〜四一四頁。
(69)「第二世を再教育　第二世の教育へ」(一九三八年三月八日付『中外日報』)。
(70)重藤廓亮著「ダバオ教線に立ちて」(一九三六年一一月一一・一三日付『中外日報』)、前掲『海外開教要覧(海外寺院開教使名簿)』、前掲『比律賓年鑑(昭和一四年版)』五三九頁。
(71)「仏像を海外に配置するの計画」(一八九二年九月一四日付『明教新誌』)、「仏像を海外に配置せらるゝの期日」(一八九二年九月一八日付『明教新誌』)、「南洋諸島に仏教を伝播するに就いて(一八九二年九月二六日付『明教新誌』)、「藤井雄界氏」(一八九二年九月三〇日付『明教新誌』)、「海外への配置すべき仏像」(一八九二年一一月四日付『明教新誌』)、など。鈴木経勲については、高山純著『南海の大探検家　鈴木経勲――その虚像と実像――』(三一書房、一九九五年)を参照。
(72)「マリヤナ群島」(一八九五年六月一〇日付『明教新誌』)、松本順乗の小笠原群島布教に関しては、前掲『明如上人伝』八二一〜八二二頁参照。
(73)「我邦の南洋統治と宗教」(一九二〇年二月二一日付『中外日報』)、「南洋宗教と保護の理由　柴田宗教局長談」(一九二〇年三月二日付『中外日報』)。
(74)「西本願寺の南洋開教」(一九一七年五月二四日付『中外日報』)、「占領地の西本願寺」(一九一七年一二月一九日付『中外日報』)、「南洋開教中止」(一九一八年二月一日付『中外日報』)、「南洋の宗教」(一九一八年一〇月八日付『中外日報』)、「南洋開教」(一九一九年一月一四日付『中外日報』)、山崎功著「田中丸善蔵(玉屋創業二代)と南洋群島進出――田中丸善蔵と金津熊夫の日邦丸ヤルート来航を中心に――」(『研究紀要』六号、佐賀大学文化教育学部、二〇〇二年三月)。

(75)「南洋カラバン島に大派布教場設置」(一九二〇年一〇月一六日付『中外日報』)、「パラオに布教所」(一九二五年六月二日付『中外日報』)、前掲『宗門開教年表』六八頁。
(76)「南洋統治領内の産業と開教事情」(一九二五年六月六日付『中外日報』)、南洋庁長官々房編『南洋庁施政十年史』三三一～三三八頁(一九三二年)。
(77)「サイパン・ガラバン街に〝大谷学院〟創設」(一九三七年一月二九日付『中外日報』)、日野律著「南洋異風景」(一九三七年二月一八～二〇日付『中外日報』)、「サイパン東本願寺改築実現近し」(一九三七年三月二七日付『中外日報』)、「カナカ族初の仏教葬」(一九三七年五月一二日付『中外日報』)。
(78)「南洋群島の布教に妍を競ふ先進二大宗派」(一九三六年三月二一日付『中外日報』)、前掲『宗門開教年表』七八頁。
(79)「大派パラオの教信」(一九二九年四月一八日付『中外日報』)、前掲『宗門開教年表』八二頁。
(80)「讃美歌を通じて　恩や感謝の観念の全くない　南洋土人の児童教化へ」(一九三五年二月八日付『中外日報』)。
(81)前掲『宗門開教年表』九四頁、前掲『南洋庁施政十年史』三三三頁。
(82)「南洋サイパンの花祭り」(一九三一年四月一九日付『中外日報』)、「南洋の花祭」(一九三二年三月二九日付『中外日報』)、熊崎閑田編『昭和一三年版仏教年鑑』八七～八八頁(仏教年鑑社、一九三八年)。
(83)「南洋庁本派本願寺へ布教所設置を許可」(一九三二年三月三〇日付『中外日報』)、「南洋に本願寺の手を伸ばせと運動」(一九三四年二月二二日付『中外日報』)、「裏南洋のテニアンに教線拡大」(一九三五年一一月一六日付『中外日報』)、「テニアン島の奥地チューロに教会所」(一九三六年九月一日付『中外日報』)、前掲『海外開教要覧(海外寺院開教使名簿)』二四三頁。
(84)「青柳氏南洋へ赴任」(一九三三年一〇月八日付『浄土教報』)、「布教線南洋へ拡張」(一九三三年一二月一七日付『浄土教報』)、「南洋事情」青柳貫孝(一九三五年一月二〇・二七日付『浄土教報』)、「浄土宗海外開教のあゆみ」編纂委員会編『浄土宗海外開教のあゆみ』一七四～一七五、四〇三頁(浄土宗開教振興協会、一九九〇年)。
(85)「南洋開教記」青柳貫孝(一九三五年一月一日付『浄土教報』)。なお汎太平洋仏教青年会大会に関しては、中西直樹ほか編『資料集・戦時下「日本仏教」の国際交流』第一期　汎太平洋仏教青年会大会関係資料(全二巻)(不二出版、二〇一六年)に関係資料を収録した。

(86)「南洋開教所感」大正大学教授佐山学順（一九三四年九月九日付『浄土教報』）、「南洋開教見学記」中島政策（一九三四年九月一六・二三・三〇日付『浄土教報』）、「南洋開教の第一義諦完成近し」（一九三五年六月一六日付『浄土教報』）。

(87) 註（85）掲出「南洋開教記」、前掲『浄土宗海外開教のあゆみ』一七四頁。

(88) 註（85）掲出「南洋開教記」。

(89)「南洋開教区への後援」（一九三四年一一月四日付『浄土教報』）、前掲『浄土宗海外開教のあゆみ』一七四頁。

(90)「増上寺と南洋移民」（一九三五年四月一四日付『浄土教報』）。

(91)「南洋に女学校を創設」（一九三五年一〇月一七日付『中外日報』）、「島人・邦人の二機関創設　浄宗の南洋女学校」（一九三五年一一月一三日付『中外日報』）、「サイパン島の勝地に浄宗南洋寺建立」（一九三六年一月九日付『中外日報』）、「サイパン島に南洋寺建立」（一九三六年一月二四日付『浄土教報』）、「海の彼方南洋に初めて響く鐘の音」（一九三七年四月二三日付『中外日報』）、前掲『浄土宗海外開教のあゆみ』一七四〜一七五頁。

(92)「南方生命線に伸びゆく浄土宗」（一九三六年一一月六日付『中外日報』）。

(93)「南洋ロタ島へ新教線拡張」（一九三五年一一月一三日付『浄土教報』）、註（84）掲出「南洋事情」。

(94)「第一義諦南洋開教完成」（一九三五年六月一六日付『浄土教報』）。

(95)「南洋ロタに教会所竣成」（一九三七年四月一三日付『中外日報』）、前掲『浄土宗海外開教のあゆみ』一七四頁、註（91）掲出「海の彼方南洋に初めて響く鐘の音」。

(96) 註（91）掲出前掲「海の彼方南洋に初めて響く鐘の音」。前掲『浄土宗海外開教のあゆみ』一七五頁には、ポナペ布教所は一九四一年開設としているが、『昭和十三年版浄土宗寺院名鑑』五九四頁（教学週報社、一九三八年）には、ポナペ教会所の記載があり、すでにこのときまでに開設されていた可能性がある。

(97) 註（78）掲出「南洋群島の布教に妍を競ふ先進二大宗派」、前掲『宗門開教年表』一一九頁。

(98) 註（77）掲出「南洋異風景」。

(99)「南洋開教区独立と本派開教監督区の統制法規発令さる」（一九三五年八月六日付『中外日報』）、『本山録事』一九三五年八月二五日・一九三六年三月五日発行、前掲『海外開教要覧（海外寺院開教使名簿）』二四三頁。
(100)「南洋開教に新方策」（一九三七年七月二二日付『中外日報』）、前掲『海外開教要覧（海外寺院開教使名簿）』二四三頁。
(101) 日野律著「南洋よ何処へ行く」（一九三七年六月四・六日付『中外日報』）。
(102)「ポナペ島に初の開教陣」（一九三六年四月一四日付『中外日報』）、前掲「南洋よ何処へ行く」。
(103) 朝鮮での情況に関しては中西直樹著『植民地朝鮮と日本仏教』第三章（三人社、二〇一三年）、台湾での情況は本書三章を参照。
(104) 入江寅次著『邦人海外発展史』四九～五〇頁（井田書店、一九四二年）。前掲『明治南進史稿』四二～四七、一七五～一七六頁。
(105)『時事新報』掲載の寄書は未見であるが、この寄書は「本邦僧侶の渡来を望む」と題して、一八九六年一月二二日付『明教新誌』や同年一月二五日付『京都新報』に転載されている。
(106)「海外に於ける日本人の醜声」（一八八六年一二月二六日付『明教新誌』）。
(107) 前掲『邦人海外発展史』三九九～四〇〇頁。
(108) 註（15）参照。
(109) 註（14）参照。
(110) 前掲『邦人海外発展史』四〇七～四一九頁。
(111)「南洋の大勢と宗教関係」（一九一四年一〇月一二日付『中外日報』）。
(112) 前掲『邦人海外発展史』一二〇～一三二頁。
(113) 註（111）掲出「南洋の大勢と宗教関係」。
(114)「西本願寺の南洋開教の近状」（一九二〇年一二月一七日付『中外日報』）、「メダン本願寺基礎なる」（一九三二年一月一六日付『中外日報』）、前掲『海外開教要覧（海外寺院開教使名簿）』二四二頁。
(115)「暹羅に御堂を建設せんとす」（一八九〇年八月二八日付『明教新誌』）。
(116)「遠藤龍眠氏」（一八九八年三月一二日付『明教新誌』）、「海外布教」（一八九九年四月二〇日付『明教新誌』）、「暹羅留学生に関する遠藤龍眠の建白」（一八九八年五月二四日付『明教新誌』）、「遠藤龍眠氏の建白」（一九〇〇年四月一八・二〇日付『明教新誌』）。

(117)「暹羅なる日本寺の創立」（一九〇〇年八月二日付『明教新誌』）、「暹羅に於ける日本寺」（一九〇〇年八月三日付『教学報知』）、「護暹日本寺創立の主旨」（『宗報』一二九号、曹洞宗務局、一九〇二年五月一日）。

(118)「現今の暹羅と日本」（『宗報』一三七号、曹洞宗務局、一九〇二年九月一日）。

(119)この建議は、一九〇二年一一月一〇日付『日出国新聞』、同年一一月一六日付『浄土教報』などに掲載されている日本大菩提会に関しては、中西直樹著「日本大菩提会」（日本仏教社会福祉学会編『仏教社会福祉辞典』法藏館、二〇〇四年）を参照。

(120)藤吉慈海著「概旭乗の生涯」（『仏教論叢』一二号、浄土宗教学院、一九六八年三月）、「概旭乗の再渡暹」（一九〇三年三月五日付『浄土教報』）、「概氏の暹羅開教に就て」（一九〇六年四月三〇日付『浄土教報』）、「暹羅開教資一部の送付」（一九〇七年七月三〇日付『浄土教報』）。近年、概旭乗らの活動を取り上げた論文として、林行夫著「明治期日本人留学僧にみる日本＝タイ仏教「交流」の諸局面」（前掲『仏教をめぐる日本と東南アジア地域』所収）が発表された。

(121)「日本の印度仏蹟興復会代表者堀内静宇氏に書を与へて印度宣教の急務を論ず」印度人 ダンマパーラ（『國教』第一五（通号二三号）、一八九二年九月二〇日）。

(122)「カルカツタに日蓮宗寺院建立」（『法華』二二巻四号、一九三五年四月）、ラーフラ・サンクリトヤーヤナ「日本仏教を印度に伝道せよ」（『国際仏教通報』二巻四号、一九三六年四月）、「一天四海皆帰妙法の譜――行勝院日達上人の生涯――」（『藤井日達聖人全集』第一〇巻、一九九九年）、前掲『復刻版日蓮宗事典』八一三頁。

(123)永井行慈著『ビルマ獄中記――西天開教――』（青梧堂、一九四二年）。近年、永井行慈らの活動を取り上げた論文として、伊東利勝著「オウタマ僧正と永井行慈上人」（前掲『仏教をめぐる日本と東南アジア地域』所収）が発表された。

あとがき

ここ一〇年間ほど、主に日本仏教の海外布教の調査研究に取り組んできた。二〇〇七（平成一九）年から『仏教海外開教史資料集成』ハワイ編・北米編・南米編を不二出版より出版し、二〇一二年にこれらの解題を加筆訂正して『仏教海外開教史の研究』という小冊子を刊行した。二〇一三年からは、三人社より『仏教植民地布教史資料集成』の編集に着手し、現在までに朝鮮編と台湾編の出版を終え、同年には『植民地朝鮮と日本仏教』も刊行した。

アジア布教の調査研究を進めていく上で強く感じるのは、布教と呼べるような内実のほとんどないことである。日本仏教は江戸期の寺檀制度のもとで、生まれながらの門徒を布教対象としてきた。新たな布教対象を求めて活動する必要もなく、教宗派間の熾烈な布教競争を経験することもなかった。こうした布教意欲の希薄なあり方は、寺檀制度下で成立した「家の宗教」としての慣習が限りなく解体していくなかでも、その残滓のもとで大きく変化していないように見受けられる。

しかし、戦前期に新たな布教活動に向けた動きがなかったわけではない。近代以降に社会が大きく変化し、特に国家的特権の喪失とキリスト教への脅威が高まるなかで、これに対応するため仏教者も新たな布教対象を組織化する活動に着手した。強い護法意識が起点となって、近代社会の進展に対応した諸事業が企図されるようになったのだが、それは教団護持・宗派教勢の保持という目的に強く規定されたものであった。

ところで、こうした新たな布教活動は、仏教界で一般に「特殊布教」「特殊教化」と呼ばれてきた。例えば、一九三一（昭和六）年刊行の『仏教新布教体系』第四巻の『特殊教化法』のなかには、刑務教化篇・工場教化篇・軍人教化篇・海外教化篇・鉱山教化篇・通信教化篇・警察教化篇・鉄道教化篇などが収められている。編者の堀口義一は、「一般教化法」と「特殊教化法」に分けて定義づけを試みている。しかし、端的に言えば、一般教化が生まれながらの門徒を布教対象とする伝統的教化（説教・談義など）の延長線上にあるのに対し、特殊教化法は新たな布教対象を求めて様々な社会的局面で行われる教化法ということになるであろう。新たな対象への布教を「特殊」と位置づけてきた姿勢から、新たな布教への消極的姿勢を看取することができようが、戦後にあっては、その特殊布教への取り組みさえもほとんど消滅した。わずかに残った海外布教や都市布教、刑務所教誨なども、決して活発とは言えない状況にある。

戦前期の海外布教にあっても、海外進出した生まれながらの門徒を再編制する「追教」であったことはよく知られた事実である。現地での人々への布教で大きな成果を収めたとは言い難い。そればかりか、アジアでは現地仏教勢力の支配をめぐって宗派間の競争をくり広げ、現地の人々に反感と不信感を植えつけてきた。

アジア布教での実態を知るにつけ、暗然たる気持ちになり、本書執筆を何度も途中で放棄しかけた。しかし、近代日本仏教の抱える諸問題はアジア布教に集約的にあらわれているのであり、その実態を検証することなくして、日本仏教の再生の方向性を見出しえないとも考えられた。新たな出会いも刺激となった。大学入学時から旧知の間柄であった京都大学地域研究統合情報センター教授の林行夫先生から研究会へお誘いいただいた。文化庁文化部宗務課の大澤広嗣先生を代表とする「仏教をめぐる日本と東南アジア地域——断絶と連鎖の総合的研究——」と題する研究会に一年間（二〇一五年度）参加して、何よりも自分自身が新たな研究対象・方法に積極的に取り組む必要性を痛感した。その姿勢なしに日本仏教の布教意欲の欠如を問題とすることは、「天に唾する」行為となりかねないであろう。林先生・大澤先生には、この場をかりて衷心よりお礼申し上げたい。

調査研究のために私に残された期間もそう長くはないだろう。愚直に文献資料に向き合うことをモットーとしてきた研究手法を基本的に大きく変えることもできないであろう。しかし、意欲的に新たな知見を求めて精進し、中国・北方・南洋方面の調査研究も進めていきたい。

本書は雑誌・新聞の記事などを多数引用している。明らかな誤字と考えられる箇所は適宜訂正した。また漢字については、旧漢字表記が通例となっている一部の氏名や現地地名などを除いて新字体に変更した。本書には、すでに発表した論文を加筆訂正し、さらに数篇の論文を新たに執筆して加えた。参考までに初出の掲載誌等を以下に掲出する。

序　章　『仏教植民地布教史資料集成〈台湾編〉』第一巻（二〇一六年一月、三人社）所収「解題」の冒頭部分
第一章　『龍谷大学仏教文化研究所紀要』五三集（二〇一五年三月）
第二章　『龍谷大学仏教文化研究所紀要』五四集（二〇一六年三月）
第三章　『佛教史研究』五三号（二〇一五年三月）
第四章　『龍谷大学論集』四七八号（二〇一六年二月）
第五章　『仏教をめぐる日本と東南アジア地域（アジア遊学一九八）』（大澤広嗣編、勉誠出版、二〇一六年三月）
第六章　『龍谷大学アジア仏教文化センター二〇一五年度報告書』（二〇一六年三月）
第七章　書き下ろし
附　章　書き下ろし

最後になったが、本書の出版は、『植民地朝鮮と日本仏教』に引き続いて、三人社にお引き受けいただいた。三人社の越水治社長と、編集作業をお手伝いいただいた武藤規子氏には心よりお礼を申し述べたい。

また本書に関わる調査・研究は、二〇一一年度〜二〇一三年度科学研究費補助金「基盤研究C」（課題番号23520795）による補助金、龍谷大学仏教文化研究所の二〇一四年度の個人研究助成を得て実施した。出版については、龍谷大学龍谷学会よりの助成金を得ることができた。記して感謝を申し上げる次第である。

す

せ

そ

た

し

か

き

く

索引

あ

い

う

え

お

著者紹介
中西直樹（なかにし なおき）
1961年生まれ
龍谷大学文学部歴史学科（仏教史学専攻）教授

主要編著
『日本近代の仏教女子教育』（法藏館、2000年）
『仏教と医療・福祉の近代史』（法藏館、2004年）
『仏教海外開教史の研究』（不二出版、2012年）
『戦前期仏教社会事業の研究』（共著、不二出版、2013年）
『仏教植民地開教史資料集成〈朝鮮編〉』（三人社、2013年）
『植民地朝鮮と日本仏教』（三人社、2013年）
『仏教国際ネットワークの源流』（共著、三人社、2015年）
『仏教植民地開教史資料集成〈台湾編〉』（三人社、2016年）

龍谷叢書38 **植民地台湾と日本仏教**

2016年6月30日　初版第1刷発行
定価（本体4,800円＋税）

著　者――――中西直樹
発行者――――越水　治
発行所――――株式会社　三人社
〒606-8316
京都市左京区吉田二本松町4　白亜荘
電話075-762-0368
組　版――――ぢゃむ
装　幀――――杉本昭生
印刷所――――三進社
製本所――――青木製本

ISBN 978-4-908147-69-2　C3015